谨以此书献给早已过世的父母，以及那些行走在路上不知何时訇然倒下的贫苦农民。愿他们在天国里讨生活时不再愁苦、孤单和寂寞。

中国国情调研丛书
村庄卷
China's national conditions survey Series

Vol. Villages

中国国情调研丛书·村庄卷
China's National Conditions Survey Series · Vol.Villages

主 编 蔡昉
张晓山

万年村的幸福

Farmer's Happiness in Wannian Village

廖永松 著

中国社会科学出版社

图书在版编目（CIP）数据

万年村的幸福／廖永松著 . —北京：中国社会科学出版社，2016.6
ISBN 978 - 7 - 5161 - 7921 - 5

Ⅰ. ①万…　Ⅱ. ①廖…　Ⅲ. ①农村经济发展－研究－中国
Ⅳ. ①F320.3

中国版本图书馆 CIP 数据核字（2016）第 070545 号

出 版 人	赵剑英
责任编辑	任　明
特约编辑	李晓丽
责任校对	张依婧
责任印制	何　艳

出　　版	中国社会科学出版社
社　　址	北京鼓楼西大街甲 158 号
邮　　编	100720
网　　址	http://www.csspw.cn
发 行 部	010 - 84083685
门 市 部	010 - 84029450
经　　销	新华书店及其他书店

印刷装订	北京市兴怀印刷厂
版　　次	2016 年 6 月第 1 版
印　　次	2016 年 6 月第 1 次印刷

开　　本	710×1000　1/16
印　　张	22
插　　页	2
字　　数	290 千字
定　　价	75.00 元

凡购买中国社会科学出版社图书，如有质量问题请与本社营销中心联系调换
电话：010 - 84083683

总　序

为了贯彻党中央的指示，充分发挥中国社会科学院思想库和智囊团的作用，进一步推进理论创新，提高哲学社会科学研究水平，2006 年中国社会科学院开始实施"国情调研"项目。

经历了近 30 年的改革开放进程，我国已经进入了一个新的历史时期，我国的国情发生了很大变化。从经济国情角度看，伴随着市场化改革的深入和工业化进程的推进，我国经济实现了连续近 30 年的高速增长。我国已经具有庞大的经济总量，整体经济实力显著增强，到 2006 年，我国国内生产总值达到了 209407 亿元，约合 2.67 亿美元，列世界第四位；我国经济结构也得到优化，产业结构不断升级，第一产业产值的比重从 1978 年的 27.9% 下降到 2006 年的 11.8%，第三产业产值的比重从 1978 年的 24.2% 上升到 2006 年的 39.5%；2006 年，我国实际利用外资为 630.21 亿美元，列世界第四位，进出口总额达 1.76 亿美元，列世界第三位；我国人民生活水平不断改善，城市化水平不断提升。2006 年，我国城镇居民家庭人均可支配收入从 1978 年的 343.4 元上升到 11759 元，恩格尔系数从 57.5% 下降到 35.8%，农村居民家庭人均纯收入从 133.6 元上升到 3587 元，恩格尔系数从 67.7% 下降到 43%，人口城市化率从 1978 年的 17.92% 上升到 2006 年的 43.9% 以上。经济的高速发展，必然引起国情的变化。我们的研究表明，我国的经济国情已经逐渐从一个农业经济大国转变为一个工业经济大国。但是，这只是从总体上对我国经济国情的分析判断，还缺少对我国经济国情变化分析的微观基础。这需要对我国基层单位进行详细的分析研究。实际上，深入基层进行调查研究，坚持理论与实际相结合，由此制定和执行正确的路线方针政策，是我们党领导革命、建设与改革的基本经验和基本工作方法。进行国情调研，也必须深入基层，只有深入基层，才能真正了解我国国情。

为此，中国社会科学院经济学部组织了针对我国企业、乡镇和村庄三类基层单位的国情调研活动。据国家统计局的最近一次普查，到 2005 年年底，我国有国营农场 0.19 万家，国有以及规模以上非国有工业企业 27.18 万家，建筑业企业 5.88 万家，乡政府1.66 万个，镇政府 1.89 万个，村民委员会 64.01 万个。这些基层单位是我国社会经济的细胞，是我国经济运行和社会进步的基础。要真正了解我国国情，必须对这些基层单位的构成要素、体制结构、运行机制以及生存发展状况进行深入的调查研究。

在国情调研的具体组织方面，中国社会科学院经济学部组织的调研由我牵头，第一期安排了三个大的长期的调研项目，分别是"中国企业调研"、"中国乡镇调研"和"中国村庄调研"。"中国乡镇调研"由刘树成同志和吴太昌同志具体负责，"中国村庄调研"由张晓山同志和蔡昉同志具体负责，"中国企业调研"由我和黄群慧同志具体负责。第一期项目时间为三年（2006—2008 年），每个项目至少选择 30 个调研对象。经过一年多的调查研究，这些调研活动已经取得了初步成果，分别形成了《中国国情调研丛书·企业卷》、《中国国情调研丛书·乡镇卷》和《中国国情调研丛书·村庄卷》。今后这三个国情调研项目的调研成果，还会陆续收录到这三卷书中。我们期望，通过《中国国情调研丛书·企业卷》、《中国国情调研丛书·乡镇卷》和《中国国情调研丛书·村庄卷》这三卷书，能够在一定程度上反映和描述在 21 世纪初期工业化、市场化、国际化和信息化的背景下，我国企业、乡镇和村庄的发展变化。

国情调研是一个需要不断进行的过程，以后我们还会在第一期国情调研项目基础上将这三个国情调研项目滚动开展下去，全面持续地反映我国基层单位的发展变化，为国家的科学决策服务，为提高科研水平服务，为社会科学理论创新服务。《中国国情调研丛书·企业卷》、《中国国情调研丛书·乡镇卷》和《中国国情调研丛书·村庄卷》这三卷书也会在此基础上不断丰富和完善。

陈佳贵

2007 年 9 月

编 者 的 话

2006 年中国社会科学院开始启动和实施"国情调研"项目。中国社会科学院经济学部组织的调研第一期安排了三个大的长期调研项目,分别是"中国企业调研","中国乡镇调研"和"中国村庄调研"。第一期项目时间为三年(2006—2008 年),每个项目至少选择 30 个调研对象。

经济学部国情调研的村庄调研工作由农村发展研究所(以下简称"农发所")和人口与劳动经济研究所牵头,负责组织协调和从事一些基础性工作。农发所张晓山同志和人口与劳动经济研究所的蔡昉同志总体负责,工作小组设在农发所科研处,项目资金由农发所财务统一管理。第一期项目(2006—2008 年)共选择 30 个村庄作为调研对象。2010 年,在第一期国情调研村庄项目的基础上,中国社会科学院经济学部又组织开展了第二期国情调研村庄项目。第二期项目时间仍为三年(2010—2012 年),仍选择 30 个村庄作为调研对象。

农发所、人口与劳动经济研究所以及中国社会科学院其他所的科研人员过去做了很多村庄调查,但是像这次这样在一个统一的框架下,大规模、多点、多时期的调查还是很少见的。此次村庄调查的目的是以我国东中西部不同类型、社会经济发展各异的村庄为调查对象,对每个所调查的村庄撰写一部独立的书稿。通过问卷调查、深度访谈、查阅村情历史资料等田野式调查方法,详尽反映村庄的农业生产、农村经济运行和农民生活的基本状况及其变化趋势、农村生产要素的配置效率及其变化、乡村治理的现状与变化趋势、农村剩余劳动力转移的现状与趋势、农村社会发展状况等问题。调研成果一方面旨在为更加深入地进行中国农村研究积累村情案例资料和数据库，另一方面旨在真实准确地反映 30 多年来中国农村经济变迁的深刻变化及存在的问题，为国家制定科学的农村发展战略决策提供更有效的服务。

为了圆满地完成调查，达到系统翔实地掌握农村基层经济社会数据的预定目标，工作小组做了大量的工作，包括项目选择、时间安排、问卷设计和调整、经费管理等各个方面。调查内容包括"规定动作"和"自选动作"两部分，前者指各个课题组必须进行的基础性调查，这是今后进行比较研究和共享数据资源的基础；后者指各个课题组从自身研究兴趣偏好出发，在基础性调查之外进行的村庄专题研究。

使用统一的问卷，完成对一定数量农户的问卷调查和对调查村的问卷是基础性调查的主要内容，也是确保村庄调查在统一框架下开展、实现系统收集农村基本经济社会信息的主要途径。作为前期准备工作中最重要的组成部分之一，问卷设计的质量直接影响到后期分析和项目整体目标的实现。为此，2006 年 8 月初，农发所组织所里各方面专家设计出调查问卷的初稿，包括村调查问卷、调查村农户问卷等。其中，村问卷是针对调查村情况的详细调查，涉及村基本特征、土地情况、经济活动情况、社区基础设施与社会服务供给情况等十三大类近 500 个指标；农户问卷是对抽样农户详细情况的调查，涉及农户人口与就业信息、农户财产拥有与生活质量状况、教育、医疗及社会保障状况等九大类，也有近 500 个指标。按照计划，抽样方法是村总户数在 500 户以上的抽取 45 户，500 户以下的抽取 30 户。抽样方法是首先将全村农户按经济收入水平分为好、中、差三等分，然后在三组间平均分配抽取农户的数量，各组内随机抽取。问卷设计过程中，既考虑到与第二次农业普查数据对比的需要，又汲取了所内科研人员和其他兄弟所科研人员多年来的村庄调查经验，并紧密结合当前新农村建设中显露出来的热点问题和重点问题。问卷初稿设计出来之后，农发所和人口与劳动经济研究所的科研人员共同讨论修改，此后又就其中的每个细节与各课题组进行了集体或单独的讨论，历时半年，经过四五次较大修改之后，才定稿印刷，作为第一期村庄调研项目统一的农户基础问卷。

在第二期村庄调研项目启动之前，根据第一期调研中反映出来的问题，工作小组对村问卷和农户问卷进行了修订，以便更好地适应实际调研工作的需要。今后，随着农村社会经济形势的发展，本着"大稳定、小调整"的原则，还将对问卷内容继续进行修订和完善。

在项目资金方面，由于实行统一的财务管理，农发所财务工作的负担相对提高，同时也增加了管理的难度，工作小组也就此做了许多协调工作，保障了各分课题的顺利开展。

到 2010 年 7 月为止，第一期 30 个村庄调研已经结项 23 个；每个村庄调研形成一本独立的书稿，现已经完成 11 部书稿，正在付梓的有 5 部。第一期村庄调查形成的数据库已经收入 22 个村 1042 户的基础数据。

国情调研村庄调查形成的数据库是各子课题组成员共同努力的成果。对数据库的使用，我们有以下规定：（1）数据库知识产权归集体所有。各子课题组及其成员，服务于子课题研究需要，可共享使用数据资料，并须在相关成果关于数据来源的说明中，统一注明"中国社会科学院国情调研村庄调查项目数据库"。（2）为保护被调查人的权益，对数据库所有资料的使用应仅限于学术研究，不得用于商业及其他用途；也不得以任何形式传播、泄露受访者的信息和隐私。（3）为保护课题组成员的集体知识产权和劳动成果，未经国情调研村庄调查项目总负责人的同意和授权，任何人不得私自将数据库向课题组以外人员传播和应用。

国情调研是中国社会科学院开展的一项重大战略任务。其中村庄调研是国情调研的重要组成部分。在开展调研四年之后，我们回顾这项工作，感到对所选定村的入户调查如只进行一年，其重要性还显现得不够充分。如果在村调研经费中能拨出一部分专项经费用于跟踪调查，由参与调研的人员在调研过程中在当地物色相对稳定、素质较高、较认真负责的兼职调查员，在对这些人进行培训之后，请这些人在此后的年份按照村问卷和农户问卷对调查村和原有的被调查的农户开展跟踪调查，完成问卷的填写。坚持数年之后，这个数据库将更具价值。

在进行村调研的过程中，也可以考虑物色一些有代表性的村庄，与之建立长远的合作关系，使它们成为中国社会科学院的村级调研基地。

衷心希望读者对村庄调研工作提出宝贵意见，也希望参与过村庄调研的同志能与大家分享其宝贵经验，提出改进工作的建议。让我们共同努力，把这项工作做得更好。

编者　2010 年 7 月 28 日

致　　谢

本次调查报告得到了中国社会科学院国情调研村庄项目以及中国社会科学院创新工程 2014 年基础学者项目的支持。调研得以顺利完成，是因来自于中国社会科学院农村发展研究所和重庆市梁平县有关部门的大力支持。没有它们的帮助，项目开展得不可能如此充分和顺畅。

笔者特别要感谢中国社会科学院学部委员张晓山研究员。他对项目的总体设计付出了心血，在繁忙的工作中通读文稿，并对写作提出了大量建设性修改意见，这对文稿能最终出版起到了关键性作用。不仅如此，张晓山研究员对笔者这样的农村"读书娃"总持一种包容和鼓励的态度，为笔者树立了做人的典范。

梁平县县委常委毛大春同志帮助笔者联系了调研地点；梁平县统计局提供了大量的统计资料；梁平县农业局提供了全县农业的总体情况；屏锦镇镇党委和政府对笔者的调研高度重视，在笔者调研期间，热情接待，提供资料，介绍情况；万年村党支部书记谢洪林、村主任曾凡杰、村文书谢攀、村官洪成刚、村妇女主任肖志艳帮助收集资料，联系村民。谢洪林书记多次骑着他自家的摩托车领着笔者走村串户，其情其景，历历在目。本次报告，很大程度上是他们的功劳。

中国社会科学院农村发展研究所的刘燕生女士为项目日常管理付出了许多劳动；重庆市社会科学院科研处的同志为调研提供了便

利，原西南大学经管学院硕士研究生肖敏杰、四川省富顺县代寺镇万能村三组村民廖运树参加了农户调查；在此一并致谢。

最后要感谢的是万年村近百位接受笔者调查、参与各种形式访谈的普通农民。他们的朴实、勤劳、真诚深深地印在了笔者的脑海里。正是这些社会底层的劳苦大众，用他们的辛勤汗水耕耘着无边的田野，为农村的繁荣昌盛做出了他们力所能及的努力和贡献。他们那容易知足、懂得感恩的高尚品德，在当今物欲横流的社会潮流中，显得尤其弥足真贵。真诚地祝愿他们吉祥如意、一生幸福！

提　　要

　　伴随着中国改革开放的大潮，远离首都北京，地处西南一隅的重庆市梁平县万年村在发生着急剧变化。现代交通设施的改善和科学技术的进步，环境对于乡村发展的硬约束下降，乡村与城镇之间的联系日益加强，千年形成的"日出而作，日落而息"的传统农民生活模式不可逆地向着以信息化、市场化、多元化为特征的现代化方向奔去。农民的日子过得如何？生活得是否快乐、幸福？哪些因素在影响着他们生活质量的稳定提高和幸福感的增加？村里农业和经济发展方略和前景怎样？面向未来，他们有何期盼和梦想？本书尝试着通过对万年村全景式的调查分析来初步回答这些颇为重大的现实问题。在开展农户问卷调查、组织各种形式座谈和查阅相关资料的基础上，笔者较全面地梳理了关于幸福讨论的理论知识和研究进展，建构调查研究的分析框架，以万年村村民的生活满意度和幸福感现状为核心，围绕影响村民幸福感的各种因素进行全方位的论证与深度思考。本书重点讨论了村民幸福生活的环境要素、物质要素、社会要素、政治要素以及与他们的幸福生活紧密联系在一起的农业生产方式转变和农业现代化问题，最后在万年村已有的经济发展规划基础上，展望了万年村经济社会发展远景。

关键词　万年村　幸福感　社会保障　乡村治理　农业发展

目　　录

绪 论

一 研究背景

这是第二次由中国社会科学院学部委员张晓山研究员主持的国情调研项目村庄卷形成的调查报告。[①] 第一次以自己老家四川省富顺县代寺镇万能村为点，完成的《川村调查记——一个丘陵区村庄发展纪实》调研报告在 2013 年 12 月由中国社会科学出版社出版。20 世纪 30 年代我国著名社会学家费孝通先生在写完《江村经济》后，紧跟着以云南省楚雄境内的"禄村"为背景，续写了《禄村农田》[②] 一书。在项目成立之初，心中自是信心满满，查阅了 20 世纪描述中国农民生产和生活的一些经典文献，做好调研前的各种文

---

① 2014 年 4 月笔者再次到万年村调研，调研还得到了 2014 年中国社会科学院创新工程基础学者项目的支持。

② 1938 年秋，刚从英国学成归来的费孝通，来到云南大学社会学系任教。他决定寻找一个云南当地的农村与他在沿海地区调查过的江村做比较。经同学介绍，他选择了云南省楚雄境内禄丰县的"禄村"作为调查点。第一次调查工作从 1938 年 11 月 15 日起至 12 月 13 日止，一年后利用暑假之际第二次到禄村，用两个多月的时间考察了一年来禄村的变化。1939 年 10 月费孝通返回云南大学，开始写《禄村农田》一书，数易其稿后于 1940 年出版。该书认为，在 20 世纪 30 年代末期，禄村是"差不多完全以农业为主要生产事业的内地农村结构，它的特色是众多人口挤在一狭小的地面上，用着简单的农业技术，靠土地的生产来维持很低的生计"。如此看来，农村的出路在于城市工业化和乡村发展工业以着力解决众多的剩余劳动力问题。当然，这个发展战略得以实施，是中华人民共和国开始实施改革开放政策以后的事了。

案工作，期待这两份调研报告，也能如费老先生的姊妹篇一般，经过几十年自己在中国农村生活的亲身体验，通过理论学习和思考后能形成相对完善的文字，也算对那些常常接受笔者访谈的农民朋友一个交代。费老先生学贯中西，一生著述无数，开创了中国社会学一代先河，后辈仿效先贤，但求敬陈管见。

现代经济学西渐东来，亚当·斯密的《国富论》成了人们手中的圣经，曾经风光无限的《资本论》学说，似乎被市场经济的大浪推向岸边。消灭剥削、消灭压迫的阶级斗争不再是社会的主要矛盾，着眼于解决劳动异化的生产资料公有制方略，其理论逻辑基础受到了经济实践活动的直接考验。以土地制度改革为核心的中国农村经济体制改革正从摸着石头过河阶段向自上而下的顶层制度设计阶段转变，如何中国化马克思主义理论，并将之用于分析、引领和指导中国农村改革和发展的实践是当前面临的一个重大问题。然翻开当前的经济学教科书，从概念界定到分析方法，基本没有中国本土学者的原创内容。在经济学的世界里，"钱学森之问"客观地存在着。也许学者们在雄心勃勃地设计创作时，鲁迅在《幸福的家庭》文中所说的先生的理想与彷徨突然闪现，一段"……做不做全由自己的便；那作品，像太阳的光一样，从无量的光源中涌出来，不像石火，用铁和石敲出来，这才是真艺术。那作者，也才是真的艺术家。——而我，……这算是什么？……"

交易成本概念的创立者、诺贝尔经济学奖得主罗纳得·科斯临终前，给中国经济学界留下一热门话语："中国需要一个思想市场"①。如思想是一市场，核心的就是要有竞争，不能垄断。在一

① 科斯：《缺乏思想市场是中国经济险象丛生的根源》，凤凰网财经讯，2011年12月15日。科斯在2011年12月14—15日《财经》年会上的发言中讲道："回顾中国过去三十多年，所取得的成绩令人惊叹不已，往前看，未来光明无量。但是，如今的中国经济面临着一个重要问题，即缺乏思想市场，这是中国经济诸多弊端和险象丛生的根源。开放、自由的思想市场，不能阻止错误思想或邪恶观念的产生，但历史已经表明，就这一方面，压抑思想市场会招致更坏的结果。一个运作良好的思想市场，培育宽容，这是一副有效的对偏见和自负的解毒剂。"

个垄断的话语市场中，思想因缺乏其价格发现机制，优良的思想产品就会被劣质的产品淘汰，逆向选择机制的结果是原创性的思想供给短缺。另一诺贝尔经济学奖得主弗里德曼认为，经济学是缺乏价值判断的。在他看来，一个理性人的经济世界与伦理毫无关联。在社会生活中，不管是农民还是工人、军人、商人（除了农民是民，其他社会阶层的是人），是在既定资源环境约束下优化个人利益的自利者，都是在自由意志下理性地选择各自的安身立命之道，时时刻刻做出有关生产、消费、交易的各种决策。他们只有决策能力的差异，没有社会身份地位的差别。但就当前中国的现实情况看，这种平等的社会秩序似乎还处在漫长的等待过程中。宪法规定："中华人民共和国是以工人阶级为领导，工农联盟为基础的人民民主专政的社会主义国家"。中国共产党作为工人阶级的先锋队，团结农民、知识分子、各民主团体、小资产阶级等一切可以团结的力量，领导中国人民对敌人实行人民民主专政。《宪法》规定的社会成员的阶级属性和阶级地位，与任何社会公民在法律面前人人平等的立法精神存在冲突。

1848 年 2 月，年仅 30 岁的卡尔·马克思和 28 岁的弗里德里希·恩格斯为共产主义者同盟起草了影响全世界走向的纲领《共产党宣言》。《共产党宣言》第一次全面系统地阐述了科学社会主义理论，明确指出至今一切社会的历史都是阶级斗争的历史，在过去的各个历史时代，我们几乎到处都可以看到社会完全划分为各个不同的等级，看到社会地位分成多种多样的层次。在资产阶级时代的阶级对立简单化了，整个社会分裂为资产阶级和无产阶级。以前的中间等级的下层，即小工业家、小商人和小食利者，手工业者和农民——所有这些阶级因为都降落到无产阶级的队伍里来了。包括农民在内的这些中间等级的下层同资产阶级做斗争，都是为了维护他们这种中间等级的生存，以免于灭亡。所以，在马克思看来，农民不是革命的，而是保守的。不仅如此，他们甚至是反动的，因为他们力图使历史的车轮倒转。但是，历史并没有按照既定的程式发展，"十月革命"一声炮响为中国送来了马克思列宁主义，中国的阶级斗争并不是简单化了的资产阶级与无产阶级的斗争，而是一个半殖民地半封建社会下的农民阶级与地主阶级之间的革命斗争。农民是革命力量的主体，并在中国共产党的领导下取得了最终的胜利。遗憾的是，新中国成立后国家对农民实施了一系列的歧视性政策，人为地加深了城乡之间、工农之间的矛盾，严重影响了中国社会的健康发展。

《穀梁传·成公元年》："古者有四民。有士民，有商民，有农民，有工民。"农民与士、工、商为社会并列的四大社会职业之一。传统中国以农立国，重农思想根深蒂固，农民并不是最贱之民。在《诗经》中，农民更多地被称为"农夫"或"农人"。不管"农夫"或"农人"，都是指具体从事农业生产的人，本身是不含身份或阶层的意义。在西周以至春秋时代，农民作为身份与职业统一的一个阶层，其称呼是"庶人"。"庶人"在当时的社会阶层等级中处于士之下，工商和奴隶之上①。只是到了近现代以后，工业革命的兴起，机器对劳动力的替代大大提高了工业、商业部门在国民经济中的比重，农民，特别是中国农民的社会地位江河日下。农民，不再是一职业称谓，而是落后、保守、不具有革命性阶级的小农意识的代表，在社会中饱受歧视与不公正待遇。恩格斯在《德国农民战争》一文中对 15 世纪德国农民的地位是这样描写的："处于所有这些阶级（平民反对派除外）之下的，就是全民族中大多数被剥削群众——农民。压在农民头上的是整个社会阶层：诸侯，官吏，贵族，僧侣，城市贵族和市民。无论农民是属于一个诸侯，或是属于一个帝国直属贵族，或是属于一个主教，或是属于一个寺院，或是属于一个城市，总之到处他都被当作一件东西看待，被当作牛马，

① 李根蟠：《中国小农经济的起源及其早期形态》，《中国经济史研究》1998 年第 1 期。

甚至比牛马还不如。"旧中国农民的贫困潦倒，薛暮桥在《旧中国的农村经济》中说道，"这些雇役农民常在黑暗中挣扎，用他们笨重的步伐，跑完那条艰苦的人生道路，他们除掉打破自己头颈上的半封建的枷锁外，是永远不会获得光明的啊"。

是啊！处于中国底层的广大农民，他们的人生价值在哪里？他们的幸福在哪里？他们什么时候才会见到光明啊？也许只有皈依原始宗教的生活信仰：轮回转世数百万次，求得那知道、信道和业道，才能解脱。"请带领我，从死亡到永生！"

董仲舒曰："大富则骄，大贫则忧。忧则为盗，骄则为暴，此众人之情也。使富者足以示贵而不至于骄，贫者足以养生而不至于忧。以此为度而调均之，是以财不匮而上下相安，故易治也。"让富者足以示贵而不骄，贫者足以养生而不忧是治国的千古难题和永恒话题。当下中国要走出五百年王者兴的历史循环，关键在于让中国大多数贫困农民的生活水平能够逐步得到提高，从政治、经济和文化各方面缩小城乡差异，化解城乡冲突，让农民和其他社会成员一样平等地成为社会主义的公民，共享中国发展成果，淡化阶级意识，营造和谐的社会根基。毛泽东主席曾告诫中国革命党人，"我们马克思主义的书读得很多，但是要注意，不要把农民两个字忘记了，就是读 100 万册马克思主义的书也是没有用处的。因为你没有力量。靠几个小资产阶级、自由资产阶级分子，虽然可以抵一下，但是没有农民，谁来给饭吃呢？饭没得吃，兵也没有，就抵不过两三天"[1]。中国共产党带领中国人民从事社会主义革命和建设几十年了，主要的经验就是从群众中来，到群众中去。只有将农民是否有饭吃，有衣穿，是否过得幸福放在心上，中华民族伟大的复兴梦才会得以实现。

因此，调查报告按照中国社会科学院国情调研村庄调查项目的

---

[1]　毛泽东：《在中国共产党第七次全国代表大会上的口头政治报告》（1945 年 4 月 24 日），《毛泽东文集》第 3 卷，人民出版社 1996 年版，第 305 页。

总体要求，除了完成项目所规定的基本调查内容外，借鉴幸福经济学的分析方法，在大量查阅和梳理有关幸福的理论文献的基础上，建构农民生活满意度和幸福感的分析框架，设计调查问卷，以重庆市梁平县万年村农民的生活满意度和幸福感现状及影响因素的各维度为切入点，全面分析研究万年村农民生活现状、价值观念、收支情况、社会保障体系、村级治理、农副业生产和经济发展走向无疑具有重要的理论和现实意义。

二 研究内容和方法

（一）研究内容

中国共产党第十六届中央委员会第五次全体会议提出要按照生产发展、生活宽裕、乡风文明、村容整洁、管理民主的要求，扎实稳步地推进建设社会主义新农村。2006 年，万年村被梁平县评为新农村建设的示范村，通过新农村项目建设，全村的基础设施、民居住房和农业生产条件都有了较大程度的改善。根据以一个村为单位的国情调研项目的总体目标，以认识一个村的发展变化和现状为目的，调查报告的研究内容包括村环境、幸福感和生活满意度的理论分析、村民幸福感（生活满意度）现状和影响因素、幸福生活的物质保障、幸福生活的社会保障、幸福生活的政治保障、幸福生活与农业现代化、幸福生活的规划与展望等方面的内容。

在调查内容方面，村基本情况调查表和农户问卷调查表是项目的"规定动作"，是所有的村级调查项目都必须要完成的内容。村基本情况调查表包括了万年村的地理环境、人口信息、经济社会、乡村治理、宗教信仰等内容。农户问卷调查表包括人口与就业信息，农户财产拥有与生活质量，教育、医疗及社会保障，农户收入和支出，生产性固定资产拥有与折旧，农户金融，土地承包经营和宅基地，农业生产经营，参加政治活动和社会活动等方面的基本情况。

在此基础上，项目组以农民生活满意度和幸福感为核心设计了调查问卷（见附录一）。调查问卷主要包括调查样本个体对生活满意度总体和相关维度进行的自我评估、幸福观和价值观陈述、生活变化的自我评估、期望的生活状态等方面的内容。

（二）研究方法

理论联系实际，是本报告的一个总体方法。针对每一部分的研究内容，先查阅相关的文献资料，然后建构理论分析框架，利用调查表数据进行翔实的统计分析，与理论假定相互印证。在抽样时，理论上以 2011 年村民家庭人均纯收入按高、中、低三组进行分层随机抽样 50 户，但村内外出务工、经商人员比例较大，会出现抽到的调查对象不在家的情况，因此样本个体的收入水平不能完全满足抽样要求，高收入户所占比例略偏低，但总体上样本户的家庭人均纯收入的分布与万年村农户家庭人均纯收入分布基本相似，能够代表万年村的基本情况。

以一个村为单位解剖麻雀，除了结构性的调查问卷外，还根据各章节研究内容的需要，选择万年村村内有典型意义的村民进行单独访谈。为了对梁平县、屏锦镇以及万年村三级组织的人文环境、经济社会发展情况有一个总体性把握，除了查阅县志、镇志、县统计年鉴、各种规划资料外，还与县统计局、县农业局、镇和村的相关部门开展小型座谈会的方式收集资料和信息。在梁平县、屏锦镇和万年村的调查过程中，常常想起毛泽东主席说过的："这些干部、农民、秀才、狱吏、商人和钱粮师爷，就是我的可敬爱的先生，我给他们当学生是必须恭谨勤劳和采取同志态度的，否则他们就不理我，知而不言，言而不尽。开调查会每次人不必多，三五个七八个人即够。必须给予时间，必须有调查纲目，还必须自己口问手写，并同到会人展开讨论。因此，没有满腔的热忱，没有眼睛向下的决心，没有求知的渴望，没有放下臭架子甘当小学生的精神，是一定不能做，也一定做不好的。必须明白：群众是真正的英雄，而我们自己则往往是幼稚可笑的，不了解这一点，就不能得到起码的知识。"①

怎样使对方说真话，毛泽东在关于农村的调查中也谈到了这个问题。虽然时代不同了，在农村做田野调查的方法各不相同，但有一点是一样的，就是与农民兄弟做朋友。没有求知的渴望，没有放下臭架子甘当小学生的精神，是一定不能做也一定做不好的。"但是主要的一点是要和群众做朋友，而不是去做侦探，使人家讨厌。"群众不讲真话，是因为他们不知道你的来意究竟是否于他们有利。"要在谈话过程中和做朋友的过程中，给他们一些时间摸索你的心，逐渐地让他们能够了解你的真意，把你当做好朋友看，然后才能调查出真情况来。"如果群众不讲真话，也绝不怪群众，只能怪调查人员自己。毛泽东在兴国调查中，请了几个农民来谈话，"开始时他们很疑惧，不知究竟要把他们怎么样，所以第一天只是谈点家常事，他们脸上没有一点笑容，也不多讲。后来请他们吃了饭，晚上又给他们宽大温暖的被子睡觉，这样使他们开始了解我（毛泽东）的真意，慢慢有点笑容，说得也较多。到后来，简直毫无拘束，大家热烈地讨论，无话不谈，亲切得像自家人一样"。

为了保证资料的真实性，笔者与万年村的村民交知心朋友，让他们理解笔者的调查目的。在开展入户调查前，还对参与调查的其他同志进行了详细的讲解和集中培训，让大家充分理解调查问卷，让调查对象做到知无不言，言无不尽，尽最大努力收集到翔实的数据资料。在完成万年村的调查后，笔者俨然成了村里的一位外来村民，对村里的情况有了较为全面的了解，特别对那些新型农业经营主体的生产经营状况开展了深度访谈。笔者看来，这些新型农业经营主体的出现，不仅改变了万年村的产业形态，还代表了农村未来很长一段时期的发展方向。如何看待这些新农人的社会地位，直接

---

① 毛泽东：《关于农村调查》（1941 年 9 月 13 日），《毛泽东农村调查文集》，人民出版社 1982 年版。

关系到我国对农民阶级特性的再认识。

三　报告结构

在绪论之后，报告第一章首先描述万年村村民的生活环境，正如救众生于苦海之中佛陀诞生之地——迦毗罗卫城一样，环境在决定着人类基本的价值观念、生活习俗、演化路径，通过对梁平县、屏锦镇、万年村环境的描述，初步刻画出一个万年村村民幸福生活空间变化的框架。接着第二章在理论上梳理对幸福的讨论和研究进展，并为以村为边界的实证分析建构一总纲。第三章充分利用对样本个体的问卷数据，得到万年村村民生活现状的真实图景，继而翔实地分析影响他们生活满意度和幸福感的种种因素，为后面章节深入分析幸福的各要素做好铺垫。因此，第四章首先讨论村民生活的物质保障问题。第五章根据万年村的人口特点，讨论事关村民幸福的教育、医疗、养老等社会保障事业。第六章以中国共产党在农村基层政治中的领导作用为切入点，讨论村民幸福生活的政治保障问题。第七章讨论万年村小农经济向现代农业的转型，因为农业是村民的主要劳动场景和生活方式，事关他们的福祉。第八章在万年村以往的发展规划基础上，展望了万年村经济社会发展远景。

第一章

幸福的环境要素

　　人类发展史上，对自由和平等的追求，是任何区域环境下人们追求幸福生活的基本要义。约翰·密尔在论述自由时这样说到，凡在不以本人自己的性格却以他人的传统或习俗为行为准则的地方那里就缺少着人类幸福的主要因素之一。"平等"一词可能来自佛教，指一切现象在共性或空性、唯识性、心真如性等方面没有差别。一个理想的世界是大同的、平等的，但严峻的现实生活是：有的人富而贵，有的人贫而贱；有的人成为万人景仰的国家元首，有的人沦为衣不裹体的街头流浪汉；有的人当了警察，有的人当了罪犯；有的人当了牧师，有的人当了信徒；有的人当了工人，有的人当了农民——如果抛开社会伦理关系仅从生物进化的角度看，人来到这个世界，只不过是男性和女性一次性冲动的结果，只是自然力的创造物。就生命的起点而言，人的平等是自然的程序。但是，无能和无所不能的主宰将人分配到了不同的环境中，有的出生在了非洲撒哈拉大沙漠的深处；有的出生在了美洲中部大草原；有的出生在了亚洲喜马拉雅高山脚下；有的出生在了欧洲的海岸地带。由此，孟德斯鸠、黑格尔、马克思等哲学家敏感地观察到了环境决定着文明的进程和路径。佛教的宇宙观认为我们这个世界是无量世界中的一者，以须弥山为中心。佛陀以山为中心的宇宙观是否源自于他对喜马拉雅山所包围的世界的早期猜想不得而知，但自然环境对人类文明的深刻影响毋庸置疑。区域环境在很大程度上决定着一个民族的文化、习俗和生活，代表着陆地文明特征的东方文明与代表着海洋文明的西方文明如同大气层中的冷暖空气一般冲撞、撕咬……最终却在不断地交流与融合。不同地区的人们有着不同的价值观念，但人类如其他生物群落一样，都有扩张自我的本能，而扩张本能的终极目标是幸福。人类活着的至善，亚里士多德认为，是德性的幸福。根据联合国经济与社会事务部 2014 年全球城市化展望报告，2014 年全世界 72 亿人口中，有 39 亿生活在城镇，33 亿生活在乡村，也就是说，全球近 30 亿的人以农业为生。在浩瀚宇宙绝对主宰静静的注视下，他们日日夜夜耕耘在无边的田野讨得各自的生活，描绘着不同的人生轨迹。万年村的村民，只不过是全球 30 多亿农民，中国 7 亿农民中的沧海一粟。村民的幸福，很大程度上取决于环境的约束及自由意志的选择。

第一节　环境与价值

"要立刻下了决心，把农民问题开始研究起来……立即下了决心，去做那组织农民的浩大工作，深入农村，搀着农民的手问他们痛苦些什么，问他们要些什么。从他们的痛苦和需要中，引导他们组织起来；引导他们向土豪劣绅争斗；引导他们与城市的工人、学生、中小商人合作，建立起联合战线；引导他们参与反帝国主义、反军阀的国民革命运动。"1927 年 1 月 4 日至 2 月 5 日，年轻的共产党员毛泽东考察了湖南湘潭、湘乡、衡山、醴陵、长沙五个县的农民运动，完成了享誉中外的《湖南农民运动考察报告》，提出了解决中国民主革命的中心问题——农民问题的理论和政策。毛泽东主席是徒步去做的调查，请农民吃饭开没开发票，是否符合财务报账制度，这些在和平年代项目管理中至关社会科学创新的重要问题，毛主席的报告中却没有说明，我们不得而知。在一个旧的社会秩序完全破坏，新的制度没有建立起来的特殊时期，如何对待"农民"这个同盟军的问题，直接关系中国共产党的生死存亡，项目经费的使用是否符合规定，自不是当务之急。当下的共产党，通过枪杆子获得了政权，农民问题不是时代的主题。今天的国情调研，主要目的之一是让书斋里的学者接地气，了解农村现实，接受基层干部群众的再教育。

一 北京到梁平县的路途

梁平县，地处长江中游重庆市东南，四川盆地东部平行峡谷区，介于东经 107°24′—108°05′与北纬 30°25′—30°53′之间，东邻万州，南接忠县、垫江，西连大竹，北倚达县、开江。东西横跨 52.1 公里，南北纵贯 60.35 公里。幅员 1892.13 平方公里。西周、春秋时地属庸国。战国时属巴国、巴郡。西魏元钦二年（553），置梁山县，以境内高梁山为名，治黄土坎。新中国成立初，梁山县隶属川东人民行政公署大竹专区。1952 年 12 月 3 日，因县名与山东省梁山县同名，遂以境内有平坝而更名为梁平县。1953 年 3 月 10 日，撤销大竹专区，梁平县划归万县专区（地区）管辖至 1997 年 6 月。1997 年 6 月由重庆市直辖至今。

据说秦始皇统一中国定都咸阳后，为密切巴蜀与西南地区的联系，修建了通往云贵地区的大道"五尺道"。这条道路凿山越岭，遗迹至今尚存，宽约 5 尺，故而得名。交通，是联系统治中心首都与全国各地的要害。交通工具的进步，大大促进了人流和物流的流转速度，这为加强区域交流，缩小区域差别创造了条件。北京作为新中国的首都，与川东的梁平县城距离 1900 公里。在现代交通工具发明以前，要远行这样的距离几乎不可想象。可以推断的是，从统治中心的各种指令要传到各区域的效率极低，稳定既有的统治秩

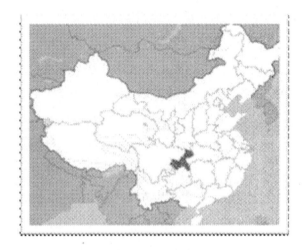

图1-1 重庆市的地理位置

序的难度加大，中央政府除了通过法令等正式制度加强对地方政府的治理外，更会发展出一种意识形态上的统一价值观念、风俗习惯等非正式制度作用于权力所不能直达的区域。此外，信息流速下降后，区域的经济社会结构与外在环境的耦合过程中更具有相互的适应性。比如，潮湿地区的人们更喜辛辣食物，而这些辛辣食物也更容易在这些潮湿的环境中生长；在语言上，南方人的发音与北方地区的人明显不同，主要在于人体的发音器官更容易用当地的语音系统来表达。一个南方人到北方生活多年后，乡音也难以改变。所以，环境是一个区域文明起源和演化路径的决定性因素，特别是在现代工业文明以前的农耕社会。

马克思和恩格斯认为，在人类文明初期，地理环境对于人类的物质生产活动和社会生活具有决定性的影响。这种影响主要是地理环境因素通过作为人类物质生产活动要素之一的劳动对象而实现的。作为劳动对象，地理环境因素决定着物质生产活动的类型、方式等，并通过决定人类的物质生产活动，进而影响到人类文明的社会生活、政治生活和精神生活。如此，世界各地区的地理环境就使不同地区的人类文明产生了许多差异，呈现出不同的面貌，形成了不同的类型，如中国黄河流域、长江流域的古文明；地中海北岸的古希腊文明；美洲的印第安文明等。

地理环境是人类生存的依托，是人类所从事的最基本的实践活动、物质生产活动的场所和对象，人类社会的发展无疑会受到地理环境的影响。全国有 50 多万个村庄，其经济社会发展各有其特点，但从区域上看，很多环境相似的村庄，其经济社会结构和发展路径具有很强的同质性，其中，自然环境起到了重要作用。毫无疑问，同一地理环境，在人类社会发展的不同时期，对于人类社会产生的影响不尽相同。马克思认为自然环境在经济上可分为两大类：生活资料的自然资源，例如土壤的肥力，渔产丰富的水，等等；劳动资料的自然资源，如奔腾的瀑布、可以航行的河流、森林、金属、煤炭，等等。在文明初期，第一类自然资源具有决定性的意义，在较高的发展阶段，第二类自然资源具有决定性的意义。生活资料的自然资源，比对劳动资料的自然资源要重要得多。[①] 在重庆、四川等丘陵区的很多村庄，其生活习俗、饮食习惯、农业生产结构都具有相似性，这是早期环境对于村庄经济社会发展的历史性影响。另一方面，由于各个村庄人们主观能动性差异，相似自然环境的村庄发展水平和模式也各呈特点。特别是改革开放以来，中国经济在全球化、工业化、城镇化、信息化的作用下，一个村庄的自然环境约束力下降，人在制度选择和发展方略上的自主性在增强。

要想富，先修路——这是中国改革开放以来各地发生的最大变化。路修好了，物流、人流和信息流增加，大大节约了村域内与外部世界的交易成本，使村域经济社会加速参与到社会分工体系中，正如亚当·斯密在《国富论》中详细论述的，正是市场的分工和合作，大大提高了生产效率，促进了一个国家财富的增加。在中国第一次实现大一统的秦汉时期，有多少屈指可数的梁平县居民远离家

---

① 马克思：《资本论》第 1 卷，《马克思恩格斯全集》第 23 卷，第 560 页。

乡达到过统治中心的长安城已无据可考；又有多少京官能对远在千里之外的县城的经济社会发展情况，特别是对最为底层的农民生活状况有一个及时地了解更是无从可知。上层社会要了解下层社会的信息，只能通过科层制结构自下而上的报送，在这样的制度安排下，如何保障中间环节官员信息的真实性就尤为重要，因此，从社会伦理的角度发展出一整套的仁、智、礼、信、忠的价值观念对于社会的有序运行非常关键。卡尔·A. 魏特夫甚至说中国的专制制度是由于黄河流域灌溉农业需要上下游之间的相互协调产生的。工业文明的一个重要特征就是现代运输工具的出现。现代交通在缩小了区域之间经济发展差异性的同时，也驱动着制度和价值观念的相似性增强。从宏观的方面说，需要重新认识资本主义和社会主义的直线式历史发展观；从微观层面看，市场经济发展的结果之一，就是万年村村民的经济活动与其他区域的乡村和城市居民在发展方略上没有太大的不同：都是在一定的技术条件下，充分开发利用区域资源，在发挥区域比较优势基础上选择自己的发展路径。也正是如此，极权制度的经济基础在弱化，民主制度的可能性和可行性在日益增强，中央对地方的治理模式也会随之改变。

当前从首都北京到梁平县，可选择的交通方式是多种多样的。如果你有足够的毅力和耐心，你完全可以效仿一下现代交通工具发明以前的人们是如何穿越空间的。即使选择步行或是坐马车到北京，路途上的艰难险阻也下降了很多——至少不会遇到豺狼虎豹或是明目张胆的成群土匪。以这种方式到梁平县城，按一天行走8小时，1小时平均5公里计，需要1个多月的时间才能到达目的地。现代交通工具飞机、火车、长途公共汽车、轮船发明以后，到达梁平县城，可以选择从北京首都国际机场坐飞机到重庆江北机场，只需飞行2.5小时；从重庆江北机场到梁平县城200多公里，再换乘长途公共汽车，走高速路，需要3个小时。如果加上办理登机手续和候机时间，从北京出发到梁平县城住下来，需要1天的日程。另外可选择的一条飞行线路是北京到万州机场。① 万州机场到梁平县只有60公里，但飞行航班少，需要选择日程。除了飞行，如果时间成本足够低，也可以选择乘坐火车或是长途公共汽车，所需时间也就两三天，比起飞机来，多了路途劳累，但少了交通成本。经济学的原理说，一个理性人，会计算出自己的时间成本和交通成本，然后自由地优化选择最佳的行车路线。但不管哪种方式，都让现代人的出行不再如古人出行那样咏叹"蜀道难，难于上青天"。

在地理环境与人类社会这一矛盾体中，人类是居于主动和能动地位的。马克思说，劳动首先是人和自然之间的过程，是人以自身的活动来引起、调整和控制人和自然之间的物质变换的过程。人自身作为一种自然力与自然物质相对立。为了在对自身生活有用的形式上占有自然物质，人就会让他身上的自然力——臂和腿、头和手运动起来，并通过这种运动作用于他身外的自然并改变自然。当人类为了生存和发展，作用于他身外的自然并改变自然时，也就同时改变他自身的自然，从而炼出新的品质，产生新的力量和新的观念，产生新的交往方式，新的需要和新的语言。随着现代科技和交通工具的发展，正如马克思所说，环境对人的活动影响减少，科技的主体力量在增加，相应的区域之间的制度与价值观差异正随着人们经济活动的趋同而趋同，人类似乎正在突破时空的障碍，形成一些人类的，包括幸福生活观念在内的"普世性"价值观念。北京与梁平县，甚至在某种程度上与万年村农民之间的生活观念，由于生产活动方式不同，还存在很大差异，但环境因素的作用正在缩小。

到梁平县开展村庄和家户调研，我们不再如古人出远门需亲朋好友饯行一通，当下一些人坐飞机在中国甚至全球飞来飞去是很平常的事情。有的出了名的学者，全国巡回做学术报告，刚从一个航

① 重庆市万州机场位于万州区长江南岸，距万州主城区约15公里。万州机场于1997年11月由国务院、中央军委批准立项，2000年初正式开工建设，2003年5月29日建成通航。

班下来，很快就登上另一个航班的现象并不少见。交通条件的变化，大大加快了先进科学技术的传播速度。万年村的不少村民，随着现代交通、通信和互联网技术潮流，正在迅速地转变生活观念，融入到市场经济的大潮中。后面会专门介绍到，一些工商大户、养殖大户，他们与传统的、自给自足的小农已发生了本质变化，再用传统的农民阶级所具有的"小农意识"思维来看待他们，不仅仅是一种观念上的落后，在某一种意义上更是一种违背历史发展的反动。按照我国当前多数学者在农村开展农户调查的惯例，先通过重庆市社会科学院的同志联系梁平县人民政府的相关部门，说明调研目的、调研行程和调研内容，地方政府再逐级协调屏锦镇党委和人民政府，万年村党委和村民委员会。屏锦镇领导高度重视，安排万年村的领导干部全力配合笔者在村里的各项调查活动。这就是我们国家的特点。一方面，很多人希望有更多的自由，更能独立地开展研究；但另一方面，我们又享受着自上而下的治理体系所带给我们的无穷便利。这就是具有中国特色的政治、经济和文化制度。需要说明的是，我们说开展农户调查如果没有地方政府和基层干部的全力配合就会寸步难行，并不是指需要他们为我们的调查人员提供衣食住行等物质方面的特殊待遇，主要是我们的调查面广，调查内容多，需要约谈各种具有典型意义的调查对象，收集各种真实的、能反映现实生活的、可用于学术分析的翔实资料。

日常生活中，一个大家经常体验和观察到的现象是：在市内公交车或是人多的地铁上，乘客的车票没有与固定的座位一一对应。在一行程时间段内，公交车上的座位相对于乘客来说是一种池塘资源（Pool Resources），座位这种稀缺资源按照先到先得的原则进行分配。当然时而会有乘客因抢座位而产生口角甚至打架的事件，但来来往往的乘客早已习惯于这种风俗或制度，公交公司更不会因为乘客争夺座位而设计出车票与固定的座位对应的制度。这是因为，将市内公交车车票与固定座位产权分配固定下来，也就是明晰时间段内座位资源使用权的制度的执行和监督成本将会大幅度增加，相比较于没有固定座位而造成乘客为分配座位而产生的交易成本来说要低得多。优化选择的结果是不明晰化产权，而让乘客通过自我协商的办法实现座位使用权的分配。这种制度安排，在一个熟人社会的乡村范围内经常出现，比如，村里灌溉水源的分配，就不一定要将水权明晰到户实行终端水价制度。然而，在安全性和舒适度更高的飞机上，乘客花钱购买的机票，就明确包括了座位权，即要求产权明晰化。与市内公交车内模糊的座位使用权不同，主要在于飞机乘客需要经过较长时间完成从始点到终点的旅行，乘客数量较少，在飞行途中更没有乘客上下飞机，航空公司明晰座位资源产权制度的交易成本下降，相对于不明晰产权所带来的乘客争执导致航行安全风险来说，明晰座位资源产权就是最优化的制度安排。

如果将一个区域内的风俗看作非正式制度安排，将成文的法律规章看作正式制度安排，一定的技术和环境约束下，大到一个国家，小到一个村庄，在漫长的历史长河中，理性的人们为了扩展自己的生存空间，就会选择出成本更低或是收益更高的制度。休谟说，德性是理性和情感共同作用的结果，理解一个国家、一个地区、一个村庄中人类的生产生活方式，不能脱离这些区域所面临的环境条件。马克思在论述公社所有制问题时指出："不管怎样，公社或部落成员对部落土地（即对于部落所居住的土地）关系的种种不同的形式，部分地取决于部落的天然性质，部分地取决于部落在怎样的经济条件下，实际上以所有者的资格对待土地，就是说，用劳动来获取土地的果实；而这一点本身又取决于气候、土壤的物理性质，受物理条件决定的土壤开发方式，同敌对部落或四邻部落的关系以及引起迁移、引起历史事件等变动。"[1]

---

[1] 《马克思恩格斯全集》第46卷（上），人民出版社1980年版，第484页。

因此，我们在调查分析万年村农民的生活状态、生产方式、风俗习惯以及变动路径和方向时，除了对他们日常生活细致入微地观察与思考，还需将万年村经济社会发展变化过程放在全球化过程中中国经济社会变动的大背景下来理解。万年村的经济社会发展，受其区域环境的影响有其特殊性，但也表现出了中国发展变化的很多共性因素。改革开放的各项政策自上而下地向村落辐射，无处不在地影响着村民生产生活的方方面面，来自顶层的制度安排对村庄的影响超过了任何一个历史时期。

二　环境决定论与万年村的发展

万年村作为重庆市梁平县一个普通的行政村，远离京城权力中心约 2000 公里，村庄的发展模式和水平受多重因素的交互作用，是国家经济政策、区域环境和村民自主性选择的结果，但如何理解环境约束与人的自主性在发展差异上影响的大小？如果认为人的主观能动性是决定性因素，我们就无法理解区域环境条件相近村庄经济社会的共性；如果认为环境是村庄发展的决定性因素，我们就理解不了区域环境条件相似村庄经济社会的异质性。对于某一个具体村落来说，发展模式具有很大的或然性，但还是具有必然性的因素在起作用。

（一）地理环境概念

《辞海》对地理环境的释文为："通常指环绕人类社会的自然界，亦称自然环境。包括作为生产资料和劳动对象的各种自然条件的总和，是人类生活、社会存在和发展的物质基础和经常必要的条件，广义上包括自然地理环境和人文地理环境。前者是气候、地貌、水文、土壤、植被与动物界有机组合的自然体，后者是人类通过历史的和现代的经济、政治、社会、文化等活动在原先的自然地理环境基础上所造成的人为环境。它可加速或延缓社会发展的进程。随着社会生产力的发展，人类社会将更广泛、深刻地影响和作用于地理环境。"① 环境是一个非常复杂的体系，尚未形成统一的分类方法。按环境范围的大小，可分为特定空间环境（如航天密封舱环境）、车间环境、生活区环境、城市环境、区域环境、全球环境和宇宙环境等。按环境要素可分成自然环境和社会环境两大类。自然环境可再分为大气环境、水环境、土壤环境、生物环境、地质环境等。社会环境依照人类对环境的利用或环境功能再分为聚落环境（村落环境、城市环境）、生产环境、交通环境、文化环境（如文化教育区、文物古迹保护区、风景游览区和自然保护区）等。按环境主体为分类条件可分为以人作为主体的人类生存环境和以生物作为主体（把人以外的生物看成环境要素）的生物界生存环境。

（二）环境决定论

环境决定论不是一个新生事物，包括马克思在内，历史上持这种观点的大有人在，影响较大的有 18 世纪法国启蒙思想家孟德斯鸠。他在其《论法的精神》中有大量关于环境与人类社会关系的论述。"一个从事商业与航海的民族比一个只满足于耕种土地的民族所需要的法典，范围要广得多。从事农业的民族比那些以畜牧为生的民族所需要的法典，内容要多得多。从事畜牧的民族比以狩猎为生的民族所需要的法典，内容那就更多了。"前面已对通过交通座位产权界定为例，对制度形成的原因进行了一个简要说明，其实，孟德斯鸠的这个观点，用现代制度经济学的理论是比较容易解释的。法律作为一项正式制度安排，与商业发展是一个相互作用的过程。市场越发达，技术水平越高，越需要有减少市场交易成本的正式制度安排。

在论及全球一些区域人与气候的关系时，孟德斯鸠简单而偏执地说道："炎热的气候消磨人的力量和勇气。在寒冷的环境下，人就有相当的体力和精力长时间地、大胆地从事大量艰苦的活动。它

---

① 《辞海》，上海辞书出版社 1999 年版，第 1508 页。

不仅表现在国与国之间，就是在地区与地区之间也是如此。中国的北方人比南方人勇敢，朝鲜南方人不如北方人勇敢。因此，热带地区的民族怯懦而使这些民族沦为奴隶，而寒冷地带的民族的勇敢使他们保持自己的自由。这是自然的原因所产生的后果。在亚洲是强国与弱国对峙。勇敢、善战、活泼的民族与懦弱、懒惰、腼腆的民族毗邻。所以，势必一个民族要被另一个民族征服。一个成为征服者，另一个则变成被征服者。欧洲的情况与此相反，强国与强国对峙，毗邻的民族差不多一样勇敢。这就是亚洲弱而欧洲强的主要原因；这也是欧洲自由而亚洲受奴役的重要原因。我不知道是否有人指出过这个原因，由于它，在亚洲自由没有增加过，而在欧洲随着情况的变化，自由有增有减。在亚洲，人们总是看到有大的帝国存在，而在欧洲从来没有过这种大的帝国。这是因为亚洲有大的平原。亚洲由海洋分割成较大的板块，而且由于它比较偏南，所以水源容易枯竭，山脉积雪较少，而且河流不够大，不能给人形成障碍。因此，在亚洲就必须始终实行专制统治。如果那里的奴役统治不走向极端的话，便会形成割据的局面，这是地域的性质所不容许的。在欧洲，自然划分形成一些不太大的国家，在这些国家中，依法治国与护卫国家不是矛盾的，相反，依法治国十分有利于护卫国家。如果没有法律，这个国家就会衰落下去，并会落后于其他国家。正是由于它而形成了一种自由的特性，因为有这种特性，除非通过商业上的规则与利益进行交往外，每一个地方都难以被征服，难以向外来势力屈服。相反，一种奴役的思想统治亚洲，它从来也没有离开这里。在这个地区的全部历史中连一点标志自由精神的痕迹都找不到，人们只能见到奴役的壮举。"这样的观点，无疑为一些西方文化中心论和文化殖民主义提供一种理论基调，势必遭到诸多的批评。

实际上，古希腊时代的思想家希波克拉底、柏拉图和亚里士多德等人也认为人的性格和智慧由气候决定。19 世纪受达尔文进化论的影响，环境决定论在世界各国广为传播，并影响到了很多思想家对东西方文化差异的看法。英国历史学家 H. T. 巴克尔（Henry Thomes Buckle，1821—1862）在其《英国文明的历史》（1857）一书中认为高大的山脉和广阔的平原（如在印度），能使人产生一种过度的幻想和迷信，印度的贫穷落后是气候的自然法则所决定的。德国地理学家 F. 拉采尔在 1897 年发表的《政治地理学》一书中，把 C. R. 达尔文的物竞天择、优胜劣汰的生物概念应用到国家的成长和发展上，认为国家像有机体一样有兴盛、衰亡的过程，国家的兴盛需要广阔的空间。瑞典学者 R. 谢伦在拉采尔的思想基础上，于 1917 年发表的《作为生命形态的国家》一书中提出地缘政治学概念，认为一个国家成为世界强国的条件是要有广阔的空间、对全体国民的控制和自由的活动权力。第一次世界大战后，德国学者 K. 豪斯霍弗利用和歪曲国家有机学说、生存空间论以及英国地理学家 H. J. 麦金德的陆心说，为纳粹德国侵略扩张服务。他认为德国缺乏必需的生存空间和足够的自然资源，主张重新分配世界领土，而战争是解决生存空间的唯一方法。美国人文地理学家 E. 亨廷顿认为人类文明进步主要取决于气候，温带气候区远比地球上其他地区更为"优越"，认为西欧和北美具有促进文明发达的理想气候。

　　人类文明进入 20 世纪后，随着科学技术的发展，人们对人与环境的关系又有了全新的认识。环境对于人类经济活动的影响在一些地区还起着决定性作用，但人对于环境的适应和改造具有充分的能动性，人不仅仅是自然环境的被动承受者，也在通过科技的力量改变自然环境对人类的限制。理论上也相继出现了各种不同的人地关系学说，总体上对早期的环境决定论持批评和否定的态度，比如，20 世纪 50 年代澳大利亚地理学家 G. 泰勒编著的《二十世纪的地理学》有关"地理学发展""作为一个因素的环境"和"专门的领域"等方面的论文集，认为孟德斯鸠和巴克尔等人夸大了气候对人类的影响，他认为人类可以改变一个地区的发展进程，但如果不顾自然的限制，也一定会遭受灾难。

当今而言，人与自然的和谐共处已成为时代主题，保持人类社会的可持续发展是全世界各民族的共同目标，万年村也不例外。

（三）万年村发展的环境作用

在中国，人们常以秦岭—淮河一线作为南北地理分界线。此线南北，无论是自然条件、农业生产方式，还是地理特征以及人民的生活习俗，都有明显的不同。北方耕地为旱地，主要作物为小麦和杂粮，一年两熟或两年三熟；南方则主要是水田，农作物主要是水稻、甘蔗和茶叶等亚热带经济作物，一年两熟或三熟。人们平常所说的"北麦南稻，南船北马"是这种差异的真实写照。民国大学者刘申叔说："大抵北方之地，土厚水深，民生其间，多尚实际。南方之地，水势浩洋，民生其间，多尚虚无。"南北差异在性格、饮食、艺术、语言、建筑上都能表现出来。孟德斯鸠说，法律应该与国家的自然状态产生联系；与气候的冷、热、温和宜人相关；还与土壤的品质、位置和面积有关；与诸如农夫、猎人或者牧民等各类人群的生活方式息息相关。法律必须与政体所能承受的自由度相适应，还要与居民的宗教、性癖、财富、人口、贸易风俗以及言谈举止发生关系。最终，法律条款之间也有内在的关系：它们各自都有自己的渊源所在，其中包含立法者的主旨以及制定法律所产生的基础性秩序的关联。

万年村远离中国政治、经济、文化中心，是地处西南一隅梁平县山间平原的一个小村庄，其民风民俗受历史大环境的影响较大。自改革开放以来，其环境条件决定了其经济社会发展的基本特性。一方面，因其地处内陆腹地，与沿海经济发达区、大城市郊区相比，环境约束性明显，经济发展过程与那些交通条件优越区域的村庄过程和模式不会相同。另一方面，相对于高原、山地、草原区域的很多村庄来说，万年村紧依屏锦镇，交通条件相对便利，参与市场分工的条件也具有一定的环境条件。重庆市作为一个国家直辖市，在发展方面有许多优于其他非直辖城市的政策，在水电气路等基础设施建设方面也具有较好的条件。但作为一个人多地少的村庄，水土、气候等自然资源条件对经济发展模式具有决定性影响：（1）环境决定了其工业制造业不具有比较优势，村里不太可能大规模发展工业企业；（2）大量向外迁移劳动力是环境的必然要求，外出务工经商是村民改善民生、提高生活水平的现实选择；（3）通过土地流转适度扩大常住村民的农业经营规模是农业生产方式转变的方向；（4）发展劳动密集型的加工业，是增加村民收入来源的明智选择。

应该说，上面提出的发展思路，对于环境和区域条件如万年村的其他村庄，具有很强的共性。环境和资源禀赋条件，仍然是决定一个村庄在社会区域分工中所处位置的决定性因素。当然，现代交通条件和科学技术的进步，人们信息交流的增强，包括幸福观在内的价值观正在超越区域环境约束而趋同。不管是工人阶级、农民阶级还是资产阶级，通过自己的辛勤劳动追求幸福生活的价值取向是一致的。农民阶级受自然环境的约束大于其他阶级，但也正全面地参与到市场体系中，是一个应与其他社会阶级平等的社会群体。

第二节　梁平县概况

第一节从环境与经济社会发展的理论视角来看待两者的关系，更多地从对国家治理中心与梁平县的空间距离来思考宏观治理结构对县域经济社会发展的潜在影响。国家发展的大环境和万年村发展的小环境在总体上塑造着村民的生产生活形态。本节将缩小观察范围，对梁平县的自然地貌、经济概况及交通状况进行概要介绍①。

---

① 全书的数据除非特别说明，均来自于相关年份的中国统计年鉴；梁平县的数据资料来自于《梁平县县志》和《梁平统计年鉴》。屏锦镇的资料来自于《屏锦镇镇志》；万年村的资料来自于对万年村村委的问卷调查。由于系统资料获得困难，对梁平县、屏锦镇和万年村自然气候介绍的内容较为粗略。

梁平县，原名梁山县，现为重庆市辖县，距重庆 190 公里，距万州 60 多公里，是四川省通向中国东部地区的必经之地。东西长 52.1 公里，南北宽 60.4 公里，总面积 1892.1 平方公里。其中耕地面积 4.9 万公顷，林地面积 5.6 万公顷，森林覆盖面积 4.7 万公顷。

一 经济社会

（一）人口

2011 年，梁平县全县人口 92.1 万，其中，男性 48.2 万，女性 43.9 万。全县总户数 31.5 万户，按农业和非农业户籍人口划分，农业户籍人口 73.6 万，非农业户籍人口 18.5 万。全县共辖 33 个乡镇、街道，其中乡 7 个，镇 24 个，街道 2 个。全县有 40 多个民族，其中汉族占了 99.9%，39 个少数民族只有 804 人，其中 10 人以上的少数民族有土家族 196 人、蒙古族 169 人、苗族 95 人、回族 54 人、壮族 48 人、彝族 42 人、布依族 33 人、朝鲜族 28 人、维吾尔族 28 人、满族 26 人、藏族 20 人、侗族 20 人。

（二）经济

2011 年，梁平县国民生产总值（GDP）以当年价计 131.5 亿元，人均 GDP 1.48 万元，只相当于同年全国人均 GDP 3.52 万元的 40%，可见经济大大低于全国平均发展水平。从产业构成看，2011 年全县第一产业增加值 24.3 亿元，第二产业增加值 64.6 亿元，第三产业增加值 42.6 亿元，三大产业增加值的比重分别为 18.5%、49.1% 和 32.4%。同年全国三大产业国内生产总值的比重分别为 10.0%、46.6% 和 43.4%。可见，与全国相比，梁平县第一产业所占的比重要大大高于全国，而服务业的比重偏低，农业在梁平县经济中还占较大的份额，是一个典型的农业大县。

梁平县主产水稻、小麦、玉米，是国家商品粮生产基地县。经济作物主要有果品、蚕、茶叶、油菜、花生、甘蔗、苎麻。2011

年，梁平县人均耕地面积只有 0.81 亩，低于全国人均 1.35 亩的水平，人地矛盾非常突出。同年全县农作物播种面积 9.7 万公顷，其中粮食作物 7.4 万公顷，总产量 37.5 万吨，人均粮食产量 411 公斤，略低于同年全国人均粮食产量 425 公斤的水平；粮食亩产 340公斤，与全国粮食单产量相当。谷物单产方面，2011 年梁平县亩产 421 公斤，特别是水稻生产具有比较优势。2011 年，全县水稻平均亩产达到 489 公斤，而全国水稻平均亩产只有 445.8 公斤，因此全县农民普遍种植水稻。比较有地方特色的农产品是梁平柚，2011年全县产量达到了 47762 吨。生猪生产在梁平县畜牧业中占有重要地位，2011 年，全县生猪出栏 69.4 万头，猪肉产量 5.1 万吨，人均猪肉产量达到了 56 公斤，大大高于全国人均猪肉产量 37.5 公斤的平均水平。

2011 年，全县城镇居民人均可支配收入 18072 元，城镇居民人均消费性支出 12181 元，其中食品消费 4525 元，恩格尔系数为0.37；全县农民人均家庭纯收入 6882 元，略低于同年全国农民家庭人均纯入 6977 元的水平。

（三）教育和其他

2011 年，梁平县有普通中学 34 所，在校学生 49456 人；小学61 所，在校学生 50049 人；职业中学 5 所，在校学生 5338 人。升入到大专以上新生 4329 人。全县有医疗机构 127 个，拥有床位2045 张，专业技术人员 2211 人，其中执业医师和助理医师 981 人，注册护士 741 人。全县有 316 个村通广播电视，普及率 100%；有30.4% 的户安装了有线电视；有 1 座县级广播电台，文化馆 1 个，分布于各乡镇的文化站 33 个。

二 自然环境

（一）地形地貌

梁平县地貌由于地质构造、地层分布和岩性的控制，以及受水文作用的影响，呈现"三山五岭，两槽一坝，丘陵起伏，六水外流"的自然景观，形成山、丘、坝兼有而以山区为主的特殊地貌。境内有东山、西山和中山，均呈自西北向东南走向，平行排列，互不衔接。山区海拔500—1221米，面积606.5平方公里，占全县总面积的32%。东山和西山因山顶出露的嘉陵江组灰岩被水溶蚀成为狭长的槽谷，两翼须家河组沙岩相对而成为峡谷的山岭，故为"一山两岭一槽"型。中山顶部未出露的嘉陵江灰岩，无溶蚀现象，仍保持"一山一岭"型。在"三山"之间分布着许多起伏不平的丘陵，东南和东北为深丘，中部和西北部为浅丘。面积1184.9平方公里，占全县总面积的62.9%。在县境中部，东、西两山之间，有一块由古代湖泊沉积而成的平坝，地势平坦而开阔，面积100.73平方公里，占全县总面积的5.4%，它被称为川东第一大坝，即梁平坝子。

梁平县处于长江干流与嘉陵江支流渠河的分水岭上，地势高于四周，为邻县溪河发源地，过本县境客水量极少。县内主要河流有高滩河、波漩河、新盛河、普里河、汝溪河、黄金河共6条，支流384条，全长809公里。平均河网密度0.43公里/平方公里，年径流总量105627万立方米，年均流量33.5立方米/秒。水能理论蕴藏量28255千瓦，可开发量7410千瓦。

（二）气候

梁平县属于四川盆地东部暖湿亚热带气候区域。季风气候显著，四季分明，气候温暖，雨量充沛，日照偏少。主要特点是春季气温不稳定，初夏多阴雨，盛夏炎热多伏旱，秋多绵雨，冬季暖和，无霜期较长，湿度大，云雾多。

以平均气温作为划分四季的标准。春季（10—22℃）为3月5日—5月27日，计84天；夏季（>22℃）5月28日—9月15日，共111天；秋季（22—10℃）9月16日—11月28日，计74天；冬季（<10℃）11月29日—3月4日，计96天。全年降水量分配

不均，集中于 5—10 月，占全年降水量的 78%。夏季年均降水量
517 毫米，占全年的 41%；秋季 344 毫米，占全年的 27.2%；春季
341 毫米，占全年的 27%；冬季 61 毫米仅占全年 4.8%。月均降水
量最高为 187 毫米（9 月）；最少为 15 毫米（1 月）。10—12 月三
个月的空气湿度最大，平均达到 85%；2 月、5 月、6 月、9 月达到
80%；4 月、7 月均为 79%；3 月为 78%；1 月为 83%。全年 100
平方米蒸发面的蒸发量 661.3 毫米。8 月最高，蒸发量达到 114.8
毫米，占全年的 16.5%；1 月最低，蒸发量 16.5 毫米，占全年的
2.5%。梁平县平均风速小，各月平均风速小于 2 米/秒，年均 1.4
米/秒，但各地几乎每年有 1—2 次大风出现，其雷暴大风占大风的
概率达 94%，大多出现在 7—8 月。全县属日照低值区，常年平均
日照只有 1336 小时，最高的 1963 年达到 1546 小时，最低的 1974
年为 1106 小时。7—8 月日照数最高，常年在 200 小时，特殊年份
只有 150 小时；4—6 月、9 月次之，常年在 100 小时以上。

（三）土壤

全县土壤共划为 4 个土类、6 个亚类、17 个土属、60 个土种、
84 个变种。

水稻土类为梁平县的主要土类，在山区、平坝、浅丘、高丘都
有分布，占耕地的 57.2%。其中，紫色冲积水稻土属，主要分布在
河流两岸一、二阶地，占耕地面积的 1.2%；暗紫色水稻土属，分
布于县境内三条背斜的山麓，海拔 600 米左右一带，宽 100—200
米不等，占耕地面积的 0.9%；灰棕紫色水稻土属，主要分布于向
斜轴部及两翼，海拔 300—500 米的广大浅丘宽谷地区，占耕地面
积的 33.1%；红棕紫色水稻土属，分布在斜轴部一带，占耕地面积
的 8.7%；棕紫色水稻土属，主要分布在向斜轴部、海拔 600—700
米的坪坝高丘地带，占耕地面积的 1.2%；矿子黄泥水稻土属，主
要分布在东、西山槽谷地区，占耕地面积的 2.8%；冷沙黄泥水稻
土属，主要分布在低山中上部，农耕地少，多为森林、茶园、荒

山，占耕地面积的 0.7%；老冲积黄泥水稻土属，主要分布在黄泥塘和明月峡两背斜之间的广大平坝地区，即梁平县城至屏锦、礼让至新盛的公路两旁一带，海拔 450 米左右，占耕地面积的 7.6%；扁沙黄泥土属，占耕地面积的 1.1%，主要分布在山麓一带。冲积土类，占耕地面积的 0.1%，分布于县内主要河流两岸，是近代河流冲积物逐步淤积经人工垦殖形成的。

分布在丘陵地带的紫色土类占耕地面积的 38.47%。紫色土类由紫色砂页岩风化物形成，因此自然肥力高，宜种性宽，生产性能好，具备发展旱粮作物和多种经济作物的优势。其中，暗紫泥土属，占耕地 1.0%，分布范围与暗紫色水稻土相同。灰棕色紫泥土属，占耕地面积的 24.8%，分布范围与灰棕紫色水稻土属相同。红棕紫泥土属，占耕地 12.0%，分布范围与棕紫色水稻土相同。

三 交通运输

交通条件对于一个区域经济发展具有重要影响，梁平县也不例外。梁平县交通运输的总体格局是以公路、铁路和依托周边市县机场航空三位一体的运输体系。全县境内无大江大河，仅龙溪河及部分湖泊（旅游用）通小型船只。同全国很多地区一样，新中国成立后特别是改革开放以来，县委、县政府高度重视交通运输能力建设，交通条件大为改观，整个县域经济社会进入了快速发展通道。

（一）空中运输

目前梁平县境内没有民用机场，如果选择航空达到梁平县，可选择的路线是坐飞机达到重庆江北国际机场或万州五桥机场后转乘公交达到。

据记载，梁平县曾有一个军用机场，原名梁山机场。梁平县位于重庆市东北部，由于其特殊的地理位置，1928 年，国民党 21 军军长刘湘为了构筑大西南的空中防线，开始修建梁山军用机场。后经 1930 年、1937 年、1938 年、1945 年 4 次扩建，机场有主跑道一条，长 1800 米，宽 40 米，副跑道 1 条，运输机停机坪 20 处，轰炸机停机坪 1.3 万平方米，轰炸机滑行道长 2200 米，宽 16 米，战斗机滑行跑道长 500 米，宽 6 米。

1937 年抗日战争爆发后，梁山军用机场成为国民政府大后方离日军前哨最近的机场，中国、美国、前苏联大量空军战机入驻此地，在梁山县上空与日军空军展开了长达 5 年多的空战。1944 年初夏，中方应美军要求，为供美军的 B－29 远程轰炸机起降，紧急征召 4 万余民工对机场进行扩建，梁山机场成为当时在亚洲范围内最适合 B－29 型飞机起落的机场之一。

新中国成立后，梁山机场曾一度停止使用。1967 年解放军空军部队正式进驻梁平机场，对机场进行整修，将原来的碎石跑道改建为混凝土跑道。1969 年 8 月竣工后，成了空军某部的甲级场站与训练飞行员的重要基地。改革开放以来，为了方便长江三峡沿岸百姓出行，打通三峡的空中交通瓶颈，1987 年，四川航空公司报请解放军总参谋部同意，在梁平军用机场开设了民用航线，先后开通了至成都、重庆、广州等城市的航班。三峡工程动工后，梁平机场成了党和国家领导人到三峡库区视察、国内外科学家支援三峡库区经济建设的唯一空中走廊。在这段时间里，梁平军民两用机场为三峡库区的发展和经济繁荣发挥了重要作用。2003 年 5 月 29 日，随着万州五桥机场正式通航，梁平机场结束了它民用的历史使命。2009 年 2 月 20 日起，梁平机场回归军用机场。中国人民解放军某部开始对机场进行严格管理控制。

梁平机场变化的过程，是区域经济发展的一个综合反映，为中国百年急剧转型的一个缩影。

（二）公路运输

根据梁平县统计数据，2011 年全县年末公路通车里程 3871 公里，其中，国道、省道、县道和乡道分别为 109、117、330、326 公里，专用道和村级道路分别为 102 和 2798 公里，公路运输在全县经济社会中发挥着举足轻重的作用。在梁平县县城有梁中汽车站和北门分站、悦达中心客运站、县城客运站、悦达汽车北站等。连接县城与乡镇之间公路条件良好，各乡镇都有一个以上的汽车客运站。

318 国道、省道渝巫路、忠梁路及众多县道贯穿梁平县，渝宜高速 G42 总长 471.5 公里，途经重庆主城区、长寿、垫江、梁平、万州、云阳、奉节、巫山至湖北宜昌。其中渝万高速（重庆—万州）在 2003 年建成通车，万云高速（万州—云阳）在 2008 年建成通车，云巫路段（云阳—巫山）在 2009 年建成通车。这些高速公路在县境内设有梁平、云龙两个出口。连接梁平县城与周边城市的高速公路网已基本形成，加快和扩大了与周边区域的人流、物流、信息流速度。

图 1 - 2 渝宜高速梁平段

（三）铁路运输

达（州）万（州）铁路途经梁平县，建设有梁平火车站。此站位于梁平县合兴镇，距离县城三公里左右。东距万州站 68 公里，西距达州站 89 公里，现为客货三等站，隶属于成都铁路局。梁平站现货物输送能力每天 1500 吨，另每天有 8 班客车，日发送旅客能力 1200 人。

2011 年通过达万铁路可在 1 小时内从梁平县城达到万州、垫江站；两小时到重庆、达州站。规划 2016 年渝万（州）城际铁路全面通车后，从梁平县县城 1 小时内就可到达重庆、万州、垫江、忠县、大竹等周边市、县城。运输条件的改善将大大缩短区域交通时间，改变人流、物流和信息流的流向和模式，极大地影响着区域经济发展模式和人文社会环境的变迁。

第三节　屏锦镇和万年村概况

屏锦镇位于梁平县西南部，地处国道318线和省道渝巫（指重庆市巫溪县）路交会处，距渝万（重庆万州区）高速公路10公里、达万铁路梁平站30公里，距县城27公里。全镇国土面积102.1平方公里，地貌以平坝和丘陵为主，西部有部分低山，辖兴平、新桥2个社区和屏锦、笋沟、柏树、龙河、楠木、腰塘、横梁、芋禾、新合、竹海、天生、明月、龙溪、七桥、和睦、万年、湖洋、桂湾、四方19个行政村共182个村（居）民小组。万年村紧邻屏锦镇区，位于屏锦镇镇域中心，接318国道线和渝巫路交会处，距梁平县城区25公里，村委会所在地离镇中心距离1.5公里，介于东经107°29′—107°36′与北纬30°33′—30°41′之间，辖区面积2.9平方公里，全村共辖9个村民小组。

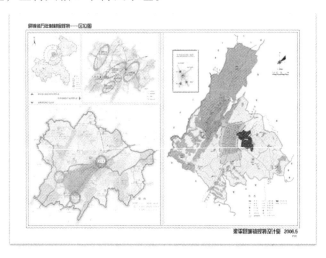

图1－3　屏锦镇和万年村区位

一 屏锦镇概况

（一）历史沿革

屏锦自明正德八年（1513）始造寺庙，初名"坪井"，明末亦名红子梁（因此地早年生长小棘木结红子而得名），清同治年间因何、唐、冉三家在此开店设铺，填平数井，故名"平井"。后集镇扩大，商业兴旺，故又名兴平市。因集市商铺依山靠水犹如行船，文人用"山水如屏，形色似锦"来描述，屏锦一名由此而来。民国初年设屏锦镇，曾有梁平县"第一集市场"之美称。1943年改屏山乡，1982年建屏锦镇。1992年实行拆区并乡建镇政策时，设立屏锦、七桥、回龙三镇。2003年7月经重庆市和梁平县两级政府批准，由原屏锦、七桥两镇合并而成为首批重庆市级中心镇，镇政府驻地七间桥，名保留为屏锦镇。

据当地干部介绍，经过500年的发展变化，现在的屏锦镇已演变成为梁平县西南部重要的物质集散中心和商贸重镇，形成具有独特经济发展优势和民俗文化底蕴的乡镇。对于笔者这样来自屏锦镇的外乡人来说，对当地的文化名人自不得详知。只听说20世纪60年代末，被人称誉为国学大师的吴宓在屏锦镇接受过劳动改造。吴先生因言获罪，那时的造反派打折了他的一条腿，肉体和精神饱受折磨。在此期间，吴先生承受了何种的苦难，我们已不得而知。时过境迁，回首往事，可见一个开明社会所需要的包容精神对于大众的幸福生活具有何等重要的意义。

（二）自然环境和基础设施

屏锦镇，境内为平坝丘陵。西部有部分低山，海拔高度271.5—760米；土壤为红、灰棕紫泥土，冷沙、矿子黄泥土；属亚热带季风气候，温和湿润，四季分明，雨量充沛。屏锦镇资源独具优势。以天然气、煤炭、高岭土、石灰石、石膏矿、铁矿、竹木为主；系大天池特大气田腹心地带，已开发出5口天然气井；石膏矿得天独厚，是西南地区储量最大的镇之一；有林业用地 6.2 万亩，其中竹林面积 3.5 万亩，森林覆盖率 37.9%。全镇竹笋丰富，是重庆市级"笋竹之乡"，各种竹子总储量 5 万吨，年产各类竹材 2 万吨。

镇公路总长 306.9 公里，100% 的村和 60% 的组通水泥路，50% 的户通人行便道。境内客运汽车站 1 个，已开通了农村客运线，2011 年客货两运车流量日达 6000 辆。全镇水、电、气、电视、通讯管网建设良好：境内有中型和小二型水库各一座，蓄水量 2000 多万方；城镇和农村自来水普及率分别达 100%、93%；有 110 千伏变电站一座，装机容量 6.3 万千伏安，供电网络完善，电力供应充足；有日供气量 50 万立方米天然气供气站一座；开通了国际互联网、国际间数字数据通信网，程控长途直拨、IP 电话、移动联通、小灵通等多个无线声讯系统网络，邮政网点设施齐全；有线和无线广播电视实现全覆盖，加密广播电视实现了村组通。

（三）经济概况

2011 年，屏锦镇总人口 6.46 万，其中男性 3.38 万，女性 3.08 万，男女占人口比重分别为 52.3% 和 47.4%，男性比女性高出近 5 个百分点。按户籍分，有农业户籍人口 4.3 万，非农业户籍人口 2.3 万。2011 年人口出生率 16.9‰，死亡率 5.6‰，人口自然增长率 11.3‰，还处于人口高增长率阶段。

屏锦镇 2011 年农业总产值 2.21 亿元，其中种植业 1.01 亿元，林业 0.02 亿元，畜牧业 0.96 亿元，渔业 0.20 亿元，农业服务业 0.03 亿元，乡村人均农业产值 3456 元。全镇农作物播种面积 5267 公顷，其中粮食作物播种面积 3762 公顷。2011 年全镇粮食总产量 21580 吨，其中水稻、玉米、小麦、薯类四种粮食作物总产量分别为 12679 吨、5044 吨、690 吨和 715 吨，各占 58.8%、23.4%、3.2% 和 3.3%，可见水稻是当地最为主要的粮食作物。经济作物主要有油菜、果蔬及一些花卉和药材。生猪和家禽是畜牧业的主要农产品，2011 年全镇出栏生猪 54250 头，家禽 43.2 万只。2011 年全镇工业企业总数 168 家，其中规模以上企业 12 家。以建筑建材、竹木制品、烟花爆竹等为主的传统企业 157 家，工业企业总产值 98010 万元，增加值 20241 万元。全镇有四级以上资质建筑企业 1 家，建筑业总产值 3.14 亿元。2011 年商贸企业 1612 家，社会消费品零售总额 43557 万元。

（四）学校、医疗及其他

屏锦镇有学校 5 所，学生 7477 人，其中中学 2 所，在校学生 3668 人；小学 3 所，在校学生 3809 人，100% 的中小学教师学历达标；幼儿园入学率为 100%，学龄儿童入学率 98%，中学生入学率 95%。有一住镇文化服务中心，建设有村文化活动室、农家书屋 11 个，藏书 2 万册以上；有 4 处健身广场；有 1 座二级甲等医院，病床 120 张，卫生技术人员 123 人，村（社区）卫生室 21 个，普及率 100%。有 1 座敬老院，供养五保户 32 人。2011 年有 800 人享受城镇居民最低生活保障，2206 人享受农村居民最低生活保障，征地农转非人员养老保险参保人数 1800 人。

二　万年村概况

（一）自然环境

万年村处于梁平县的平坝与西山的交界地带，地势平坦，海拔高度在 439—450 米，大部分属平坝，村域边界处有少量丘陵，龙溪河支流七涧河流经此村，为全村提供了重要的水源和泄洪道。因处于暖湿亚热带季风性气候区域，常年主导风向为东北风，所以气候特点表现为四季分明，雨量充沛，湿度较大，云雾多，日照偏少，无霜期长，春季气温稳定，初夏多阴雨，盛夏炎热多伏旱，秋季多绵雨，冬季较温和。村域内年平均气温为 17—18℃，雨量充沛，但季节分布不均。据观测，年平均降雨量为 1200 毫米左右，且主要集中在夏季（5—10 月），平均降雨量约为 985.0 毫米，占全年的 80% 以上。全村处于全国低日照区，常年日照时数为 1336.4 小时，年无霜期 240 天左右。土壤肥力高，生产性能好，宜种范围广，主要有冷沙土、黄泥土、矿子黄泥土、矿子黄泥水稻土、扁沙黄泥土等土类。

（二）经济社会

后面章节将对万年村的经济社会情况做更详细的说明与分析，这里主要提供我们通过村问卷调查表得到的一些关于全村经济社会概况的数据，以对全村状况有一个初步了解。万年村在 2006 年由原来的万年、凤鹤两村合并后，因其紧邻屏锦镇中心，村庄规模、经济发展水平在全镇处于领先地位，在 2006 年被定为重庆市首批 100 个新农村示范村之一，也是屏锦镇城乡统筹配套改革示范村。2012 年全村人口 3936 人，土地面积 4350 亩，耕地面积 2260.6 亩。万年村没有教堂、寺庙等宗教活动场所和设施，但有少量的基督教信徒。

2011 年全村生产总值 8300 万元，其中第一产业 7100 万元；第二产业 300 万元；第三产业 1000 万元，分别占 88.8%、3.8% 和 12.4%，农业占据全村经济的绝对主体。全村有私营企业 16 个，产值 3000 万元。进出万年村的主道路是一条路宽 5 米的水泥路，有路灯；另村内有路宽 4 米的道路 13.5 公里。99.5% 的农户已用上了电，95% 的农户安装了固定电话，96% 的农户用上了自来水，所有饮用水经过集中净化处理。全村垃圾实现了集中堆放；村内建设有公共污水排放管道；修建有沼气池 699 个。2011 年全村有线电视使用户数 838 户，占总户数的 60%；卫星电视使用户数 559 户，占总户数的 40%；彩色电视使用户数 1392 户，占总户数的 96%，只有 5 户仍在看黑白电视。灌溉主要水源是地表水，水渠长度 18000 米，在正常年景下水源有保障；全村没有机电井，有蓄水池 6 个，有集体集雨窖 3 个。

2011 年，全村有两所幼儿园和两所小学，离村最近的初中和高中是距村委会所在地外 1.5 公里的屏锦镇中学；村委所在地有卫生室 1 所，药店（铺）3 家；全村有医卫人员 6 人，其中 3 人有行医资格证书；在全村 3 名接生员中只有 1 人具有行医资格证书；离村最近的医院是屏锦镇医院；村里有老年活动中心 1 处；有图书室 1 间；体育健身场所 1 处。村里成立了老年协会、秧歌队等社会团体，有 50 人左右参加；有各类志愿者组织 8 个，参加人数 96 人；村里还定期为村民播放电影，丰富村民业余文化生活。

近年来，全村社会治安状况良好，社会稳定有序，除了个别村民有盗窃和吸毒等犯罪行为受到刑事处罚和治安管理处罚外，村民总体安居乐业。村里一个主要的矛盾是违反计划生育政策非法生育的农户较多，每年都有近 20 对夫妇因此被罚款。在 2010 年和 2011 年两年中，全村只各出现了 2 人次和 1 人次的上访户。

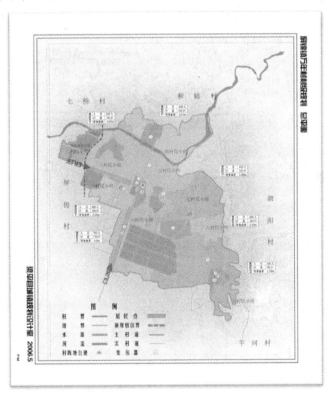

图 1 - 4　万年村村域

表 1-1 万年村社会稳定情况

年份	刑事案件数量（件）	判刑人数（人）	接受治安处罚人次（人）	违反计划生育政策非法生育户数（户）	上访人次（人）
2010	0	2	5	20	2
2011	0	1	3	17	1

资料来源：2012 年村问卷调查。

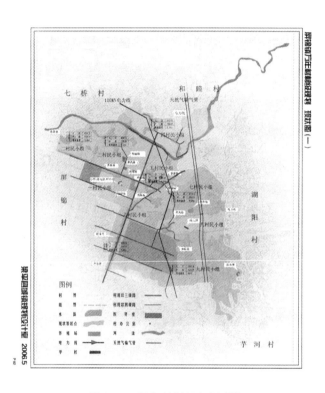

图 1-5 万年村村级规划现状

第二章

幸福的理论讨论

　　记得 1984 年二哥参军前，乡镇干部奖励军属看了场电影。那是由苏联作家尼古拉·奥斯特洛夫斯基的长篇小说《钢铁是怎样炼成的》改编而成。电影讲述了年轻的保尔·柯察金如何成长为一名合格的布尔什维克的故事。"人最宝贵的东西是生命。生命对每个人来讲只有一次。一个人的生命应该这样度过：当他回首往事时，不会因虚度年华而悔恨，也不会因碌碌无为而羞耻。在临死的时候，他能够说：我的整个生命和全部精力，都已献给了世界上最壮丽的事业——为人类的解放事业而斗争。"这句名言给了那个时代多少年轻人生命的激情，虽然他们并不知道，为人类的解放事业是什么，也不知道他们要斗争什么，他们只知道那是世界上最壮丽的事业。作为一名处在中国社会最底层，为吃和穿而四处奔波的农民子弟，客观地评价，同那个时代大多数农民子弟一样，他们只是想抓住一丝丝机会，多接受点教育，理想的目标是变成一个能吃皇粮的"城里人"。人，不管是处在社会金字塔下层的农民或上层权贵，活着就是为了幸福。联合国将每年的 3 月 20 日作为国际幸福日，以此表达幸福是全世界共同的奋斗目标。但幸福究竟是什么？康德说道："幸福对于人类社会是如此的重要，但不幸的是幸福的概念是如此模糊，以至虽然人人都想得到它，却谁也不能对自己所决定追求或选择的东西说得清楚，条理一贯。"① 美国《独立宣言》认为生命、自由和幸福是人们不可缺少的基本权利。人们从生物学、心理学、宗教和哲学的程式试着定义幸福并界定其原因，各种研究都在努力应用科学手段来回答幸福是什么以及如何得到幸福，遗憾的是至今（也许永远）没有一个统一的回答。这一章先简要回顾哲学意义上的幸福论述，然后介绍对幸福的性质和实现的讨论，最后综述积极心理学和经济学对幸福感测度的相关理论。

第一节　哲学意义上的幸福论述

理解人的幸福，就得理解人的需要和欲望，这根植于对人性的理解。总体看，哲学意义上的幸福观有两类：一是建立在自然人性论基础上的趋乐避苦的幸福观。自然人性论者意识中的幸福生活，来自于他们的感官现实和直接的感受。在古希腊自然人性论者的思想里，人与其他动物一样，是大自然的产物，满足人的自然物欲和情欲就是遵守了对人类本性的基本满足。启蒙时期的自然主义人性论者，针对中世纪禁欲主义，也提倡世俗幸福，将幸福从天堂引到现实的人间。二是建立在理性主义人性论基础上的理性幸福观。人和动物的根本区别在于理性，在理性指导下过一种有节制的生活，以理性克制感性欲望是理性主义幸福观的基本观点。人性在理性主义的幸福观中自我觉醒，引导和指引着人类生活的理想模式。以理性调控情欲，在思想家看来，过一种有节制有节度的生活，才会有人的尊严。这种观点往往成为社会的主流幸福观而影响到社会各阶层成员的生活实践。

---

① 周辅成：《西方伦理学名著选辑》（下卷），商务印书馆1987年版，第366页。

一　感性主义幸福观

感性主义认为满足人的感官需求是应当的和必要的，人拥有享受物质生活的权利，这是人类幸福生活的一个根本要求。幸福的源泉是感性而不是理性，人的幸福来自于感性欲望的满足和快乐，而这些满足与快乐本身就是道德的。西方思想史上古希腊的德谟克利特、伊壁鸠鲁是感性主义幸福观的代表人物。德谟克利特的幸福观来自于自然主义。他认为，人的幸福与不幸居于灵魂之中，善与恶都来自灵魂，每个人都有独立的意志和人格，人的自然本性就是求乐避苦。他说："对人，最好的是能够在一种尽可能愉快的状态中过生活，并且尽可能少受痛苦。"① 德谟克利特把对快乐和幸福的追求看作人生固有的本性。在他看来，道德的标准也就是快乐和幸福。能求得快乐的就是善，反之即是恶。伊壁鸠鲁也把追求快乐看作人生的目的，认为快乐就是人生最高的善，就是幸福。"快乐是幸福生活的开始和目的，因为我们认为幸福生活是我们天生的最高的善。我们的一切取舍都从快乐出发，我们的最终目的乃是得到快乐。"快乐的起源和基础是来自于肉体的快乐和感官的快乐，没有感性的快乐和幸福，就不可能有其他的幸福。快乐是最高的善，感觉是判断标准。伊壁鸠鲁把快乐分为三类：一是自然的和必要的，是生存的基本需求；二是自然的但非必要的，是生存需求的选择；三是既非自然也非必要的快乐，即人对荣誉的追求等。在人的美德与幸福的关系方面，伊壁鸠鲁认为人们追求快乐时，必须认真思考其合德性，以此使自己的行为做到"明智"。明智指人们理性的思考，理智地把握自己的行为，是一切善中最大的善，一切美德由此产生。而友谊是社会关系中人们能够获得的重要的快乐。"在智慧提供给整个人生的一切幸福之中，以获得友谊最为重要。"为了获

---

① 北京大学哲学系外国哲学史教研室编译：《古希腊罗马哲学》，三联书店1957年版，第114—115页。

得友谊，人们应当珍惜友谊。朋友之间的相互帮助是实现快乐和幸福的重要保证。

17世纪英国哲学家休谟认为理性和情感是德性产生的源泉，德性来自于给个人和社会带来效用的品质，合德性就是快乐的，也是幸福的。18世纪法国哲学家重视社会和道德问题，重要代表人物有爱尔维修、霍尔巴赫和费尔巴哈。

爱尔维修认为人的一切活动可归结到感觉活动。人的感觉能够体验出快乐和痛苦，并进一步产生希望和失望、忧虑和恐惧等情感。人们会积极追求感觉愉快的事物，而会避免感觉痛苦的事物。肉体的感受既是一种体验，也是人们各种思想、情感、活动以及人的社会性的唯一原因。所以，支配人的行动的唯一原则是获得快乐和避免痛苦。如果自然界能够满足人的一切需要，那么人就可能会停止劳动。由于人能感觉到快乐和痛苦，而自然界又不能永远给人们带来快乐，趋乐避苦的人的本性就是很自然的。社会中每一个人在以自己的方式追求幸福，但个人的幸福要包括在社会的幸福之中。个体不能损害他人和社会的幸福，法律是保证实现个人幸福和社会幸福统一的有力手段。

霍尔巴赫认为人性是道德最可靠的基础而不是宗教所说的神秘天国。人性就是趋乐避苦，目的就是幸福。这种幸福是感官的幸福、现实的幸福，不是天国虚幻的幸福。他认为"幸福是一种存在方式，一种我们希望它延续不断或我们愿意在它之中长久生存下去的存在方式"。"一般说来，幸福似乎就是为我们所同意的一种经久的或暂时的景况，因为我们觉得它适合于我们的存在；这种景况，是由人和环境——是自然把人放在这个环境之中的——之间所存在着的一致产生出来的；或者，如果我们愿意的话，幸福可以说是人与作用于他的那些原因二者之间的协调。"霍尔巴赫把人当作生活在现实环境中的行为者，认为人的行为作用于他周边的环境，取得某种协调和一致。人与自然一致、人与社会和谐，是幸福本身，也是幸福的导向。"人为了自己的利益，应当爱其他的人，因为他们是他的存在，他的保存，他的快乐所必需的。"在他看来，一个人的行动经常地使他的同类感到幸福，那么他就是有德之人。"德行就是真实地并且经常对结成社会的人类有益的一切。"①

费尔巴哈以感性为基础，公开批评宗教神学，否认来世的、天国的生活。他认为人们应关注现实的幸福，其《幸福论》集中阐述他的感性主义幸福观。② 在他看来：（1）生命本身就是幸福。人是自然界的一部分，是自然界的产物，自然性是人的内在本质。一切生物都具有自我保存、爱生命的、对自然愿望和追求幸福的内在要求。幸福是什么？因为生活和幸福原本就是一个东西，一切属于生活的东西都属于幸福。一切的追求，至少一切健全的追求就是对幸福的追求。（2）幸福是道德的基础和源泉。任何标准下的道德行为不能脱离人的基本物质生活条件。"道德不是别的，而只是人的真实的完全健康的本性，因为错误、恶德、罪过不是别的，而只是人性的歪曲"。道德的根本原则是幸福。人在欢乐的时候都是善良的，而在痛苦的时候是凶残的。（3）在个人幸福与社会幸福的关系上，个人在自身享受幸福的时候不能侵害他人的幸福。人出于自爱的本性所表现出的利己主义是自然的驱使，但在满足个人欲望下的任何行为都应该合乎道德的要求。

边沁和穆勒（密尔）是功利主义幸福观的代表人物。边沁提出了大多数人的最大幸福观。所谓功利主义，"就是当我们对任何一种行为予以赞成或不赞成的时候，我们得看该行为是增多了还是减少了当事者的幸福；换句话说，就是看该行为是否以增进或者违反当事者的幸福为准"。趋乐避苦，多数人的最大的幸福是功利主义的基本原则。穆勒（密尔）把追求幸福看成人类行动的唯一目的，并寻求各种工具和手段以实现这个目的。幸福作为人类的欲求是人

---

① 霍尔巴赫：《自然的体系》，商务印书馆1964年版，第120页。
② 《费尔巴哈哲学著作选集》（上卷），商务印书馆1984年版，第213、536页。

的本性。人们需要尽可能地运用法律和社会组织调和个体与全体的幸福或利益，同时利用教育和舆论的力量，使每个人在内心深处将自己的幸福与全体的利益建立起稳固的联系。

二　理性主义幸福观

作为西方哲学思想中的重要学派，在幸福观上，理性主义者认为是否具有理性以及能否运用理性是人与其他动物的根本区别，以理性能力获得人生的幸福才符合人的本性。苏格拉底以理性为基础开启了对幸福观的讨论。在他看来，知识、道德和幸福是紧密联系在一起的，未经思考的人生是没有价值的人生，知识是行善和幸福的前提。柏拉图继承和发扬了这一思想，认为一个人如果要获得真正的幸福，必须克制自己的情欲和享受，必须用智慧和德行去追求美德和至善。

亚里士多德①认为人生的目的，即人的可实践的最高善，就是幸福。人们有三种生活方式：享乐的、政治的和沉思的。享乐的生活只追求肉体的快乐，是动物式的。政治的生活追求荣誉与德性，但这些也不完善。因为，幸福与人的特有活动相对应，在于人的合德性的活动。追求幸福是人的最好的实现活动，而智慧的生活即沉的生活为最好的生活，属于合德性的生活，是多数人关怀自身之完善便可以实行、可以努力获得的生活。幸福，亚里士多德认为是学得的而不是靠运气获得的。一个人只有不是在一时一事上，而是在一生中都努力合德性地活动着，才是幸福的。幸福作为最高的善，是人生活的最终目的，但只有合乎德性的生活为幸福。幸福，一般人等同于明显的、可见的东西，如快乐、财富或荣誉。在生病时说是健康，在贫困时说是财富，在无知时觉得知识是幸福。幸福是所有善事物中最值得欲求的、不可

---

① 亚里士多德：《尼各马可伦理学》，廖申白译，商务印书馆 2003 年版。

与其他事物并列的东西。因为，如果它是与其他善事物并列，那么显然再增加一点点善它也会变得更值得欲求。所以，幸福是完善的和自足的，是所有活动的最终目的。人们或多或少地都以快乐和痛苦为衡量行为的标准。德性与快乐和痛苦相关，德性成于活动，但是做得相反，也毁于活动。

罗素在他的《西方哲学史》中评价斯宾诺莎说到，按才智讲，有些人超越了他，但是在道德方面，他是至高无上的。在斯宾诺莎看来，幸福是德性本身：（1）幸福是获得关于自然的知识。人生的幸福就是获得自然的知识，即认识自然的必然性，使人的心灵和自然融合，这才是人生的圆满和至善。（2）幸福存在于完善的理性。幸福的人"就是纯依理性的指导而生活的人"。变被动情感为主动情感的过程就是对理智进行改进和使知识不断完善的过程。（3）个人幸福与整体幸福是相一致的。德性的基础在于保持自我的努力，一个人的幸福在于他能够保持自己的存在。人需与其他成员联合起来在他人的协助下才能实现自己的幸福。

康德批评感性主义的幸福观。他认为，幸福存在于至善之中。幸福的获得，必须是每一个理性的然而却有限的存在者的热情。在他看来，判定幸福与否只能在道德法则之后，并且借助道德法则来确定。把经验的、情感的感性东西作为道德的基础和标准，作为幸福的条件和前提，是不具有普遍性的。善良意志是判断事物能否给人带来幸福的首要条件，但善良意志来自道德法则且道德法则直接决定善良意志，与人的利益、爱好、感情相联系的幸福和与人的理性相联系的德行两者才能构成德福统一的基础。德行使人能够配享幸福，道德是至上的善，幸福构成至善的第二要素。只有履行德行，进而由德行带来幸福，这才是人生最大的完满，以理性为核心的伦理主张才可能给人带来真正的幸福生活。

三 马克思的幸福观①

马克思理解的人的幸福是一种具有自成目的性、无限意义性、创造性和给予性的生活效果，是人的生存和发展指向的终极目标。它是人在社会生活中，对自己的本质的完全占有和展开，并将其自由地、充分地发挥出来。要获得幸福，必须消除资本主义社会中人的本质的异化，这是前提，实现人的幸福的社会条件是：（1）克服劳动异化，促进生产力发展。（2）消灭私有制，实现生产资料的社会占有。（3）消灭旧式分工。资本主义分工使人片面化、畸形化发展。只有在生产力发展和消灭私有制的前提下，消灭旧式分工，消灭城乡差别、工农差别、脑力劳动与体力劳动差别，在社会生产中实行自觉和自由的劳动分工，能够自愿交换工种、共同享受大家创造出来的福利，全体社会成员才能真正享有集体的幸福。（4）在主体方面，要充分唤醒个人对于幸福、全面、和谐、自由发展的需要和追求，为自由人的联合体创造条件。马克思将人的幸福与具体的生产力和社会制度紧密联系在一起，以劳动为基础，摆脱纯自然性、理性、上帝等思想的片面性、抽象性和虚幻性，以全人类特别是劳动人民为出发点和归宿点，把个人和集体、社会的幸福有机地结合起来，达到了真正的统一。

影响了马克思哲学的黑格尔认为，幸福是一个过程，是绝对理念自身拓展的过程，是绝对理念不断地扬弃自身的过程。幸福是人自身不断奋斗的过程，也是绝对理念的最终目的。幸福并非一种静态的享用，而是一种行动，是一种发展的过程。在此基础上，马克思认为人类是在改变现存的生活制度的实践中的一个自我生成过程：（1）废除宗教幸福、要求现实幸福。哲学从思辨中消解了上帝，并把上帝还原为人，使人从天国回到人间。这是人类寻求幸福

① 参见于晓权《马克思幸福观的哲学意蕴》，吉林大学出版社 2008 年版。

的唯一可能的立足点。（2）从人的存在方式的社会关系中寻找人的幸福。只有当现实的个人同时也是抽象的公民，并且作为个人，在自己的经验生活、自己的个人劳动、自己的个人关系之间，成为类存在物的时候，只有当人认识到自己的原有力量，并把这种力量组织成为社会力量因而不再把社会力量当成政治力量跟自己分开的时候，只有到那个时候，人类解放才能完成。

在马克思看来，异化是私有制和被迫服从私有制必然性的人的属性。在私有制条件下，社会劳动始终是异化劳动，正是这种异化劳动，使劳动者陷入了悲惨境地。"异化"，就是人与人的自由自觉的活动的背离，就是在劳动活动过程中人与人之间关系随着历史发生变化的抽象形态。异化的劳动，不仅破灭了人追求幸福的幻想，而且使绝大多数人在劳动中陷入不幸。通过对私有财产的积极扬弃，克服劳动异化，进而克服人在其他一切领域里的异化，使"社会化了的人在其类生活（社会生活、生产生活）中全面地占有人的"类本质——社会本质，实现人的幸福。人幸福的实现在于全人类的解放，也就是共产主义社会的到来。

四　现代悲观主义幸福观

与佛教认为尘世的世俗生活就是苦海有些类似，在现代悲观主义的代表人物叔本华看来，生存意志不仅是自由的，而且是万能的，他就是物自体，就是世界的本质。意志是决定一切世间事物发展变化的根本力量，而理性、认识、动机、思维等相对于意志来说是第二位的东西。现实社会中的人由于不了解自己和世界均是盲目的意志表现，企图给自己去设定某种目的和理想，企图通过认识和行动来实现自己的目的和理想，可这只能给他们带来痛苦。因为一切都由人的意志所支配，而意志的本质就是盲目的欲望和永不疲倦的冲动。受盲目意志支配的人必然没有幸福。获得幸福的办法就是抑制人的欲望，摆脱一切世俗的利益和要求，去除一切现实生活和现实的理想与目的，抛弃一切理性和科学观念以及以理性为基础的一切道德规范，而进入无我之境。

五 宗教的幸福观

与古希腊传统哲学中现世主义为基础相对立，以基督教为代表的宗教的来世主义将以人为中心的幸福观变为以上帝为中心的幸福观。基督教幸福观以来世作为自己生活目标和价值选择的依据，其代表人物有奥古斯丁、阿奎那和马里坦。

幸福来自对上帝的信仰。奥古斯丁认为，人最初具有善的本性，因受到现实生活中物欲和情欲的玷污，人走向了恶。人们把有罪的物欲和情欲的满足当成幸福，这样的幸福不是真正的幸福。"我的财富不在身外，也不是在太阳之下用我肉眼找寻得到的。凡以快乐寄托于身外之物的，容易失去操守，沉湎于有形的、暂时的事物，他们的思想饥不择食地舔那些事物的影子。"热衷于名利和欲望常常感到痛苦，而排解这些纷扰和烦恼的有效途径就是向上帝忏悔，依附上帝。幸福生活只属于那些爱上帝而敬重上帝，并以上帝本身为快乐的人们。作为宗教思想追求永恒幸福彼岸的代表人物，阿奎那发扬了奥古斯丁的幸福观。他认为，身体的快乐不是最后目的，不能把幸福降低为快乐。人们把节制享受和快乐的人称为有道德的人。只有节制快乐，才能使人具备德性，才能使人走向幸福。世俗的事物不是一切欲望的终极目的，不是最完善的道德境界，不能给人类带来幸福。只有上帝才能满足存在于人类心中的欲望并使人获得幸福。"人在尘世的生活之后还另有命运，这就是他在死后所等待的上帝的最后幸福和快乐。"在个人幸福与社会幸福的关系上，他认为人的幸福必须在一个安宁的环境中得到。在法律的保护下，人们通过德行就能达到幸福，并能处理好个人幸福与社会幸福的关系。第二次世界大战后，新托马斯主义代表人物法国哲学家马里坦认为热爱上帝就能获得永恒的幸福。在马里坦看来：

（1）永恒幸福就是瞻仰上帝。永恒幸福，就是占有最高实在的善，就是信仰上帝。人是上帝的创造物，人类的最终目的直接统一于上帝之中。上帝是自在和自为的善这种绝对最终目的的代表，人类与上帝亲密无间的统一，才构成了人类主体的最终目的——人类真正的和永恒的幸福。（2）爱是达到永恒幸福的途径。人存在于人类本性和神恩两个领域，这两个领域是相通的。人类本性依靠神恩而完善，神恩渗透于人的本性之中，并把人的本性提升到一个更高的生活和行动境界。沟通两者最有效的途径就是信仰、希望和爱。爱是最重要的，人类要爱上帝。"人类要一直爱这种自身存在的善超过爱其他一切事物，超过爱人类自己，超过爱人类的幸福。"（3）上帝能给现代社会带来幸福。中世纪结束以来，人一方面觉醒过来，另一方面又由于自己的孤独而感到压抑和挫折；从那时起，近代世界就一直在渴望人的地位得到恢复。人在脱离上帝的状况中寻找这种恢复。然而，这种恢复只有在上帝身上才能找到。人要求享受被爱的权利，然而这种权利只能从上帝身上找到。人只有与上帝联系在一起才能受到尊重，因为他的一切，包括他的尊严在内——都是从上帝那里得来的。他认为，现代社会人们所遭受的种种不幸表明，以"人为中心"的人道主义已遭到严重的幻灭，世界所需要的乃是一种新的人道主义，是一种以"神为中心"的完满的人道主义。①

不得不说的是源于古印度的佛教的幸福观。佛教认为存在六道轮回之苦，有生苦、老苦、病苦、死苦、怨憎苦、离别苦、所求不得苦。六道轮回可以说苦多于乐，人生就是苦海。所谓六道者，指的是天道、修罗道、人间道、畜生道、饿鬼道和地狱道。六道又分为三善道和三恶道。三善道为天、人、阿修罗；三恶道为畜生、饿鬼、地狱。但阿修罗虽为善道，因德不及天，故曰非天；以其苦

---

① 洪谦主编：《西方现代资产阶级哲学论著选辑》，商务印书馆 1964 年版，第414—416 页。

道，尚甚于人，故有时被列入三恶道中，合称为四恶道。若人们遵守五戒，可得六根清净的人身。在五戒上，再加行十善，即可生到天界。五戒是五条戒律或行为准则，指的是不杀生、不偷盗、不邪淫、不妄语、不饮酒。六根指六种感觉器官，或认识能力。眼为视根，耳为听根，鼻为嗅根，舌为味根，身为触根，意为念虑之根。"十戒"包括不杀、不盗、不淫的"身三"戒；及不两舌、不恶口、不妄言、不绮语的"口四"戒；不贪、不嗔、不痴的"意三"戒。身、口、意代表了行为、语言和思想。"十戒"来于"五戒"，而又与"五戒"各有侧重。"五戒"侧重于止恶，而"十戒"侧重于行善。佛教认为人的幸福在于去我执，看破世俗生活，以个人修行入天界而脱离生死轮回而求得永生了。

第二节　幸福的性质与实现

人生活的目的就是追求幸福。生活总是有一定指向的，总是有目的性的。人的现实生活又是欠缺的，而人又总不满足于这种欠缺性的存在，不断追求完满，这是一种有限存在超越其自身有限性而趋于无限的过程。人类的价值是自足的，存在就是价值，无须借助人以外的任何事物与力量来规定自己的价值（王海明，2008）。可是人是什么？人应该如何活着？内含着人生价值尺度的思考。从道德的层面，对幸福目的性追求是个人的正当权益。人不是为道德而道德，为德行而德行，而是为了获得幸福、实现人生的真实价值。个人的牺牲不应当是绝对的，因为一部分人的绝对牺牲意味着另一部分人的绝对占有。幸福的人生是人存在的理想境界，也是人的一种内心体验。在这个意义上，幸福与理想是同等层次的概念，彼此相通，互相交融，构成人生存在及其意义的最高价值目的性。经典哲学对幸福概念、性质进行了各种界定和探索。对幸福的概念、性质以及实现途径，学者从不同的角度进行了定义和分析①。

一 幸福的性质

（一）幸福的概念

幸福是什么？有人说，饿时，饭是幸福；渴时，水是幸福；裸时，衣是幸福；穷时，钱是幸福；累时，闲是幸福；困时，眠是幸福；爱时，牵挂是幸福；离时，回忆是幸福……而保尔·柯察金说最大的幸福就是为了人类的解放而奋斗。大多数人的幸福感受，就是来自日常生活中所体验到的愉悦、快乐、满足、自豪的主观情绪。普通人的幸福感是短暂的、易逝的，获得的途径相对简单，而对于保尔·柯察金来说，将浅层次的快乐转化为一种深远的满足感和持久的幸福感，更多地在关注人生的根本意义和终级价值。在《辞海》中，幸福被定义为在为理想奋斗过程中以及实现了预定目标和理想而感到的满足状况和心理体验。《汉语大词典》中幸福的含义是：（1）祈望得到福气；（2）使人心情舒畅的境遇和生活；（3）指生活、境遇等称心如意。英文中，Happiness is a mental or emotional state of well-being characterized by positive or pleasant emotions ranging from contentment to intense joy. 王海明在其《新伦理学》中说，幸福也就是理想实现的心理体验，是理想实现的快乐，是享有人生重大的快乐和免除人生的重大痛苦；是人生重大需要、欲望、目的的肯定方面得到实现和否定方面得以避免的心理体验；是生存发展达到某种完满和免除严重损害的心理体验。与幸福相对的概念是不幸。不幸是理想得不到实现的心理体验，是理想得不到实现的痛苦，是遭受人生重大痛苦和丧失了人生的重大快乐；是人生重大需要、欲望、目的的肯定方面得不到实现和否定方面不能避免的心理体验；是生存发

---

① 王海明：《新伦理学》（修订版，全三册），商务印书馆 2008 年版。

展达不到完满和不能免除的严重损害的心理体验。

（二）幸福的性质

由于对幸福的定义和感受不同，所以对幸福所具有的性质的理解也不同。伦理学上，一般认为幸福具有三个方面的性质。①

1. 幸福的主观性与客观性

人的幸福的获得，不是也不可能是某种外在力量的强加，而是人通过自己的实践活动改造外部环境，或通过实践活动过程本身获得的，是通过人自身的创造性活动去争取而得到的，而人的社会实践活动是一种主体客体化与客体主体化的双向活动。对幸福的追求是人的一种欲望，但欲望本身不是幸福。人们只有从满足欲望的活动和结果中才能感受与体验到幸福。幸福的获得不可能是无条件的，而是有条件的，有限制性。幸福离不开追求幸福的"所欲"所指向的对象的刺激或满足。主观性是人对幸福的外在体验，是幸福所具有的主观形式的本源属性；客观性是人的实践活动本身及所设立的终极价值取向，是幸福所具有的客观内容的本源属性。从形式上看，如果一个人的重大需求得到满足、生存发展达到完满，那么，他一定会感到幸福；如果一个人感到幸福，却未必是他的重大需求得到满足、生存发展达到完满，这就涉及幸福的真实性和虚幻性问题。

2. 幸福的真实性与虚幻性

幸福的主观形式与客观内容可能一致也可能不一致，可能相符也有可能不相符。虚幻的幸福一方面是客观内容与主观形式不相符的幸福。作为人生终极的价值指向目标，幸福通过人们的实践活动过程获得，如果把指向目标的某一过程片面地加以夸大，就可能形成一种虚幻的幸福。幸福的真实性既是主客观相一致的幸福，又是一种终极的价值指向以及为这一价值指向不断实践的过程。虚幻的

---

① 王海明：《新伦理学》（修订版，全三册），商务印书馆 2008 年版。

幸福并不是指幸福本身是虚幻的，而是指幸福的内容或实质是虚幻的。真实性幸福并不是指幸福本身是真实的，而是指幸福的内容或实质是真实的。真实性幸福的主观形式和客观内容相统一，是人为实现终极目标所进行的实践活动过程的真实性。可是，根据世界幸福报告，经济落后的尼泊尔人的幸福指数很高。按照真实幸福和虚幻幸福的看法，能否将他们的幸福看成虚幻的幸福？对幸福性质的理解，确实还存在很多需要进一步思考的问题。

3. 幸福的相对性与绝对性

幸福的相对性从质方面看，指不同的人或者同一个人在不同时期所追求的幸福在质的方面有根本性不同，一个人儿童时期所向往的幸福和成年时期所追求的幸福有很大差异性。就幸福的量而言，幸福的相对性指不同的人或者同一个人在不同时期所追求的幸福在量的方面是根本不同的。一个目标的实现对一定的主体是幸福的，但对于另一主体却不一定是幸福，甚至可能是不幸的，所以，幸福具有相对性。绝对的幸福不因主体不同而有不同的幸福，是不依主体而转移的幸福，是人的终极意义追求的绝对性。幸福之所以具有绝对性，是因为人的需要与其他事物一样，有普遍性与特殊性。普遍幸福是人普遍需要得到满足的幸福，是人类共同追求的幸福。普遍幸福不会因主体不同而不同，不依主体的改变而转移（于晓权，2008）。

二　幸福的实现

"幸福在哪里？朋友啊，告诉你，它不在月光下，也不在温室里。幸福在哪里？朋友啊，告诉你，它在你的理想中，它在你的汗水里。"这首歌曲，代表了很大部分人对幸福的理解。伦理学上，幸福的实现有禁欲说、纵欲说、节欲说三类观念。幸福的追求有宗教与非宗教两种方法。非宗教的方法是正视现实、以自己的实践活动来改变自己苦难的现状，从而实现自己的意志、满足自己的愿望而获得真实的幸福的方法；而宗教的方法则是逃避现实，信仰神灵的存在和拯救，放弃自我意志去遵从神灵的意志，从而获得虚幻的幸福的方法。弗洛伊德说："无疑地，宗教是追求幸福的一种方式……我想利用宗教来给予人类幸福的做法是注定要失败的。"

（一）实现幸福就是满足需要

幸福要使人们的需要、欲望得到满足，并且是人生的重大快乐，是人生重大目的得到实现的心理体验，而最终达到生存和发展的某种完满。需要是事物因其存在和发展对某种事物的依赖性：对于有利其存在和发展的事物的依赖性叫作正常的或健康的需要；对于有害其存在和发展的事物的依赖性叫作反常的或病态的需要。① 欲望是具有大脑的动物——特别是人类的心理活动，是对需要的心理体验，是对需要的意识、觉知，是意识到的需要，是需要在大脑中的反映。斯宾诺莎写道："欲望一般是指人对它的冲动有了自觉而言，所以欲望可以界说为我们意识着的冲动。"② 物质形态进化到具有大脑的动物阶段时，动物的需要通过成为意识的对象而转化为欲望。需要通过意识转化为人的欲望后，便产生了人的快乐和痛苦的问题，也就是资源的缺乏与需要和欲望满足之间的永久矛盾。满足了的欲望，对于人来说就不再具有缺乏的本质，就成就了一个阶段的快乐而不再是下一个阶段的需要和欲望。欲望的满足能够促进人体某种功能器官能力的扩展，是人体功能扩展的内在需要，因此，善的实体就是能够满足需要和欲望的事物，就是所需要和欲望的事物，就是需要和欲望的对象，就是某种利益。只有满足人类的基本需要，那具有创造性的、完全的、自由的、合群的和多方面发展的人，才会由可能性变为现实性。人能够生存和发展的根本在于通过各种实践活动来不断满足其种种欲望。快乐意味着人的机体获得了某种利益或善。痛苦，不仅仅是对人的一种损害、一种恶，在

① 王海明：《新伦理学》，商务印书馆 2008 年版，第 1212 页。
② 斯宾诺莎：《伦理学》，商务印书馆 1983 年版，第 171 页。

总量上来说，是全部的损害、总体上的恶。

人的欲望满足与动物本能最大的不同，就是人理性的存在。人的欲望是有层次的，包括了愿望、理想、志向以及信仰：愿望是那些准备付诸实现的、为了实现的欲望；远大的、需通过更为艰苦的奋斗在较远的未来才能实现的愿望，是理想或志向；而对某种价值持有持久的不变的坚持和追求，则是信仰。叔本华说："愿望，亦即缺陷。"① 欲望的大小是与实现幸福的可行性负相关，而与幸福感的强度正相关。本质上，人的幸福感可用公式满足与欲望之比来表示。诸葛亮说"志当存高远"，然又说，"知足常乐"。每个人幸福的实现由才、力、命、德决定。② 需要和欲望的满足与个体存在和发展的完满程度成正比。满足得越充分，存在和发展越完满。人只有通过与外部世界发生一定的实践活动，才能得到所需要和希望的东西，才能满足他们的需要，才能保障他们的生存和发展。个人的实践活动没达到目的，就是丧失了某种利益，就没能实现和满足需要和欲望，就不能保障其生存和发展，就会体验到痛苦的情绪。生物进化的自然性和人类发展的社会性使人具有追求快乐的能动性和创造性，从而趋乐避苦。只有在自然性和理性基础上持续地实践活动，才能够保障人的生存和发展，实现幸福的终极目标。

（二）实现幸福就是合德性

幸福与道德的关系，实质是在讨论个体与社会、感性和理性之间的矛盾性和统一性。人具有社会性，人的幸福不能脱离社会而独立存在，因为人各种欲望的满足来自于外部环境和社会。道德原则的形成本身就是要用来实现人类的幸福，因此幸福就是道德。持这种观念的人认为幸福是人生的终极追求，而幸福自然就是美德或品德高尚。有德才有福，有德就有福。品德与幸福相互依存，相互促进，互为条件：越有德便越有福、越有福便越有德，德福要一致。

---

① 叔本华：《作为意志和表象的世界》，商务印书馆 1982 年版，第 437 页。
② 王海明：《新伦理学》，商务印书馆 2008 年版，第 1341 页。

伊壁鸠鲁说："一个人不能拥有快乐的生活，是因为他的生活不谨慎、不可敬和不公正；一个人不拥有美德，是不可能拥有快乐的生活的。过程幸福弱小而漫长，结果幸福强大而短暂，二者缺一便非幸福人生。"

在社会人性论者看来，人的本质就在于其社会性，人生的价值及其幸福在于人们通过活动而满足自身和他人的需要。只有把个人的幸福和他人的幸福相结合的生活，才符合人的本性，也是合德性的幸福生活。每个人都在谋求幸福，正是在这永恒的追求过程中，个体完成了其人生历程，而社会也呈现了其历史轨迹；人在幸福的永恒追求中改变了环境也改变了社会，改变了客观世界的同时也改变了人的主观世界。人类对幸福的追求是推动社会进步的动因。人在追求幸福的活动中推动着历史发展，也在历史发展的过程中得到自己的幸福。当然，人只要能生存，只要求生欲得到了实现，那么，他最为根本的需要和欲望就得到了满足，他就得到了最基本的快乐和幸福。费尔巴哈说："生命本身就是幸福。"①

人是有差别的，所以人的实践活动在满足其自身需要的实现程度就有很大的差别。有些人"出色地"实现着各种活动，而另一些在很有限的程度上实现了某种活动。德性是人们对于出色实现各种活动的称赞，使得一个事物状态良好并使一个人好并使他的实现活动完成得好的品质。人的德性可分为理智德性和道德德性。德性存在于活动中，德性不能离开实践而独立存在。实践活动中的不及与过度都会毁灭德性，如节制、勇敢和其他德性。一切都躲避、都惧怕、对一切都不敢坚持，就会成为懦夫；什么都不怕，什么都去硬碰，就会成为莽汉。把伴随着活动的快乐与痛苦看作是品质的表征，因此德性同快乐与痛苦相关。追求快乐的欲望是自然的本性，但正确的快乐使人善良，而错误的快乐使人邪恶。德性是使人在所

---

① 《费尔巴哈著作选读》上卷，商务印书馆 1984 年版，第 187 页。

有事务上做得适度的品质，德性的目标就是使人在感情与实践事务上能达到一种均衡，即中庸。

（三）幸福的等级律

快乐和幸福越高级，对于生存的价值便越小，而对于发展的价值便越大；快乐和幸福越低级，对于生存的价值便越大，而对于发展的价值便越小。这就是幸福的"等级律"，这是各种幸福因性质不同而处于不同的等级所导致的价值大小的规律。持有幸福等级律的人看来，物质幸福是低级幸福、社会幸福为中级幸福而精神幸福是高级幸福。

总体看，一个人要获得幸福，要处理好个体与集体、肉体与精神、生前与来世、短期与长期的关系。如何得到幸福，主要在于个体自身的品性、个体的客观拥有、个体与环境和个体与社会的关系。

三 农民的幸福

从社会层级的视角看农民这个群体，他们无疑处于社会的底层。底层民众的幸福观与处于社会上层的精英的生活观、幸福观存在什么本质性差异？农民阶级的生活价值、道德性标准与工人阶级进而与共产党是否具有一致性？为什么说一个在监狱里除了自由外其他一切都应有尽有的政治犯不幸？从生活的满足来说，他们比我们大多数生活在底层的农民过得好多了。若定义幸福是人生重大的快乐，是长久而巨大的快乐；那么不幸就是人生重大的痛苦，是长久或巨大的痛苦。其实生活在底层的农民和生活在监狱里的政治犯都是巨大的不幸，他们都没有实现其人生的重大愿望，但似乎不能从量上比较谁更不幸。所以，幸福即使有客观性和主观性，但更多是一种主体的心理体验。人们的生活，更多是来自他们自己独有的一种信仰。信仰对人的幸福有重大意义。经验论哲学强调外在物刺激给感官带来的快乐，唯理性派更注重人们内心理性的调节，通过理性作用去追求人生的幸福和快乐。

　　大多数为生存而奔波的农民，他们的人生价值是什么？或者说，用什么样的德性来刻画他们生活至高的善——幸福？也许，自然主义学派更能说明农民的生存价值。作为一种社会存在，他们生命存在本身就是价值。如果说幸福具有主观性和客观性，物质需要、消费需要是人类最低级的需要，而精神需要、自我实现需要、创造性需要则是人类最高级的需要。按这个定义，幸福不是你觉得幸福就幸福，还要看你是否实现了人生的某种完满。但是农民人生的完满在哪里？正如王海明教授所说，不可能得到真实幸福的人应该信仰宗教而得到虚幻幸福；可能得到真实幸福的人应该废除宗教而追求真实幸福。也许，为生活而活的农民，更多地应在宗教的世界寻找幸福。马斯洛认为，精神快乐的价值大于物质快乐的价值，因为前者是高级的快乐，后者是低级的快乐。快乐和幸福因性质之不同，有"等级之分"，这与经济学上效用只有大小之分是根本不同的。经济学上不存在高级和低级的效用，只有多少的效用。不存在用 100 元买书的效用要高于买 100 元米的效用。在一个经济世界里，并不因为文学家莫言写文学作品，是精神快乐，在市场上销售了 100 万元文学作品（精神快乐），就要高于一个种蔬菜的农民在市场上销售了 100 万元的蔬菜（物质快乐）更高级。从这一点来说，经济世界是一个更平等的世界，高于伦理的世界。

　　农民作为一个社会阶层的价值观念和生活特性，马恩列等老一辈经典著作中有大量的论述。这些经典理论将农民作为不同于工人等其他社会群体的一个阶级，从阶级意识上讨论包括农民幸福观在内的整体特征。恩格斯说，大多数农民处在封建社会的底层，遭受来自整个社会阶层的剥削。14—15 世纪的德国，农民被当作一件东西看待，被当作牛马，甚至还不如牛马①。在传统哲学及人们的传统观念中，幸福并不是一个自觉意识的领域，而只是作为获得生

_____

① 恩格斯：《德国农民战争》，《马克思恩格斯文集》（第 4 卷），人民出版社 2009 年版。

活目的的一种手段而存在的。在生活资料匮乏的时代，幸福体现在对物质资料的占有，幸福的超越性被设定为纯粹的超越性而远离具体生活，生活的幸福目的与生活的过程分离。不同主体的幸福基于物质或经济占有关系而不同。马克思说："统治阶级的思想在每个时代都是占统治的思想。这就是说，如果一个阶级是在社会上占统治地位的物质力量，那么同时也是在社会上占统治地位的精神力量，支配着物质生产资料的阶级，同时也支配着精神生产。因此，那些没有精神生产资料的人的思想，一般隶属于这个阶级。"[1] 马克思认为，个人的看法是社会的产物，从个人所持有的看法来看，个人实际上是属于社会的特殊形式。异化在本质上是个人与共同体之间的联系及这种联系为间接性的金钱关系所取代。在阶级社会里，人的真实存在、人的幸福完全处于异化的状态中，而只有废除资本主义制度后的共同体的人类解放，人的幸福才能完全实现。照此逻辑，农民阶级因处于社会的被统治地位，从属于社会的统治阶级，他们的思想注定要处于被支配的地位，他们的幸福注定要由别人来代表。不改变农民阶级的从属地位，他们就不可能有幸福的人生。

毛泽东创造性地运用马克思主义的阶级理论，系统地分析了中国农民阶级的特点，认为工人阶级在一个农民占大多数的国家闹革命，必须团结真正的朋友，才能打击真正的敌人（毛泽东，1925，1927[2]）。传统的马克思主义者把农民作为落后生产力的代表，新中国成立后在农村实行的一系列的社会主义改造，很大程度上源于这种经典的意识形态教条。孙祚民[3]（1956）认为农民长期遭受极端残酷的剥削和压迫，使他们养成适应最低限度生活水平的能力和

---

[1] 《马克思恩格斯选集》第 1 卷，人民出版社 1995 年版，第 98 页。

[2] 毛泽东：《中国社会各阶级的分析》（1925 年 12 月），《毛泽东选集》；《湖南农民运动考察报告》（1927 年 3 月），《毛泽东选集》。

[3] 孙祚民：《中国农民战争问题探索》，新知识出版社 1956 年版。

容忍顺从的性格。谢天佑[①]说由于阶级性的局限和历史条件的局限，农民没有认识到贫困的真正社会根源，因之被贫困所激发的革命精神不能持久，看不到长远利益，容易受骗，容易接受统治者的小恩小惠。农民阶级在没有先进阶级领导之前，不可能达到推翻封建制度的目的。即使改革开放后的今天，农民仍然被作为一个阶级整体写入《宪法》[②]中，其理论思想来自于马克思经典理论对农民阶级意识的分析。从根本上说，马克思将私有制作为异化劳动的结果，用公有制作为解决异化劳动的手段，实践证明，这种理论的实现还需要很长的历史过程。人的本体性、社会关系总和、实践、人的自由自觉的活动、私有制、公有制、资本主义、共产主义，这些概念背后的逻辑分析具有高度的一致性和连贯性。如何建构包容农民阶级价值观在内的社会价值认同，需要认识传统的中国文化，特别是分析传统中国农耕文明内在的价值以及与工业文明、现代文明之间的内在关系，重新认识中国农民的幸福观、人生观和价值观，重新认识中国农民这个"阶级"的行为及在社会秩序演化中的地位和作用。只有这样，才能从价值观念上削平城乡的根本性对立，实现中国城乡统筹发展，让农民走出苦海，实现他们的人生价值，获得幸福。

第三节　幸福感测度

单一的物质追求与纯粹的精神追求构成了幸福生活的两极，但如果没有对市场经济发展的有效引导，商品拜物教的意识观念是极有可能形成的。人类从来没有像今天这般知识丰富、神通广大，但

---

① 谢天佑：《对历史上农民阶级必须作阶层分析》，《学术月刊》1964 年第 1 期。
② 2004 年 3 月 14 日第十届全国人民代表大会第二次会议通过的《中华人民共和国宪法修正案》修正的《中华人民共和国宪法》第一章第一条。

是在这科技的时代，人的困惑和迷失也是前所未有的（孙志文，1994）①。生活方式的巨大转变同时意味着生存观念的巨大转变，是从自在的、物性流俗生存观念变为超越性的、追求人的意义与价值的自为的生存观念。生存观念的转变包含对近代科学主义与自然主义的双重超越，是社会结构与功能活动变革的结果。社会发展模式从唯经济型向可持续发展型转变，伴随而来的是人们幸福观念的变化。在经济社会转型与幸福观念转型的过程中，如何测度人们的幸福感以及与经济、社会、政治的关系如何，这些都是当代心理学和经济学关注的热点问题。

一 积极心理学产生背景和研究内容②

（一）背景

现代人为什么经常不快乐？怎样保持生命的最佳状态？怎样走进一个洋溢积极的精神、充满乐观的希望和散发着青春活力的心灵状态？积极心理学揭示了与传统心理学完全不一样的心灵世界。积极心理学帮助人们超越自身的不快乐、狭隘、愤怒、嫉妒、恐惧、焦虑等消极心态，以更积极的、建设性的情绪来面对生活的挑战。相对于消极心理学而言，积极心理学是心理学研究的一种新范式。传统的消极心理学主要是以人类的心理问题、心理疾病诊断与治疗为中心，如在过去一个世纪的心理学研究中，人们所熟悉的词汇是病态、幻觉、焦虑、狂躁等，而很少涉及健康、勇气和爱。回顾积极心理学的渊源，最早可追溯至 20 世纪 30 年代 Terman③ 关于天才

---

① 孙志文：《现代人的焦虑与希望》，三联书店 1994 年版，第 84 页。

② 参见朱翠英、凌宇、银小兰《积极心理学之维》，人民出版社 2011 年版，第 18 页。

③ Lewis Terman 是研究智力（IQ）的心理学家，在 1916 年与 Binet-Simon 发展了智力测验方案。Terman 在 1921—1956 年开展对天才的研究，并证明天才不等同于高智力，而是与创造力相关，进而提出了创意智商（CQ）概念。

和婚姻幸福感的研究，以及荣格①的关于生活意义的研究，马斯洛②在《动机与人格》中倡导的积极心理学研究以及人本主义思潮所引起的人类潜能对积极心理产生的影响。随着全球科技、经济的迅速发展，在物质财富极大提高的同时，人们的生活质量与精神追求却相对落后，人们在日常生活实践中体验到了种种的负面心理情绪。传统心理学的许多理论似乎只把人当作动物或机器，而对人内在的精神潜力和主观能动性的机理关注不够。积极心理学在人本主义思潮的影响、客观社会环境的变化以及针对解决传统心理学研究存在的缺陷下产生了。马丁·塞里格曼③是积极心理学的创始人之一，40余年来他一直致力于乐观心态，习得性无助以及精神压力方面的科学研究。

（二）研究内容

积极心理学是利用当代心理学中比较完善和有效的实验方法与测量手段，致力于研究人的发展潜力和美德等积极品质形成的一门科学。积极心理学的研究对象是平均智商的普通人，它要求心理学家用一种开放性的、欣赏性的眼光去看待人的发展潜能、动机和能力。积极心理学主张心理学应对普通人如何创造良好的条件以更好地生活和发展那些具有天赋的人如何更充分地发挥其潜能等方面开展研究。它认为心理学的三项使命是：治疗精神疾病、使人们的生活更加丰富充实、发现并培养有天赋的人。

积极心理学的研究分为三个层面：（1）主观层面上研究积极的

----

① 荣格（Carl Gustav Jung, 1875—1961），瑞士心理学家，分析心理学首创人，提出"情结"的概念。把人格分为内倾和外倾两种，并分为意识、个人无意识和集体无意识三个层次。

② 马斯洛的心理学理论内核是人通过"自我实现"，满足多层次的需要，达到"高峰体验"，找到曾被技术排斥的人的价值，实现完美人格。当人的低层次需要被满足之后，会转而寻求实现更高层次的需要。自我实现的需要是超越性的，人在追求真、善、美的过程中走向完美人格，高峰体验代表了人的最佳精神状态。

③ 马丁·塞利格曼（Martin E. P. Seligman, 1942—），美国心理学家，积极心理学的创始人之一，主要从事习得性无助、抑郁、乐观主义、悲观主义等方面的研究。

主观体验——幸福感和满足（对过去）、希望和乐观主义（对未来）以及快乐和幸福流（对现在），包括各自存在的生理机制以及获得途径；（2）在个人层面上研究积极的个人特质：爱的能力、工作的能力、勇气、人际交往技巧、对美的感受力、毅力、宽容、创造性、关注未来、灵性、天赋和智慧等；（3）在群体的层面上，研究公民美德和如何培育个体成为具有责任感、利他、有礼貌、宽容和有职业道德的公民的社会组织，包括健康的家庭、关系良好的社区、功能健全的学校、有社会责任感的媒体等。

积极心理学的研究领域有：（1）以主观幸福感为核心的积极心理体验研究，包括主观幸福感，适宜的体验，乐观主义和快乐等；（2）塑造积极的人格品质，共同的要素是积极人格、自我决定、自尊、自我组织、自我导向、适应、智慧、成熟的防御、创造性和才能；（3）在整个社会生态系统中考察人的品质及对行为的影响；（4）寻求人类的人文关怀和终极关怀。

二 积极心理学对幸福感的研究进展

（一）幸福感

狭义的幸福感是指良好的情绪体验和生活满意度，而广义的幸福感包括人的积极的心理机能。与伦理学上对幸福的研究不同，积极心理学认为幸福与幸福感在概念上有区别，主要体现在：（1）幸福是客观的，如家庭美满、工作顺利、身体健康等带有客观性，而幸福感是对幸福的体验，是个体对自己所处境地的评价，带有明显的主观性；（2）幸福是他人或社会的评价，而幸福感是自我评价；（3）幸福不一定针对个人，还可针对人生、人类，而幸福感是针对个人而言的，即幸福感是每个具体的人所体验到的感觉；（4）幸福属于哲学范畴，幸福感属于心理学范畴。

主观幸福感（Subjective Well-Being，SWB）主要是指人们对其生活质量所做的情感性和认知性的整体评价。在这种意义上，决定人们是否幸福的并不是实际发生了什么，关键是人们对所发生的事情在情绪上做出何种解释，在认知上进行怎样的加工。SWB 是一种主观的、整体的概念，同时也是一个相对稳定的值，它是评估相当长一段时期的情感反应和生活满意度。主观幸福感基本特点有：（1）主观性，以评价者内定的标准而非他人标准来评估；（2）稳定性，主要测量长期而非短期情感反应和生活满意度，这是一个相对稳定的值；（3）整体性，是对生活质量的综合性评价，包括对情感反应的评估和认知判断。

主观幸福感强调个体身心的愉悦，是对情绪（正面情绪或负面情绪）、生活满意度（整体满意度、各维度的满意度）的主观评价和体验，表现为一种精神性或物质性体验。精神性体验体现在个体的情绪或情感体验，这种体验是暂时性体验。测量上有单题测量，要求受测者用一个整体印象，如 Andrews 和 Withey[1] 编制的七点 D-T 量表，同时测量认知和情感两维度。在多项目的测量方面，Diener[2] 设计了总体生活满意度测量方法。Compebell[3] 设计的幸福感指数量表，包括总体情感指数和生活满意度两个方面，分别由 8 个情感项目组成，然后将两者得分加权即为总体幸福感指数。

心理学发现，那些具有积极观念的人有更好的社会道德水平和更佳的社会适应能力，能更轻松地面对压力、逆境和损失，即使面临最不利的社会环境，也能应对自如。因此，增加积极的情绪体验，让人们得到更多的快乐和幸福，是积极心理学研究的重点问题，也与我们后面对万年村村民幸福感测度和影响因素分析紧密相

---

① Andrews, F. M., & Withey, S. B. (1976), *Social Indicators of Well-being*, New York: Plenum.

② Edward Diener (born 1946) is an American psychologist, professor, and author. He is noted for his research over the past twenty-five years on happiness — the measurement of well-being; temperament and personality influences on well-being; theories of well-being; income and well-being; and cultural influences on well-being.

③ Campbell A., 1976, Subjective measures of well-being, American Psychologist 31, pp. 117—124.

关，这里对相关内容进行概述。

（二）积极的情绪体验①

人类有四种基本的情绪：快乐、愤怒、恐惧和悲哀。在此基本情绪上派生出如厌恶、羞耻、悔恨、嫉妒、喜欢、同情等复杂情绪。痛苦和高兴等各种情绪是人在进化过程中自然形成的，对保护人自身发挥作用。亚当·斯密抽象出各种情绪而假定的理性经济人，简化了经济命题，但却远离了现实的人的经济世界。在这样的假定下，那些被看作低人一等的人群所受的苦难，更难引起所有人的同情和怜悯，他们所受到的折磨会被看作理所当然，不至于让人感到不快，有的人甚至还会以他们受到的苦而乐。

快乐为精神的满足，是一种追求并达到目的所产生的满足的心理体验。快乐的强度与达到目的的容易程度和或然性有关。一个目标越难达到，达到后的体验就越强烈。当人们的愿望在意想不到的时机和场合得到满足，也会给人带来更大的快乐。愤怒为情感的爆炸。受到干扰而使人不能达到目标时所产生的体验。当个体明白挫折产生的原因时，常会对引起挫折的原因表现愤怒。如果个体看不出原因，一般的情绪表现为沮丧而不是愤怒。恐惧为心里的黑洞。恐惧是个人摆脱、逃避某种危险情景时所产生的体验，原因是缺乏处理可怕情景的能力与手段。恐惧有很强的传染力，一个人的恐惧常会引起他人的恐惧与不安。悲哀是心灵的痛楚。在失去心爱的对象或愿望破灭、理想不能实现时所产生的体验。程度取决于对象、愿望、理想的重要性与价值，失去的事物对主体的收益价值越大，引起的悲哀越强烈。

痛苦是一种广泛而复杂的人类感受，意指会让人经验性地感到不舒服、不快乐等负面情绪的任何事物。它通常与受伤，或会让你受到伤害的威胁连接在一起。肉体受到伤害而产生的痛苦感受，通

---

① 保罗·艾克曼：《情绪的解析》，杨旭译，南海出版公司2008年版。

常被称为疼痛。艾森伯格①利用专门设计的电子游戏，故意让游戏参与者感到自己受到旁人的冷落排斥，使得他们受到感情上的痛苦。同时对他们进行的大脑扫描显示，这时的疼痛反应与肉体疼痛反应非常相似，都呈现在大脑的疼痛感觉区域——"前扣带回皮层"。为什么会这样呢？艾森伯格的解释是，社会关系对于人类的生存是至关重要的。在危险时刻，单独一个人难以生存下去，但是结为集体的话，机会就大一些。"形成社会依赖体制，并且把这种体制的运作施加在肉体疼痛感觉之上，有助于确保我们和周围的人保持紧密关系。"艾森伯格说，肉体疼痛警告个体不要做这样或那样危害身体的事情，譬如脚受伤了就不要用它走路。情感的疼痛也能起到类似的警告作用，"就好比是告诉你，以后要尽量躲开能让人精神痛苦的事情。"

愤怒是针对痛苦的自我保护，是一种替代，有时甚至是一种治疗。当体会到强烈的孤独时，悲伤就会表现出来。通过面部表情表现出来的悲伤和痛苦会唤起他人的帮助，这种外界的支持，特别是家人和朋友的支持，也有助于治疗伤痛，是人类进化对自我保护的一种自然情感流露。安慰别人，看到别人的痛苦减少，从而也得到快乐。强烈的、令人窒息的情绪会彻底地破坏自己的自主神经系统。但有些人在悲伤或痛苦时并不希望得到别人的帮助，而是希望独处。人与人之间最本质的区别，就是在看到别人经历痛苦的时候，是愿意伸出手去帮助呢还是心里觉得这样的人自己不够坚强和努力。

无论正面还是负面的情绪，都会引发人们行动的动机。即使一些情绪引发的行为看上去没有经过思考，但实际上意识是产生情绪重要的一环。情绪可以被分类为与生俱来的"基本情绪"和后天学习到的"复杂情绪"。基本情绪和原始人类生存息息相关；复杂情

---

① 　美国亚利桑那州立大学心理学教授艾森伯格（Nancy Eisenberg）提出了一种亲社会理论模式。

绪必须经过人与人之间的交流才能获得，因此每个人所拥有的复杂情绪数量和对情绪的管理是不同的。不同情绪、情感的生理反应模式也存差异，如满意、愉快时心跳节律正常；恐惧或暴怒时，心跳加速、血压升高、呼吸频率增加甚至出现间歇或停顿；惊惧时出现呼吸暂时中断，外周血管收缩，脸色变白，出冷汗，口干；焦虑、抑郁使胃肠道和消化液的分泌减少导致食欲减退等。医学心理学家曾用狗做嫉妒情绪实验：把一只饥饿的狗关在一个铁笼子里，让笼子外面的另一只狗当着它的面吃肉骨头，笼内的狗在急躁、气愤和嫉妒的负面情绪状态下，产生了神经症性的病态反应。恐惧、焦虑、抑郁、嫉妒、敌意、冲动等负面情绪，是一种破坏性的情感，长期被这些情绪困扰就会导致身心疾病的发生。一个人在生活中对自己的认识与评价和本人的实际情况越符合，他的社会适应能力就越强，越能把压力变成动力。

　　生理变化伴随着各种情绪的产生，调节和制约人们对情绪的感受，但是并不直接生成情绪。情绪反过来也会导致生理变化，并产生包括战斗、逃跑、抚育在内的适应性行为。神经解剖学家发现，哺乳动物大脑中有三个独立的神经回路，分别控制三种情绪反应：产生积极行为的系统会产生快乐，使动物乐于探索周围的世界。产生战斗或逃跑反应的系统会产生恐惧或愤怒，使动物判断是迎战或逃跑。产生消极行为的系统，会产生焦虑，使动物行为僵硬、消极。有十分充足的证据证明，愤怒、恐惧、悲伤、厌恶四种情绪各自有独特的自主神经系统反应。这是因为这四种情绪能激发出特定的行为，并且这些本能行为和生存息息相关（如愤怒使人心跳加快、体温上升，可以提高战斗力等）。

　　Seligman 在他《真实的幸福》（*Authentic Happiness*）一书中将积极情绪分为三类：（1）与过去有关的幸福；（2）与现在有关的幸福；（3）与将来有关的幸福。与过去有关的积极情绪有：满意、满足、尽职、骄傲、安详；与现在有关的积极情绪有：即时的快感和长久的欣慰；与将来有关的积极情绪有：乐观、希望、自信、信仰和信任。心理学发现，人过去的经历对现在或将来产生影响其实是通过人回忆过去的情绪体验而起作用的，并不是过去了的事件仍在真实地起作用——这对修正动态经济决策模型具有重大价值，是否可归结为动态效用不可加原理？积极面对过去，不管过去怎样，都已成为过去，能坚强地走过来就是胜利。关于现在的积极情绪——福乐（flow），这种情绪体验是由活动本身而不是任何外在的其他目的引起的。

乐观和希望是影响个体情绪和行为的重要特征变量。乐观是指个体对自己的生活以及社会的积极事件的期望——认为好的事情更容易发生，并且还是一种对事件的积极的解释风格。一个人之所以乐观，是因为学会了把消极事件、消极体验以及个体面临的挫折和失败归因于外在的、暂时的、特定的因素，这些因素不具有普遍性的价值意义，而悲观者则归因于内在的、稳定的、普遍的因素；对于积极事件和积极结果的解释，乐观的人与悲观的人又刚好相反。乐观的人和悲观的人对所发生事件的解释主要有三个方面的差异：暂时和永久、特例和普遍、外在和内在。心理学对希望的解释有三种观点：一是个体处于逆境或困境时能支撑个体坚持美好信念的特定情绪；二是为一种个体维持自己朝向某种目标的活动的思想和信念；三是包含认知和情绪成分。个体对预料中的成就与其获得成就的愿望强度之间的关系会产生一种认知，伴随着这种认知之后产生的一种调节力量就是希望。

情绪与颜色关系也较为紧密。不同的颜色可通过视觉影响人的内分泌系统，从而导致人体荷尔蒙的增多或减少，使人的情绪发生变化。红色可使人的心理活动活跃，黄色可使人振奋，绿色可缓解人的心理紧张，紫色使人感到压抑，灰色使人消沉，白色使人明快，咖啡色可减轻人的寂寞感，淡蓝色可给人以凉爽的感觉。英国伦敦有一座桥，原来是黑色的，每年都有人到那里投河自杀，后来，将桥的颜色改为黄色，来那里自杀的人数减少了一半，充分证实了颜色的功能。

农民生活和劳动在田野里，长期与绿色接触，这会很大程度上缓解他们的生活压力，也许是农民阶级容易满足的另一原因。

三 经济学对幸福研究的关注

通过优化配置稀缺资源，提高人们的福利是经济学研究的根本目的。现代经济学用货币化的效用来描述人的福利水平，也就是说，将货币与人的福利完全等同起来。可现实世界是，全球很多经济发达国家的人们发现即使拥有很多财富，但他们的幸福感并没有提高，因此，如何看待货币与福利、幸福的关系成为近年来经济学中的热点话题。

（一）福利经济学

福利经济学关注资源和服务的优化配置，以此影响社会的总福利。效率和公平是这门学科关注的重点。收入分配、公共物品、政策对社会福利的影响为主要研究内容。方法上以微观经济分析中的技术手段为基础，讨论社会总福利。学科可分为理论福利经济学和应用福利经济学；如以发展历程为由，可分为旧福利经济学和新福利经济学。其思想、理论和方法体系延续了西方经济学总的学术理路。

1776—1870 年这 100 年为古典经济学至新古典经济学时间段，主要代表人物有斯密、李嘉图、马尔萨斯、穆勒等古典经济学家，以斯密出版的《国富论》为古典经济学产生的标志，直到 19 世纪 70 年代新古典经济学的产生。古典经济学时期，资本主义刚发端于西欧封建制度，工业革命促使社会发生急剧变化，经济学家试图说明社会如何在"那只看不见的手"的作用下，个人在关注自身福利的同时，可带来整个社会福利的最大化。斯密提出了用国民收入增长来表示一国财富的增加。国民收入来自于劳动力、资本和土地投入。劳动力投入得到工资，资本投入得到利息，土地投入得到地租。古典经济学中没有量化计算社会福利最大化的条件。功利主义思想起源于古希腊哲学，但主要归功于边沁。功利主义认为人有追逐享乐和回避痛苦的天性；从结果论的角度看，好的行为会最大化社会的享乐和最小化社会的痛苦。边沁的功利主义假定个人知道什么对他最好，个人可以自己决策，个体效用可比较，可用基数进行计量，个人福利独立可加，每个人的福利权重相等，在机会相等的条件下竞争可增加福利，经济福利与总福利高度相关。功利主义提出每个人的福利权重相等的观点对当时的精英社会提出了挑战。

新古典经济学起自于 1871 年杰文斯出版的《政治经济学原理》，奥地利学派创始人门格尔 1871 年出版的《经济学原理》以及 1874 年瓦尔拉斯的《纯粹经济学要义》。他们被认为是经济学中的边际效用革命。边际效用理论认为，商品或服务的价格不是取决于生产商品的劳动，而是取决于最后购买单位的边际效用。旧福利经济学以庇古 1920 年出版的《福利经济学》为标志。庇古之后的福利经济学为新福利经济学。庇古认为社会福利用 GDP 和 GDP 的分配来测度。如果收入的边际价值递减，那么将富人的收入转移给穷人就可以增加社会总福利。庇古再分配和庇古税的概念当今还在广泛使用。旧福利经济学用货币化效用作为社会福利指标，假定效用在个体之间可比较和可加总，认为社会收入受再分配的影响。

帕累托曾证明效用不可测量，希克斯用非量度效用来分析消费者行为。可以说，用序数效用理论来分析消费偏好是新福利经济学与旧福利经济学的主要差别。通过无差异曲线，可直接分析消费偏好而不比较效用大小。旧福利经济学中讨论的收入分配合理性不再成为新福利经济学讨论的重点问题，分配效率是新古典经济学关注的重点。在给定的资源初使分配和约束条件下，消费者效用最大化是一个典型的优化问题，最优解定义为帕累托最优。也就是在瓦尔拉斯的一般均衡经济系统中的福利经济学第一定理。现实的经济系统与瓦尔拉斯条件下的经济系统完全不同，经济活动的外部性、信息不对称、垄断和动态性使得帕累托最优成为一种理论上的价值判断工具。此外，资源初使条件不同，会有不同的帕累托优化解，福利经济学第一定理应用有很大局限。通过放宽一些不必要的假定条件，福利经济学第二定理假定所有消费者和生产者是自利的价格接受者，如果通过适当的定额税和转移支付，那么通过竞争机制几乎可实现任何帕累托优化均衡。卡尔多—希克斯效率原理说，如果理论上福利改进能够补偿其他人的福利损失，这项经济活动也是帕累托改进。

凯恩斯的《货币就业利息通论》的出版标志着西方经济学进入了新古典综合时代。综合新古典微观经济理论和宏观经济理论基础上形成的新古典综合理论在考虑外部性、公共产品、垄断等市场条件下研究社会福利问题。1938 年伯格森引入了社会福利函数，新古代综合学派的代表人物萨缪尔森提出了加总的个人效用函数以及可以用单一维度定义一个社会福利函数。伯格森和萨缪尔森没有给出社会福利函数的具体形式。社会福利函数如何确定以及个人效用函数如何加总至今也不完全清楚。

福利经济学与决策理论和社会选择理论紧密相关。阿罗在其《社会选择和个人价值》的博士论文中证明了没有一个民主程序能将个人偏好加总为一个精确的结果。阿罗不可能定理可作为福利经济学第一、第二定理以及孔多塞投票悖论的扩展。森（1970）将个人偏好关系转化为具有完备性、传递性的社会偏好关系称为阿罗社会福利函数。阿罗不可能定理被称为福利经济学第三定理，就是不存在同时满足普遍性、帕累托一致性、独立性和非独裁四个条件的阿罗社会福利函数。在阿罗不可能定理发表之后，有大量文献对其进行了修正或是变形，但基本的结论没有发生改变。放宽条件，可以界定社会选择函数。Gibbard-Satterthwaite 定理说，不存在一个社会选择函数能满足普遍性、非退化、防策略性及非独裁。应用 Gibbard-Satterthwaite 定理，Maskin 证明了一个规划者可以设计一局，其纳什均衡能达到想要的社会选择函数。此外，森提出了"可行性能力"的福利经济学分析框架。他认为"个人福利"可以通过个人实际拥有的和可能拥有的功能来描述。

（二）幸福经济学

随着各国经济快速发展，全球资源环境问题变得突出，国际社会对唯收入论的经济发展模式提出了强烈质疑。人们开始反思单一的以收入为指标的经济测度模式，特别是用货币化效用表征的消费者快乐水平。Easterlin（1974）发现在一个国家之内收入高的人表达出更高的幸福感；可在进行国家间的比较时，至少在那些可以满足基本生活需要的国家之间，人们表达出的幸福感并没有太多差异。就美国而言，1946—1970 年间人均国民收入稳步增长，但居民报告的幸福感却没有太大的增长。Easterlin 的发现被称为 Easterlin 悖论，由英国华威大学的 Oswald（1997）年所复兴。Oswald 观察西欧九国多年居民报告的幸福水平发现，收入增长并没增加居民的幸福，但就业与幸福高度相关。之后，一些经济学家、心理学家将哲学层面的幸福研究落实到实证层面。Kahneman 和 Krueger（2006）对主观幸福感测定方法的进展进行了系统总结。Stutzer 和 Frey（2010）总结了主观幸福感研究的最新进展。目前争论最大的是调查对象报告的生活满意度或幸福感是否有效、可比，以及其决定因素和政策含义有多大的实用性和可操作性。但无论如何，西方发达国家如英国已由国家统计局负责调查居民的幸福感；尼泊尔等国家开始编制国家年度幸福指数和报告。

幸福经济学一般界定为定量研究幸福、积极和消极情感、福利（Well-being）、生活质量、生活满意度及相关领域的交叉学科，主要利用经济学与心理学和社会学中综合的技术手段。幸福经济学与经典经济理论不同的是，将幸福最大化作为个人选择和行为的目标，而不是收入、财富、利润。幸福感常用主观报告的方式进行测量，也可以用一些客观指标如寿命、收入、教育、健康、就业、社会保障等来表示幸福的程度，但这些指标更多的是在测量居民的生活质量或是福利。主观幸福感的决定因素有社会、人文和经济方面，争论最多的还是收入对人们幸福感的影响程度。

近年来为什么幸福经济学的话题变得如此引人关注，大量的关于居民幸福感的调查不断涌现，赵汀阳在他的《论可能生活——一种关于幸福和公平的理论》中做了中肯的评论：现代社会充分发展了理性、科学和技术，生产了无比多的信息，但我们还是很缺乏真正的知识，仍然不知道什么是好生活。可以换个角度提问：现代社会生产了大量的财富、物质和所谓的知识，还产生了结构严密的各种制度，宣布了更多的权利和自由，提供了各种社会福利和先进技术等无数种利益和好处，可是为什么就是不能增进幸福？财富、技术和享乐的疯狂发展很可能是幸福的错误替代物，它们把人们的思想引向生活的细枝末节，而掩盖了最要命的根本问题，即人的幸福和命运。

因此，近年来国内对主观幸福、生活质量等更为广义的福利范畴进行了理论和实证研究。赵奉军（2004）综述了收入与幸福感之间的关系。吴淑凤（2004）建立了主观生活质量测量标准，以期使幸福感测量更具有稳定性、可信性和有效性。邢占军（2005）认为幸福感是满意感、快乐感和价值感的有机统一，提出了由十个次级指标构成的民众幸福指数指标体系。陈惠雄、吴丽民（2006）设计了基于主客观统一性与"主体—环境"整体联系性的快乐指数调查表。张玉玲（2007）认为发展循环经济是实现人类最终目的——幸福的途径。林洪、李玉萍（2007）提出构建多维度国民幸福指标体系。

2012 年全国有 100 个城市规划要打造幸福城市。中央电视台新闻连续播出颇有争论的记者对居民幸福感的访谈节目。学者对农民这一特殊群体的生活状况、幸福感的调查研究热情高涨，如 Knight 等（2009）利用 2002 年中国农户调查数据分析了农民幸福方程的决定因素。他们发现，即使在中国城乡差异扩大的背景下，60% 的农民报告他们幸福或是非常幸福。收入预算线和消费集是决定消费者效用（幸福）大小的经典理论不能有效解释农民幸福状况。陈前恒等（2011）用截面数据和生活满意度法探讨了中国贫困地区农村基础教育可及性与农户主观幸福感之间的关系；鲁元平和王韬

（2011）利用世界价值观调查数据研究发现中国的收入不平等对居民的主观幸福感有显著的负面影响，而且它对农村居民和低收入者的负面影响要显著大于城市居民和高收入者。Kahneman（2011）从理论和实验角度论证了贝努利错误（Bernoulli's Errors）。①

---

① Easterlin, Richard A., 1974, Does Economic Growth Improve the Human Lot? Some Empirical Evidence, In: David, Paul A. and Melvin W. Reder (eds.), Nations and Households in Economic Growth: Essays in Honour of Moses Abramowitz, New York and London: Academic Press, pp. 89—125.

Kahneman, Daniel, 2000, Experienced Utility and Objective Happiness: A Moment Based Approach, In: Kahneman, Daniel and Amos Tversky (eds.), Choices, Values, and Frames. New York, NY: Cambridge University Press, pp. 673—692.

Stutzer Alois and Bruno S. Frey, Recent Advances in the Economics of Individual Subjective Well-Being, Social Research, Vol. 77 (2010), pp. 679—714.

Knight John, Lina Song and Ramani Gunatilaka (2009), "Subjective Well-being and its. Determinants in Rural China", China Economic Review, 20, 4, pp. 635—649.

Kahneman, D., 2011, Thinking, Fast and Slow, New York: Farrar, Straus and Giroux.

Oswald, Andrew J., Happiness and Economic Performance (1997), University of Warwick WP 478, Available at SSRN: http://ssrn.com/abstract=49580.

赵汀阳：《论可能生活，一种关于幸福和公平的理论》（修订版），中国人民大学出版社 2004 年版，第 6 页。

赵奉军：《收入与幸福关系的经济学考察》，《财经研究》2004 年第 5 期。

张玉玲：《幸福视角下循环经济的经济学理解》，《理论月刊》2007 年第 6 期。

理查德·莱亚德：《幸福是什么——我们是否越来越幸福?》，庞娟译，《经济社会体制比较》2007 年第 4 期。

陈惠雄、吴丽民：《国民快乐指数调查量表设计的理论机理、结构与测量学特性分析》，《财经论丛》2006 年第 5 期。

林洪、李玉萍：《国民幸福总值（GNH）的企业与国民幸福研究》，《当代财经》2007 年第 5 期。

吴淑凤：《多元视野中幸福理论及其对主观生活质量研究的现实意义》，《武汉大学学报》（哲学社会科学版）2004 年第 5 期。

李实、罗楚亮：《中国收入差距究竟有多大——对修正样本结构偏差的尝试》，《经济研究》2011 年第 4 期。

郭庆旺、吕冰洋：《论税收对要素收入分配的影响》，《经济研究》2011 年第 6 期。

刑占军：《测量幸福：主观幸福感测量研究》，人民出版社 2005 年版。

陈前恒、林海、郭沛：《贫困地区农村基础教育可及性与农民的主观幸福感》，《中国人口科学》2011 年第 5 期。

第三章

幸福感现状与影响因素

"滚滚长江东逝水，浪花淘尽英雄……"明代文学家杨慎的咏史词《临江仙》让多少文人墨客感慨万千。不管是略输文采的秦皇汉武，还是稍逊风骚的唐宗宋祖，面对"时间去哪儿了"的轻轻追问，只有那江渚上惯看秋月春风的白发渔樵将古今之事都付笑谈中。万年村的农民，世代耕作于巴山脚下的平原和山丘，他们不会进入到风流人物的名单里，而只是茫茫人海中偶然的存在。"轻轻的我走了，正如我轻轻的来……悄悄的我走了，正如我悄悄的来；我挥一挥衣袖，不带走一片云彩。"是的，处于社会下层的农民，就在这静悄悄的时空中行走，追逐着他们心中想要的幸福。

第一节　生活满意度和幸福感

根据中国社会科学院国情调研项目的总体要求，用一份村庄调查表来了解万年村的村域环境、人口、经济、社会、政治和宗教等方面的情况；然后选择生活水平好、中、差三种类型的农户开展入户调查，在农户层面上收集农户家庭人口特征、农业生产、收入消费、教育、医疗和养老等方面的信息。项目设计了两份农户调查

表：一份是根据国情调查项目总体要求设计的调查表，完成项目的规定任务，一份是根据自己关注的研究内容，设计专门的调查表。2012 年 10 月项目组在万年村开展问卷调查，总计调查 45 户，形成关于幸福感问卷的有效样本 42 份。样本个体中只有一家的户口在村外乡内，其余样本个体为村内的常住人口。样本个体分布在万年村的各村民小组，其中男性 26 人，女性 16 人（见附录一）。他们都表示没有宗教信仰。由于万年村是一个有近 4000 人口的大村，而问卷调查的农户只有 40 多户，样本总量偏小，一定程度上影响到了定量分析，但通过这 40 多户的案例观察，基本上能代表万年村的总体情况。此外，调查问卷表格涉及的内容多，特别是关于收入、消费、价值观等主观性问题，60 岁以上的农村妇女，文化程度低，文盲占了较大比例，他们很难正确理解调查问卷中一些问题的准确含义，不适合作为样本个体，因此，调查员在开展农户调查时，选择了更多的男性作为样本。

一　样本个体特征

（一）年龄与文化程度

我国 20 世纪 80 年代实行改革开放政策后，农村经济持续发展，农民收入水平稳步提高，国家对农村教育投入也逐步增加，农民所受教育程度有所上升。但总体上，与城镇教育相比，中国农村教育投入偏少，农村教育资源不足的现象还广泛存在，农民整体文化程度低的现实状况还没有得到根本改变。年龄越大的农民，所受的文化教育程度越低，这里将样本个体的年龄与文化程度放一起考察。

样本个体平均年龄 54.8 岁，最年轻的 32 岁，最年老的 79 岁。40 岁以下的 8 人，40—50 岁之间的 10 人，50—60 岁之间的 8 人，60—70 岁之间的 12 人，70 岁以上的 3 人。从众位数看，55 岁以下的 21 位，占 50%。从分位数看，44 岁以下占 25%；66 岁以下的占 75%。

表 3 - 1　　　　　　　　　样本个体年龄特征　　　　　　单位：人

性别/年龄	40 岁以下	40—50 岁	50—60 岁	60—70 岁	70 岁以上	合计
女	2	8	3	2	1	16
男	6	2	5	10	3	26

样本个体中女性有 16 人，其中 40 岁以下的 2 人，40—50 岁之间的 8 人，50—60 岁之间的 3 人，60 岁以上 3 人。样本个体中男性 26 人，其中 40 岁以下的 6 人，40—50 岁之间的 2 人，50—60 岁之间的 5 人，60 岁以上的 13 人。表 3—2 反映了样本个体男女之间的文化程度差异。在有效样本的 42 人中，文盲人数 5 人，其中女性 2 人，占女性样本人数的 12.5%；男性 3 人，占男性样本人数的 11.5%；小学文化程度女性占了女性样本人数 68.8%，男性占了男性样本人数的 50%；初中文化程度女性占女性样本人数的 18.8%，男性占了男性样本人数的 23.1%；高中和中专文化程度的全为男性，分别占了男性样本人数和样本个体的 7.7% 和 4.8%。

表 3 - 2　　　　　　　　样本个体文化程度的性别差异

性别	文盲	小学	初中	高中	中专	合计
女（人）	2	11	3	0	0	16
男（人）	3	13	6	2	2	26
合计（人）	5	24	9	2	2	42
占女性样本的百分比（%）	12.5	68.8	18.8	0.0	0.0	100
占男性样本的百分比（%）	11.5	50.0	23.1	7.7	7.7	100
合计（%）	11.9	57.1	21.4	4.8	4.8	100

文化程度与年龄的分布方面，由于我国农村教育的不断改善，年龄与文化程度表现出明显的负相关关系。年龄越大的农民，平均受教育程度更低。表 3 - 3 是样本个体不同年龄段的文化程度情况。

在 50 岁以下的 19 人中，初中以上文化程度的有 11 人，占了总人数的 58%；50 岁以上的有 25 人，初中以上文化程度的只有 2 人，只占总人数的 8%。将文化程度与年龄进行回归，回归结果为：Edu = 4.88 - 0.030 × age，F（1，40）= 5.37。两系数的 t - 检验值分别为 6.61 和 - 2.32，在统计上显著。式中，Edu 表示受教育年限；不识字 =0；小学 =6，初中 =9，高中 =12，中专以上 =15；age 表示年龄。

表 3 - 3　　　　　　　不同年龄段的文化程度　　　　　　单位：人

年龄（岁）	不识字	小学	初中	高中	中专	合计
40 以下	1	2	3	1	1	8
40—50	0	5	5	1	0	11
50—60	1	7	0	0	0	8
60—70	2	9	1	0	0	14
70 以上	1	1	0	0	1	3

从样本个体父母亲的文化程度看，我国老一辈农民的文化水平极低。在 42 个样本个体中，有 20 人的父亲接受过少量的教育，不识字的占了 22 人；其中小学文化程度的 6 人，初中文化程度的 4 人，有 1 人接受过高中教育，有 1 人接受过在职中等专科学校中等教育。样本个体只有 14 人的母亲接受过教育，不识字的人数达到了 28 人。另外 1 人接受过中等教育，1 人接受过 2 年小学教育，9 人接受过 6 年的小学教育；两人接受过初中文化教育。

表 3 - 4　　　　　　　样本个体的父母的文化程度

文化程度	父亲（人）	母亲（人）
不识字	22	28
小学	6	6
初中	4	9
高中	1	1
中专	1	1

　　大体上，样本个体的父母亲的文化程度基本相当。夫妻双方文化程度在农村也是婚姻的重要影响因素，并会对一个家庭的经济收入、生活价值观的形成产生重大影响。从年龄上看，样本个体中60岁以上的有16位，他们的父母亲出生在中华民国时期（重庆作为解放较晚的地区，中华民国在这些地区统治时间较长和稳定）。16人中，父亲不识字的有11人，母亲不识字的有15人；父亲小学文化程度的4人，母亲1人；父亲具有初中文化程度的只有1人。也就是说，在中华民国时期，农村人的文化程度低到了惊人的地步。32人中，不识字的有27人，达到了84%；另有13%的人只有小学文化；3%的人有初中文化。样本个体中50岁以上的有24人，其中父亲不识字的有15人，母亲不识字的有21人；父亲小学文化程度的有8人，母亲2人；初中文化程度的各有1人。通过中华民国时期万年村的农民文化程度，可以想象出中国共产党成立之初时，中国农村积贫积弱的程度。共产党领导的农民战争，大体是共产党中的知识分子精英领导的占中国90%人口的、80%多不识字的农民的战争。这对我们认识这场战争的性质、目的会有更大的启示。

表 3 - 5　　　　　　按年龄段分样本个体父母亲的文化程度　　　　　单位：人

年龄/ 文化程度	不识字		小学		初中		高中	
	父亲	母亲	父亲	母亲	父亲	母亲	父亲	母亲
60 岁以上	11	15	4	1	1	0	0	0
50 岁以上	15	21	8	2	1	1	0	0
40—50 岁	4	5	1	1	1	1	3	1
40 岁以下	3	2	3	4	3	1	1	1
合计	22	28	12	7	6	5	2	2

（二）就业

　　从样本个体的工作性质看，由于大量年轻人外出，样本个体以在家从事种植业的人员为主。从事的非种植业中，殷广勇是养猪大户，年均收入5万元左右。肖厚俊在县内从事交通运输业，一年非农就业收入约20万元；肖厚国在村外乡内从事建筑业，打零工，每年有非农就业收入近1万元；姜在平在本村从事建筑业，打零工有非农就业收入1万元。曾庆帮在村里从事服务业，一年有2万元非农收入。其他还有7户兼业农户，不一而论。

从事农业工作时间与样本个体家庭耕地面积、年龄、工作勤劳程度、作物种植结构以及家庭非农收入来源等因素相关。有效样本中，有7人家里没有从事任何农业生产活动，收入来源于非农产业。22户家庭人均耕地面积低于1亩；9户家庭人均耕地面积1亩多；另3户一户家庭人均经营耕地面积分别为2.3亩、4亩和5.6亩。就从事农业劳动的时间看，有8位样本个体不再从事农业劳动；1人一年中有一个月从事农业劳动；4人一年中有2个月农业劳动时间；一年中有3个月农业劳动时间的有5人；一年中有4个月农业劳动时间的有6人；一年中有5个月农业时间的有4人，另一年中有6个月农业劳动时间的有7人。从事农业劳动时间半年以上的共计7人，可见，即使常年在家的万年村村民，除了从事农业劳动外，还有很多闲暇时间。

调查时详细统计了两位农民的时间利用情况（访问日期：2012年10月23日），他们从事农业劳动的时间比例都不高，而大量的工作时间用于非农就业。

（1）02号曾小莉，在屏锦街上有门市，销售地砖。

表3-6　　　　　　　　　　02号的时间利用

时间点	时间利用
6：00	起床
6：30	洗漱
8：00	做早饭、吃早饭
8：30	屏锦街上做生意
12：00	回家做饭、吃饭
18：00	屏锦街上做生意（中间打牌、聊天）

续表

时间点	时间利用
20：00	回家做饭、吃饭
22：00	看电视
22：10	洗漱后睡觉

（2）04 号蒋安顺，农业劳动与非农就业相结合。

表 3 – 7　　　　　　　　　**04 号的时间利用**

时间点	时间利用
5：30	起床
6：00	洗漱
6：30	开摊做生意
9：30	早上生意
10：00	做饭、家务
12：30	田里干农活
14：00	午饭、家务
18：00	田里干活
18：30	做晚饭
19：00	吃晚饭
19：30	洗碗
20：30	辅导小孩作业
22：00	看电视（法制类节目）
22：10	洗漱后睡觉

二 生活满意度和幸福感自我评估

在第二章对幸福和幸福感的研究进展进行了较全面的梳理，这里再对项目调查分析中的生活满意度和幸福感的概念、分析框架作一说明。

（一）概念与方法

生活满意度或是幸福感的研究与传统福利经济学研究范式的最

大区别在于直接调查受访者的主观感受，而不是用货币化的财富来"客观"地判断其生活水平。现代经典经济学通过观测个体实际的选择和决定来研究他们的显示性偏好而不是去调查他们表达的意图、价值观念或是对生活水平的主观评价。但是，现代经典经济学关于个体决策的理性偏好假定自提出伊始就遭到了质疑，更要紧的是，如果理性偏好不成立，现代福利经济学的福利分析框架就会从根本上遇到困难，那些看似完美的福利经济学公理将不复存在。正如 Kahneman 等[1]所说，应将效用区分为体验性效用（Experienced Utility）和决策性效用（Decision Utility）。体验性效用概念来自于边沁以及之后的埃奇沃斯和马歇尔。埃奇沃斯定义一定时间段个体幸福是在相同时间段内时点效用的加总，也就是时间段内效用的积分。

满意度是一种精神状态，是对一件事物的主观价值评估。满意度包含了满足和享受两层含义，有情感上的评价也有对客观的认知，在时点上表现为易失性但在时段上存在稳定性[2]。在概念上，社会学者偏好用生活满意度（Life Satisfaction），哲学家常用幸福（Happiness），心理学者则喜欢用主观幸福感（Subjective Well-being）。生活满意度是一个人对其生活质量的总体评价，还包括对生活的某一个方面如收入、就业、社会地位、教育、健康、住房等的自我评估。

Kahneman 等（1993）发现，虽然记忆时点上个体评价的效用加总可以当作时间段记忆效用，但存在系统性偏差。个体评价的时点效用对于总效用的权重不同。个体记忆效用中常常忽略那些痛苦或是不愉快的片段，对最后时段、情绪高峰或低谷时段给的权重最

---

[1]　Kahneman, Daniel and Robert Sugden, Experienced Utility as a Standard of Policy, Evaluation Environmental & Resource Economics （2005）32：pp. 161—181.

[2]　Veenhoven, R., 1996, "Happy Life-expectancy—A Comprehensive Measure of Quality-of-life in Nations", Social Indicators Research, 39：pp. 1—58.

大。这对于从总体上评价个人生活满意度或是幸福感具有重要意义。也就是说，虽然可以测量一定时间段内个体快乐或是痛苦强度的真实体验，但对于了解个体总的生活满意度的回顾性评价来说，并不是每次体验的简单加总。

由于生活满意度或幸福感不是一种直接的、可证实的经验，也不是一种客观地可观测到的个人生活特征，而只是一种由样本个体回忆性的总体判断，并且需要通过对个体进行访问来获得数据。样本个体的回答结果往往受其当时的情绪、环境、记忆能力的影响，不同调查方式也会影响回答结果。回答者在不同的自然环境、时间段下对生活的满意程度也会存在波动。虽然存在这些不足，但这种方法对于分析回答者对生活、工作等方面的态度还是非常有效的。他们当前的态度会影响到今后的决策。Kahneman 等（2004）用一天重建法（Day Reconstruction Method）来检验报告的生活满意度的有效性，发现两种方法观测到的结果高度一致，虽然有一些具体活动的情绪报告有所差异。

20 世纪 60 年代生活满意度在欧美国家是一个非常普遍的调查题目，但对其有效性存在争议。经过几十年的发展，其有效性得到了验证（Veenhoven，1996）。世界价值观调查（World Values Survey）从 1981 年起对包含世界 97 个地区 90% 人口的价值观变化及对社会和政治生活的影响开展调查。他们问"将所有的情况都考虑进来，目前你生活得愉快吗"；"请说明家庭、朋友、休闲时间、政治、工作、宗教在生活中很重要、重要、不太重要还是很不重要"；"把所有的情况都考虑进去，总的来说，您对自己目前的生活满意吗"。量表数字从 1 到 10，表示由非常不满意到非常满意的不同程度。美国总体社会调查项目（The General Social Survey，GSS）对美国以及其他国家居民生活满意度进行调查。"考虑所有因素，你对目前的事情如何看，你会选择非常幸福、相当幸福或是不幸福？"

目前，对生活满意度或幸福感的调查量级和方法有坎特里尔量表 Cantril 的生活阶梯 10 分法，Andrews 和 Withey 的 7 分法。为了避免策略性回答者（Stratigic Respondents），一般的做法是在了解样本个体基本生活条件之前问这些主观性问题。借鉴相关研究的调查问卷设计方法，在调查中，了解农民生活满意度和幸福感，项目调查问题设计为："就总体看，你对你的生活满意度打多少分？如果特别满意，打 9—10 分；比较满意，打 7—8 分；感觉一般，打 5—6 分；不满意；打 3—4 分；特别不满意；打 1—2 分"。用同样的记分法对自己的文化程度、收入、就业、住房、家庭、婚姻、社会地位、健康状况、村自然环境以及村干部进行主观评估。对于那些回答生活特别满意（9—10 分）或是特别不满意的（1—2 分）样本个体，进一步让他们开放性地回答评估分非常高或是非常低的原因。在调查完样本个体认为幸福生活最为重要的方面之后（价值观调查），问"到目前为止，你觉得你过得幸福吗？如果特别幸福，打 9—10 分；比较幸福打 7—8 分；一般打 5—6 分；不幸福打 3—4 分；特别不幸福打 1—2 分"（见附录二）。

（二）生活满意度和幸福感

样本个体生活满意度平均为 7 分，低于我们 2012 年在山东和河南两省调查到的农民生活满意度均值，但略高于陕西省样本个体的生活满意度（廖永松，2014）[①]，可能的原因是没有选择到村里生活最为困难的农户。样本个体的 42 人中，有 3 人对生活满意度打了 10 分；5 人打了 9 分；11 人打了 8 分；2 人打了 7 分；14 人打了 6 分；另外有 4 人打了 5 分，3 人打了 4 分。也就是说，样本个体中有近 1/5 的人对生活非常满意；比较满意的有 13 人，占了近 1/3。从幸福感打分情况看，打 10 分的有 6 人；打 9 分的有 5 人；打 8 分的有 10 人；打 7 分的有 7 人；打 6 分的有 6 人；打 5 分的有 6 人；打 4 分的有 2 人。也就是说，样本个体中有 26% 的人表示生

---

① 廖永松：《小富即安的农民：一个幸福经济学的视角》，《中国农村经济》2014 年第 9 期。

活过得非常幸福，有40%的人表示生活过得比较幸福，有29%的人表示生活过得一般，但明确表示生活过得不幸福的只有2人，只占样本个体的5%。那些对生活表示不满意或是感到不幸福的个体，主要的原因是他们生病，得不到很好的治疗，部分或者全部失去劳动能力。身体健康状况直接影响到人的生活质量和幸福感值，人们常说，身体健康是1，财富、荣誉、权力等其他为0，只有在身体健康的前提下，人们生活质量才有基本保证。关于身体健康状况与幸福感的关系，后文将专门分析。

表3-8 村民生活满意度和幸福感

生活满意程度	人数（人）	比例（%）	幸福感	人数（人）	比例（%）
非常满意	8	19	非常幸福	11	26
比较满意	13	31	比较幸福	17	40
一般	18	43	一般	12	29
不满意	3	7	不幸福	2	5
非常不满意	0	0	非常不幸福	0	0
合计	42	100	合计	42	100

　　心理学研究表明，个体常会与自己心中的参照群体的生活水平进行比较。这种比较，会直接影响到个体的幸福感。农民喜好与自己的亲朋比，与同村村民和与城里人比。问卷将比较结果分为觉得自己生活比参照群体好得多、好一些、差不多、差一些、差很多五个等级。42个样本个体与亲朋的生活水平相比时，有2.4%的人感觉过得好得多；9.5%的人觉得好一些；有57.1%的觉得差不多；有26.2%的觉得差一些；4.8%的觉得差很多。与同村村民生活水平相比，只有9.5%的人觉得好得多或好一些；有42.8%的人觉得差不多；42.9%的人觉得差一些；4.8%的人觉得差很多。与城里人的生活水平相比时，有4人觉得比城里人过得还好一些，有2人觉得差不多，有4人觉得差一些，但有32人觉得比城里人过得差很多，占了样本个体的76.2%。

表3-9　　　　　　　　　样本个体生活水平的自我评估

生活自我评估等级	人数（人）			百分比（%）		
	与亲朋比	与同村人比	与城里人比	与亲朋比	与同村人比	与城里人比
好得多	1	1	0	2.4	2.4	0.0
好一些	4	3	4	9.5	7.1	9.5
差不多	24	18	2	57.1	42.8	4.8
差一些	11	18	4	26.2	42.9	9.5
差很多	2	2	32	4.8	4.8	76.2

　　与自己预设的参照群体的生活水平相比较，农民感受到的生活差异与他们的实际收入水平可能会有所背离，特别是与亲朋好友、同村的人和城里人比较时，由于年龄、性格、性别的差异性，每个人的参照群体不同，所以他们进行自我评估的结果也不相同。表3-10所示，在回答与城里人比时，感觉生活可能好一些的，实际家庭人均纯收入在各组里最低，而回答差一些的实际人均纯收入，却比那些回答差很多的样本个体的家庭人均纯收入低。同样地，与同村人比，那些回答生活好一些的人，实际收入水平比那些回答差不多或是差一些的人还要低；与亲朋好友比，只有一位69岁的丧偶老人，实际家庭人均纯收入最低，但生活水平的自我评估值又是最高的；那些与亲朋好友比感觉生活水平差一些的人，实际家庭人均收入水平在样本个体中反而是最高的。可见，个体生活水平自我评估的参照对象不同，比如，69岁老人的自我评估的生活水平的参照对象不是村里的所有人，而是与村里同年龄段的老年人进行比较，家庭人均纯收入与自我评估结果出现背离的现象能得到合理的解释。

表3-10　　生活自我评估与实际2011年家庭人均纯收入（元）

生活自我评估	与城市比	与同村比	与亲朋比
好得多	—	10740.5	1960.0

续表

生活自我评估	与城市比	与同村比	与亲朋比
好一些	4092.8	5696.7	6313.9
差不多	8162.5	7564.9	6541.8
差一些	6121.8	6884.7	9046.8
差很多	7520.5	4957.5	7052.5

（三） 生活满意度与幸福感的关系

正如第二章中的分析谈到，理论上看，生活满意度与幸福感的分值可能存在很大差异性。对生活满意度高的，幸福感值有可能不高，但根据廖永松（2014）对全国其他地区农民生活满意度和幸福感的研究，两者存在较显著的正相关关系。利用样本个体数据，看看生活满意度与幸福感之间存在什么样的关系。

通过对生活满意度和幸福感均值及标准差检验，两变量的分布形态具有很大的相似性，均值和方差在统计上不存在显著差异。在Stata 中，用 ttest 和 sdtest 两类命令来检验来自两样本单变量的均值和方差是否存在显著差异性。检验结果如表 3 - 11 所示，两者的均值和标准差不存在显著性差异。

表 3 - 11　　　　生活满意度与幸福感差异性检验

变量	观测值	均值	标准差
生活满意度	42	7.0238	1.74591
幸福感	42	7.33333	1.76230
联合	84	7.17857	1.75046
Ttest（t = -0.8086）	Ha: diff < 0 $\quad$ Pr（T < t） $\quad$ = 0.2105	Ha: diff ≠ 0 $\quad$ Pr（|T| > |t|） $\quad$ = 0.4211	Ha: diff > 0 $\quad$ Pr（T > t） $\quad$ = 0.7895
Sdtest（f = 0.9815）	Ha: ratio < 1 $\quad$ Pr（F < f） $\quad$ = 0.4763	Ha: ratio ≠ 1 $\quad$ 2 * Pr（F < f） $\quad$ = 0.9526	Ha: ratio > 1 $\quad$ Pr（F > f） $\quad$ = 0.5237

分析样本生活满意度和幸福感值的分布情况，可从两个方面进

一步观察。一是生活非常满意的人的幸福感值，或幸福感值非常高的人的生活满意度；二是生活不满意的人的幸福感值或是不幸的人的生活满意度情况，对于两者关系是否存在较大的背离就会有更深的理解和认识。对两变量进行线性回归，存在显著的正相关关系。

表 3 – 12　生活非常满意的人的幸福感值和幸福感值非常高的
人的生活满意度比较

生活非常满意的人的幸福感值				幸福感值非常高的人的生活满意度			
编号	姓名	生活满意度	幸福度	编号	姓名	幸福度	生活满意度
04	杨梅林	9	10	01	殷广勇	10	7
18	李仲文	10	8	04	杨梅林	10	9
20	姜在平	10	9	08	张中学	10	8
21	张学运	9	9	26	罗乾会	10	8
40	黄祖明	10	8	36	曾兴忠	10	9

在让样本个体说明他们为什么对生活非常满意或是感觉非常幸福时，样本个体表示家庭和睦，国家政策好，种粮有补贴，老了还有养老金，特别是，村民都表示现在有饭吃，有衣穿，有房住，生活就很好了。对于农民来说，妥善解决他们的吃、穿、住等基本生活问题，是他们生活满意、幸福感高的基础。回答幸福感低于 5 分也就是表示不幸福的两位都是女性，她们表示主要是结婚时家里太穷，现在的住房没修好，儿子挣钱少，收入低。代号为 2、17 和 31 的三人，他们表示对生活不满意，但幸福感达到了 9 或 10 分。样本个体对生活满意度的理解更多地表现在现有的物质生活水平，包括收入、住房等方面，而除了物质方面的因素，正如理论分析所指出的一样，幸福感的影响因素可能会受家庭是否和谐、价值观念特别是信仰方面因素的影响。

三　生活其他方面的自我评估

除工作和婚姻两项自我评估的有效样本为 40 外，其他各项的自我评估的有效样本为 42。生活总体评估均值为 7.0 分，表示生活比较满意。从反映生活质量其他维度的自我评估值看，村民对婚姻、家庭的满意度最高。对婚姻的满意程度达到了 9.0 分，对家庭的满意程度达到了 8.6 分。村民对他们自己的文化程度最不满意，平均只有 4.5 分，除此外，自我评估满意度分值较低是工作和收入两项，大多数人选择了不满意或一般，平均分分别只有 4.9 分和 5.4 分。对工作的不满意，除了农业劳动强度大外，主要的原因还是劳动所得少，收入水平偏低。对于万年村来说，如何发展经济、增加农民收入、提高生活水平，还是影响农民生活是否满意、生活是否幸福最为重要的因素。此外，村民对村干部、村里生活环境、社会地位、身体健康等其他内容的自我评估，基本处于比较满意的状态。

表 3 - 13　　　　　　　　生活各维度的满意度　　　　　　　单位：分

满意度	有效样本	均值	方差	最小值	最大值
生活总体	42	7.0	1.7	4	10
教育	42	4.5	2.3	1	9
收入	42	5.4	2.3	1	10
工作	40	4.9	2.7	1	10
住房	42	7.4	1.8	4	10
家庭	42	8.6	1.5	5	10
婚姻	40	9.0	1.3	5	10
社会地位	42	7.5	2.0	1	10
身体状况	42	6.9	2.8	1	10
村环境	42	6.9	2.4	1	10
村干部	42	7.8	1.5	4	10

按 10 岁为一个年龄段划分，对教育满意度最高的是 50—60 岁年龄段的人，平均 5.8 分，年轻农民和年老农民对教育程度都极为不满意。他们知道文化水平低制约了他们工作、事业的发展。从收

入水平看，各年龄段对收入均不是很满意，自我评估为一般。对自己工作的自我评估值较高的是 40—50 岁年龄段的人，其他不管是年轻的还是年龄大的，对自己的工作都不满意。在过去 10 年的时间里，万年村村民普遍对住房进行了修建，基本是两层小楼，大家对住房比较满意，差别不大。有意思的是，与城市相比最大的差异在于，不管哪个年龄段的人，他们对自己的家庭和婚姻都比较满意或非常满意。在家务农的农民，他们婚姻满意程度高，确实值得我们深思。传统婚姻观念，在一些人看来，是保守的象征，但农民非常认可自己的小家庭。从社会地位的满意程度看，年轻人对社会的满意程度要显著地低于年龄大的农民。年轻人了解的社会信息要多于年龄大的人，对社会不公平有更多的切身感受。年龄大的农民，近年来国家给了少量的养老金，他们就对党和国家的政策非常满意了。40—50 岁年龄段的样本个体，对于村干部的满意程度更高。

表 3-14　　　　　不同年龄段对生活各维度的自我评估　　　　　单位：分

评估项	小于 40 岁	40—50 岁	50—60 岁	60 岁以上
教育	4.0	4.2	5.8	4.3
收入	5.0	5.9	5.5	5.3
就业	4.6	6.0	4.3	4.6
住房	7.5	7.1	7.5	7.4
家庭	9.4	8.5	8.6	8.4
婚姻	9.3	9.0	8.9	9.0
社会地位	6.1	7.8	7.1	8.3
身体状况	8.3	8.5	6.6	5.3
村环境	7.6	6.3	6.4	7.1
村干部	7.8	8.2	7.5	7.8

调查中，农民自称没有宗教信仰，那么他们生活的精神源泉来自哪里？是来自于马克思所说的"自我满足"的小农意识？是来自于他们犹如野草般的随风飘逸？或是他们只为活着而活着？也许，

活着，把自己的日子过得有滋有味、红红火火，就是他们人生最大的意义。存在，就是价值。笔者没有办法去调查万年村的父辈们在民国时期或是改革开放以前的生活满意度和幸福感，但历史的车轮，载着他们的子孙前行，至少，我们应让他们有权利、有自信、有能力、有空间去追寻生活存在的满意状态——也就是康德所定义的幸福。莫言在他的《丰乳肥臀》中所描绘的世界，是一代贫困农民，尤其是那些无端来尘世走一遭的农村妇女的渴望。对生活不满意的人，认为他们读书少，没地位，工作不易找。在对生活满意的人中，有 8 位说现在国家政策好，对农民不收税，还要给种粮补贴，特别是 60 岁以上的农村老人，每月还要给 80 元钱，好多老人说不可能有比这更好的政府了。农民从心底里感谢国家给他们的好政策。

第二节　幸福感的影响因素

前面一节描述了样本个体生活满意度和幸福感的调查结果，这一节分析影响幸福感的因素。由于生活满意度与幸福感高度线性相关，为节约篇幅，后面以幸福感为主要分析对象。幸福感的分析有两种路径，一是马克思经典理论从整体上对农民幸福观和影响因素的分析；一是现代幸福经济学、心理学上的分析框架。

一　理论框架

生活满意度或幸福感是一种主观的心理感觉，其影响因素的研究有个体心理以及社会心理两个层面。马克思经典理论根据阶级分析方法提出了农民阶级所具有的共性意识形态和幸福观。马克思在《路易·波拿巴的雾月十八日》一文中全面分析了法国农民的阶级意识，认为居住分散的、小规模农业生产方式的农民阶级缺乏阶级统一性，一定要由别人来代表。恩格斯把这一发现上升到历史唯物主义观，认为生产方式与生产关系的矛盾是历史发展的根本动力，工人阶级领导的革命一定要战胜资产阶级，社会主义一定要取代资本主义。农民阶级的幸福观包含于小农意识形态中。普列汉诺夫说，"人的心理一部分是由经济直接决定的，一部分是由生长在经济上的全部政治制度决定的"。总之，经典的马克思理论认为农民的幸福观念根植于文化层次，是社会价值体系的重要范畴。农民文化心理具有继承性，与农业生产方式相呼应。小农意识是小农在以自然经济为基础、家族血缘为本位的环境中形成的并内化于小农头脑中的认知心理、价值观念、思维方式、宗教意识的总和（袁银传，2000）。他们批判"村社散发着指向终极真理的东方教的气息，是礼俗社会里美好道德、淳朴风气的载体"的民粹主义观点。农民阶级的幸福观决定于农民的生产方式，具有小富即安、对生活易满足的阶级特性。

心理学上的适应性之谜（Adaptation Puzzle）建构了农民幸福感影响因素的另一分析框架。Oswald 和 Powdthavee（2008）发现个体遭受轻度残疾的开始阶段幸福感下降，但是两年后又全部恢复到残疾以前的水平，这个过程称作适应性或习惯性过程。生活环境变化对幸福感暂时性效果称享乐踏车（Hedonic Treadmill），巨大的生活变化对幸福感的影响可能也是暂时性的。如 Easterlin（1995）发现在 1958—1987 年间日本平均幸福感没有增加，但国民收入增加了 5 倍。盖洛普（2007）的调查发现中国 1994—2005 年经济快速增长，但报告的幸福感没有增长，而对生活不满的人反而有所增加。用个体截面数据研究的结果发现收入与幸福感之间存在正相关性，但相关系数很小。Frey 和 Stutzer（2002）[①] 研究适应性削减

---

① Oswald, Andrew J. and Powdthavee, Nattavudh, 2008, Does happiness adapt: a longitudinal study of disability with implications for economists and judges, Journal of Public Economics, Vol. 92（No. 5/6）, pp. 1061—1077. Steptoe, Andrew, Jane Wardle, and Michael Marmot, Positive affect and health-related neuroendocrine, cardiovascular, and inflammatory processes, Proceedings of the national academy of sciences of USAsa, Vol. 102, No. 18.

2/3收入增长对幸福感的影响，发现渴望收入（Aspiration Income）随收入增长而增加，但渴望收入由当期收入水平决定。对适应性之迷的另外一种解释，作为福利情感和判断两个独立的因素，不是享乐踏车而是抱负踏车（Aspiration Treadmill）。如果人们调整他们的抱负到他原来经历的效用水平，生活环境的改善并不能提高人们报告的幸福感，与个人的生理和医疗特征也紧密相关。幸福感基线高的人更容易恢复健康。医学研究发现不幸福与幸福者之间皮质醇的差异达32%（Steptoe，Wardle and Marmot，2005）。

借鉴 Knight 等（2009）的农民幸福方程分析框架，影响农民幸福感的因素归纳为以下几个方面：（1）基本变量。基本变量包括年龄、性别、教育程度、婚姻、身体健康程度、精神状态等。（2）经济变量。包括收入或是收入的对数、家庭资产净值（住房、耐用消费品、家庭存款等）、工作时间。（3）参照变量。包括样本个体现在与过去生活的比较，对将来生活的预期，自己感觉到的与亲朋生活状态的比较，与村里的人、与村以外的城里人的生活状态比较。（4）社区变量。包括水、电、厕所、污染、交通以及是否参与村内公共事务等。（5）生活观变量。生活观变量有可能是由性格等其他没有观测到的变量决定的内生变量。

用函数形式来描述幸福感的影响因素为：

$$Happiness = f(x_1, x_2, x_3, x_4, x_5) + \varepsilon$$

其中：Happiness 表示幸福感，可为连续变量，也可为离散变量；x_1, x_2, x_3, x_4, x_5 分别代表基本变量、经济变量、参照变量、社区变量以及生活观变量；ε 是随机扰动项。

二　影响幸福感的单因素分析

幸福感与生活满意度是紧密相关的概念，在讨论影响幸福感的单因素时，将生活满意度与幸福感进行对比分析。

（一）性别与幸福感

一些研究发现，女性的生活满意度和幸福感要高于男性

（Knight et al.，2009）。但万年村的调查结果显示，女性生活满意度和幸福感的自我评估值比男性要低近1/4。在当前农村，女性在家庭中的经济地位低于男性，女性对生活满意度和幸福感的自我评估值低于男性与现实是吻合的。从生活其他维度的自我评估结果看，除了对身体健康、村干部和就业这三项的自我评估值女性高于男性外，其他的如教育、收入、住房、家庭、婚姻等几项，男性的自我评估值要高于女性。其中身体健康的自我评估值，女性显著高于男性。从平均寿命看，很多国家都表现出女性更高，不少研究从生理、心理、就业、生活习惯各方面分析了男女差别，万年村的调查结果也显示出女性的身体健康状况的自我评估值显著高于男性，与男女性别的平均寿命差异相吻合。

表3－15　　　　按性别分男女生活满意度、幸福感情况

评估项	平　均		最　低		最　高	
	女	男	女	男	女	男
生活满意度	6.31	7.46	4	4	10	10
幸福感	6.38	7.92	4	4	10	10
生活	6.31	7.46	4	4	10	10
教育	4.19	4.69	1	1	9	8
收入	5.00	5.69	1	1	7	10
就业	5.00	4.79	1	1	8	10
住房	6.31	8.00	4	5	8	10
家庭	8.06	9.00	6	5	10	10
婚姻	8.33	9.44	5	8	10	10
社会	7.25	7.69	5	1	10	10
身体状况	7.75	6.38	2	1	10	10
村环境	7.00	6.81	2	1	10	10
村干部	8.19	7.58	6	4	10	10

（二）年龄与幸福感

年龄与农民生活满意程度或幸福感之间存在紧密的关系，一些

文献认为年龄与生活满意度之间存在倒 U 型关系。最近 Frijters 和 Tony[1] 利用德国、英国和澳大利亚三国面板数据发现年龄与生活满意度之间呈现波动曲线特征，年龄在 20—60 岁之间呈现微弱的倒 U 型关系。将经济和社会变量考虑进去，中间年龄段的人生活满意度最低。如果考虑选择效应和固定效应，三国面板数据分析结果表明居民在 60—75 岁后，生活满意度开始下降，20—50 岁之间的人生活满意度变化不大。他们的研究认为中年人生活满意度最低的结论并不能得到验证。本质上看，年龄并不是影响一个人幸福感的直接原因。处于不同的年龄阶段的人，其身体健康、经济条件、生活观念、家庭关系是不同的。在年轻的时候，身体条件好，但可支配的经济资源有限，如果没有结婚，所承担的社会和家庭责任也小。这个年龄阶段的人，生活的变化还很大，对未来充满期待，幸福感会较高。随着进入成家立业的年龄段，家庭和社会责任迅速增强。在家庭方面，父母年龄变老，子女出生后，承上启下的生活压力骤然增长，幸福感开始波动下降到谷底。进入一定年龄段后，子女逐步成长，工作有一定成就，收入增加，有的人完成了赡养老人的义务，对人生又有了新的体验，身体还较为健康，这时，幸福感从谷底逐步反弹，又开始上升。进入到老年后，特别是高龄老人阶段，身体健康状况逐年下降，随之而来的是生活质量进入下降通道直到生命结束。年龄与生活之间的关系，正如孔子圣人说："吾十有五而志于学，三十而立，四十而不惑，五十而知天命，六十而耳顺，七十而从心所欲，不逾矩。"

表 3 - 16 提供了各年龄段样本个体的生活满意度和幸福感的均值、最小值和最大值。年龄在 60 岁以上的 16 人，生活满意度平均值 7.1 分，最低值 4 分，最高值 10 分。50—60 岁之间的 8 人，生

---

[1] Frijters, Paul & Beatton, Tony, 2012, "The mystery of the U-shaped relationship between happiness and age", Journal of Economic Behavior & Organization, Elsevier, Vol. 82 (2), pp. 525—542.

活满意度平均值 7.0 分，最低值 4 分，最高也是 10 分。40—50 岁的 10 人，生活满意度平均值 7.3 分，在各年龄组中最高。30—40 岁之间人群 8 人，生活满意度最低，均值 6.6 分，但最低值 6 分，最高值为 8 分，表现为一般和较满意的生活状态。

表 3-16　　不同年龄段的生活满意度和幸福感自我评估值　　单位：分

年龄段	生活满意度			幸福感		
	均值	最小值	最大值	均值	最小值	最大值
30—40 岁	6.6	6	8	8.0	4	8
40—50 岁	7.3	4	10	7.3	4	10
50—60 岁	7.0	4	10	7.3	5	9
60 岁以上	7.1	4	10	7.1	5	10

注：区间包含上限值，是上闭合区间。

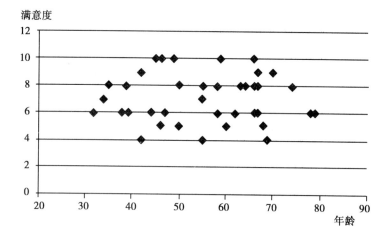

图 3-1　年龄与生活满意度散点图

将生活满意度与年龄进行回归，结果没有显示出线性或是倒 U 型特征。将生活满意度与年龄或是年龄的平方、年龄加上年龄的平方回归，方程系数在统计上不显著（见表 3-17）。因为调查的样本数量小，没有 30 岁以下的样本个体，在研究年龄与生活满意度的关系时，还需要更多样本点来支撑才能对两者之间的定量关系有一个科学的结论。

表 3 – 17　　　　　　　　　生活满意度与年龄回归结果

解释变量	模型（1）年龄	模型（2）年龄的平方	模型（3）年龄 + 年龄的平方
系数（t）	0.003（0.021）	0.0000（0.06）	0.181（0.92） −0.002（−0.90）
截距	6.837（1.20）*	6.987（10.34）*	2.260（0.43）
F（1，40）	0.003	0.000	0.420
Prob > F	0.7508	0.9533	0.558

注：模型 3 的 F 值为（1，39），括号内为 t 检验值，*为 1%下的显著水平。

各年龄段样本个体的幸福感值在 6.9 以上，各年龄段的幸福感评估值要高于生活满意度的评估值。最幸福的是 40—50 岁之间的样本个体，达到了 7.7 分。60 岁以上的人，幸福感也较高，达到了 7.5 分，幸福感值最低的是 40 岁以下的年轻人，均值为 6.9 分。将幸福感与年龄、年龄的平方、年龄加上年龄的平方进行回归，回归结果列在表 3 – 18 中，与生活满意度和年龄之间的回归结果相似，回归结果证明不了幸福感与年龄之间存在明显的数量关系。

表 3 – 18　　　　　　　　　幸福感与年龄关系回归结果

解释变量	年龄	年龄的平方	年龄 + 年龄的平方
系数（t）	−0.013（0.61）	−0.0009（−0.47）	−0.257（−1.31）+ 0.002（1.26）
截距	8.05（6.64）*	7.62（11.21）*	14.37（5.12）
F（1，40）	0.37	0.2	0.98
Prob > F	0.5469	0.6429	0.386

注：模型 3 的 F 值为（1，39），括号内为 t 检验值，*为 1%下的显著水平。

（三）教育程度与幸福感

已有的一些研究认为幸福感与教育程度之间没有明确的数量关系。教育程度高，更多地影响到样本个体的收入、工作方式、价值观等方面。表 3 – 19 将教育程度分成不识字、小学文化程度、初中文化程度、高中文化程度、中专及以上文化程度五类。从生活满意度看，均值最高的是初中文化程度的 9 人，自我评估值 7.4 分，最低的是具有高中文化程度和中专及以上的两人，生活满意度均值只有 5.5 分。从幸福感看，样本个体表现为文化程度与幸福感呈正相关性，文化程度高于小学文化程度的，幸福感要强于小学及不识字的样本个体。从 2011 年家庭人均纯收入看，除了两名中专以上文化程度的样本个体由于家庭人口多，家庭人均纯收入与其教育程度相关性不强外，其他的表现为教育程度与家庭人均纯收入呈正相关性。将幸福感与教育程度进行回归，方程系数为正，但在统计上不显著，主要因为影响收入水平的不只有教育程度这一个因素。

表 3 – 19　　　　　　　　　　教育程度与幸福感

样本数	教育程度	生活满意度（分）	幸福感（分）	2011 年家庭人均纯收入（元）
5	不识字	6.4	6.6	2302.8
24	小学	7.0	7.1	7200.9
9	初中	7.4	8.1	8223.7
2	高中	5.5	8.0	15080.8
2	中专及以上	8.0	8.0	6106.5

（四）收入（财富）与幸福感

收入与幸福感的关系是一个永恒的话题。人们收入的高低和相对大小会影响到他们的幸福感和生活满意度。表 3 – 20 提供了样本个体家庭人均纯收入与幸福感和生活满意度的单因素回归结果。从幸福感与收入单因素线性回归（模型 1）的结果看，收入与幸福感之间没有统计意义上的相关性，生活满意度与家庭人均纯收入显著相关，但家庭人均纯收入与幸福感和生活满意度的相关系数都很小。

表 3 – 20　　　　　　　幸福感与家庭人均纯收入的关系

解释变量	幸福感（1）	生活满意度（2）
家庭人均纯收入（元）	− 0.000（− 0.62）	0.000 * （2.15）
截距	7.56（16.76）	6.30 *** （14.82）
$F_{(1, 40)}$	0.39	4.62
Prob > F =	0.5363	0.0378

注：括号内为 t 检验值，* $p < .05$；*** $p < .001$。

幸福感与人们在其心中存在的参照变量存在着紧密关系。表3-21列出与各参照变量的单因素回归结果。虽然受样本数量的影响，结果的有效性需要更多数据来支撑，但模型估计结果与理论假设一致。以样本个体感觉生活好得多为参照，那些生活自我感受比过去或别人差的人，幸福感随之下降。特别是与过去的生活情况相比较，回答生活变得好得多的人，幸福感显著高于那些感觉生活变得好一些、差不多、差一些的人。在与亲朋好友比较、与同村村民比较或与城镇居民比较时，在统计上不显著，但符号上与理论假设一致。那些在参照群体中感觉生活不如别人的人，幸福感最低。因此，提高农民幸福感的核心因素在于：（1）不断改善他们的生活条件；（2）收入分配差别不能太大，要走共同富裕的道路。

表3-21　　　　　　　　　幸福感与相对收入的关系

解释变量	(1) 与过去生活比	(2) 与亲朋好友比	(3) 与同村村民比	(4) 与城镇居民比①
好一些	-1.67**	-1.75	-1.33	—
差不多	-2.54***	-2.52	-1.83	-0.50
差一些	-1.17	-3.33	-3.89*	-1.00
差很多	—	-3.5	-2.5	-2.03*
_ cons	8.67***	10***	10***	9***
Prob > F	0.0059	0.2247	0.0005	0.0886
R - squared	0.2772	0.1388	0.4075	0.1560

注：以好得多为参照变量，* $p < .05$；** $p < .01$；*** $p < .001$。

（五）性格与幸福感

幸福感受个体的性格差异影响较大，正如亚里士多德所说，幸福的生活就是合德性的生活，具有良好的性格优势是幸福生活的重要条件。性格优势通过激发和强化个体各种现实能力和潜力，使某

---

① 2012年我们对山东、陕西和河南的三省开展过类似调查。调查结果显示大多数农民认为自己与城里人生活有差别，但差别并没有如重庆市万年村的样本个体回答的差别那么大，这里可能的原因是：（1）梁平县或重庆市的城乡收入差要大于其他地方；（2）万年村作为重庆市郊县的一个村庄，村民离大城市距离近，对城乡差别有更深的体会。

种现实能力或潜在能力变成一种习惯性的工作方式。Peterson 等提出的积极行为分类评价（The Values in Action Classification of Strengths）系统，将 24 种性格优势分为 6 项核心美德，并且培养出的 24 种性格优势就是获得核心美德的途径。Seligman（1997）等认为，每个个体如果能在每天的生活中运用与生俱来的一系列优势，将会最大限度地促进个体的参与感与意义感。

美德之一，智慧与知识，就是在知识获取和运用上的认知优势，体现在创造力、好奇心、开放性思维、好学和洞察力五个方面。具体说来，在创造力方面运用新颖、富有成效的方式使思维更加概念化。好奇心是基于自己的兴趣爱好所进行的活动，确定明确目标，并着手探索。开放性思维表明从各个维度进行思考而不过早下结论，公正地权衡各种证据和迹象。好学表现为主动掌握新的技能，确定新的目标和获取知识。洞察力是为他人提供明智的建议，拥有对自己和他人都有意义的世界观。

美德之二，勇气，当内外意见不一致时，依然能够顺利完成任务的一种情感优势，包括勇敢、毅力、正直、热情等方面。勇敢指在威胁、挑战、困难或痛苦面前不畏缩，在有反对意见时依然能够为正义、真理辩护，即使不受欢迎依然能够坚持自己的信念。毅力表示做事有始有终，面对困难时坚持不懈，并以乐观积极的心态完成任务。正直为以非常诚恳的方式，更加全面地看待事情的本质，从不吹嘘和炫耀，能够对自己的情感和行为负责。热情是以一种充满活力、激情四射的心态感悟生活，不会半途而废，对生活具有一定的冒险精神并且积极地感受生活。

美德之三，仁慈，是一种能够非常友好的与人交往的优势，包括爱与被爱的能力，善良和社交能力。爱与被爱的能力，表现为和他人保持亲密友好的关系，特别是那些乐于分享并具有同情心的人。善良也就是乐于帮助他人，关怀他人。社交能力指有效地意识到他人的动机和情感，明白在不同的社交场合如何行事。

美德之四，公正，即健全的社区生活的基础，包括合作、公平、领导力。合作，作为一名团队成员能够很好地与大家协作，对团队忠实，乐于分担。公平，对所有人能够做到一视同仁，不因个人情感而有所偏倚，给每个人公平的机会。领导力，合理安排团队活动，与团队成员关系良好，组织团队活动并能使每个人都感到快乐。

美德之五，节制，指反对过度的一种有效力量，包括宽恕、谦逊、谨慎、自我调节等。宽恕就是原谅他人的错误，接受他人的不足并给予第二次机会。谦逊是保持谦虚的态度，不认为自己高人一等。谨慎指对自己的决定谨慎小心，不做过度的冒险行为，不说或不做以后很可能会后悔的事情。自我调节表示所作所为能够遵守规定和纪律，能够控制自己的情绪和行为。

美德之六，自我超越，即个体与他人、自然、世界建立有意义的联系的能力，包括对美、卓越的欣赏、感激、希望、幽默和信仰。对美和卓越的欣赏是从自然到艺术、科学，对生活中不同领域的美丽、卓越和才华欣赏。感激，表示对他人的帮助予以感激，并时常表达出这种谢意。希望指对未来充满期待并努力去实现它，相信自己的未来是可以靠自己创造的。幽默指时常带给他人欢乐，能够看到事物积极的一面。信仰定义为对生活的意义，对更高的目标拥有坚定一致的信念，并能将这种信仰付诸实践。

项目调查设计了相对简单的一种方式来观察一个人内在的性格与幸福感的关系。设计的问题为，"如果有人莫名其妙地责怪你，你会：（1）不理他，干自己的事；（2）心情不快但不表现出来；（3）立即表现出不快；（4）责备对方；（5）与对方解释沟通。有效样本的42人中，选择（1）的有21位，选择（3）和（4）的各有2位，选择（5）的有21位。实际调查结果显示用这5个选择项来表征样本个体性格差异存在较大的缺陷，需要用更科学的问题来表征性格差异。回答者在面对这个问题时，常会说，这要看在什么情况下或是什么样的人或是什么样的事，这是他们选择答案的重要标准。但因问卷设计的调查内容较多，如将内容进一步细分，就会面临对一个样本点调查时间过长的难题。作为尝试，将结果初步整理在这里，供其他研究参考"。①

当有人莫名其妙地责备你时，如果以（1）不理他干自己的事为参考。如果是选择这个选项，就认为回答者在性格上有较强的自主性和包容性。结果显示，那些在受别人指责后，也开始指责对方的人的幸福感更低。而那些选择与对方交流沟通的人，幸福感最高。善于与别人交流的人，其性格优势明显，幸福感要高于不善于与别人交流沟通的人。

表 3 - 22　　　　　　　　　性格与幸福感的关系

解释变量	幸福感	生活满意度
以（1）为参照	—	—
（3）立即表现出不快	0.17（0.13）	− 0.95（− 0.75）
（4）责备对方	− 2.3（− 1.81）	− 1.95（− 1.54）
（5）与对方解释沟通	0.25（0.45）	0.52（0.36）
_ cons	7.33 *** （19.29）	6.95 *** （18.63）
Prob > F	0.2809	0.2113
R-squared	0.0946	0.1103

注：*** $p < .001$；括号内为 t 统计量值。

（六）健康状况与幸福感

样本个体身体健康状况分为身体健康、患病有劳动能力和患病

① 自亚当·斯密开始的现代经济学，将经济世界中的人抽象为理性人，除了那只"看不见的手"在指挥着人的经济行为，似乎人的其他性格或美德与经济行为无关。现实经济生活中，不同性格的人，不仅价值观不同，性格优势不同，这会直接影响到个体的经济行为。斯密的好友英国哲学家休谟在谈到道德起源时，认为道德来自于理性和情感的共同作用。重新思考理性人假定、效用与幸福感之间的关系，将经济学中的理性人假定、有限理性人理论、不完全契约理论统一在德性人假定之下，可能会是经济学发展的一个方向。限于本书的内容，这里不展开讨论，供以德性人假定为基础的新经济学研究范式抛砖引玉。

无劳动能力三类。样本个体中，回答身体健康的有 30 位，患病有劳动能力的 6 位，患病无劳动能力的有 6 位，分别占样本个体的 71.4%、14.3% 和 14.3%。身体健康包括肉体和精神两个方面。应该说，一个行动方便，有劳动能力的人，幸福感更强，但也有研究发现，由于人存在很强的适应性，对于很多患病不能劳动的人来说，在患病初期，他们幸福感下降，但经过一段时间的适应后，这些人的幸福感值又会恢复到原来的基线值。而精神方面的健康状况，更多地与个体内在的性格因素关联，遗传基因是决定性因素。

表 3-23   **身体健康与生活满意度、幸福感、年龄和 2011 年家庭人均纯收入的关系**

身体状况	人数（人）	生活满意度（分）	幸福感（分）	年龄（岁）	家庭人均纯收入（元）
身体健康	30	7.2	7.6	51.0	7983.4
患病有劳动能力	6	6.7	5.8	61.5	3325.0
患病无劳动能力	6	6.3	7.5	67.7	6397.5
平均	—	7.0	7.3	54.9	7091.4

表 3-23 提供了样本个体三类身体健康状况下的生活满意度、幸福感、年龄和 2011 年家庭人均纯收入的类差别。可以看出，患病的两组样本个体，生活满意度、幸福感和家庭人均纯收入都要低于身体健康组的样本个体。患病有劳动能力组与患病无劳动能力组的差别，主要是由于年龄原因造成的。患病有劳动能力组幸福感低于其他两个组，除了身体原因，另一重要原因是家庭人均纯收入水平较低。

（七）农业劳动与幸福感

样本个体从事农业劳动时间的影响因素主要是人均经营耕地面积以及他们的年龄，由于在同村内的种植结构基本相似，工作的技术手段也基本相同，用这两个因数对农业劳动时间回归结果如下：农业劳动时间 = 9.141 + 0.769 × perarable − 0.103age。

表 3 - 24　　　　农业劳动时间与人均耕地面积和年龄回归结果

解释变量	Perarable	Age	_ cons	Prob > F = 0.0100
系数	0.769 *	- 0.103 **	9.141 ***	R - squared = 0.2153
T 值	1.73	- 2.80	4.50	

注: * p < .05; ** p < .01; *** p < .001。

关于工作和休闲的研究常发现人类喜欢休闲，但也发现，人们在工作中的福乐体验比在休闲活动时更多。福乐，就是个体完全地沉浸于体验本身，而体验本身就是最好的奖赏和动机。在福乐状态下，人们的感觉和体验合二为一，行为和觉察融为一体。工作场所应该是一个可以体验到正面情绪的地方，把工作当作一项权利而不是责任，不但会学到很多东西，也可以感到幸福，并且工作表现更好。人们常在感兴趣和有意义的工作中找到幸福。经常观察到，农村中一些老人，如果身体健康，能够参加劳动，他们就愿意选择在农村生活，不愿意到城镇里去。不能适应环境是一个很大的原因，另外就是劳动本身能够给他们带来很强的幸福感。只要参加劳动不是强迫性的，他们就能得到福乐体验。从劳动与幸福感的关系看，理论上，劳动过度与不劳动都不会增加幸福感。不管用幸福感值还是生活满意度对农业劳动时间进行回归，方程在统计上不显著，但系数符号显示，农业劳动时间与生活满意度呈正相关性，而与幸福感呈负相关性。用家庭人均纯收入与农业劳动时间进行单因素回归，农业劳动时间多的家庭，家庭人均纯收入更高。增加农业劳动时间会增加样本个体的收入，但劳动强度也会有更大程度的增加，所以表现出农业劳动时间多的，幸福感略有下降。

三　影响幸福感的多元回归分析

正如前面的理论分析，经济学领域已有大量研究关注幸福感的形成机理和影响因素，这是因为现代经济社会发展后，人们的幸福感并没有随着科技进步、产品丰富而增加，特别是在欧美发达国家，相关研究表明他们的幸福感与发展中的中国特别是中国农民的幸福感值并无多大差别。塞里格曼提供了一项关于比较富有和比较贫穷国家人民的幸福感的调查结果，发现购买力强的国家，人民幸福感高，一旦人均国民收入超过 8000 美元后，这个相关关系开始消失，财富的增加并不能继续增加居民的幸福感。发达国家瑞士居民报告的幸福感只有 8.36 分，德国 7.22 分，美国 7.73 分，发展中国家的中国 7.29 分，印度 6.7 分，而俄罗斯只有 5.37 分。[①] 万年村样本个体回答的幸福感或是生活满意度与中国的平均数相近。万年村村民具有经典马克思理论中所说的"小富即安"的心理意识。

受样本总数限制，利用 42 个有效样本估计幸福感的影响因素在统计上会面临较大的挑战，方程系数的稳定性以及方程的有效性都需要更多的样本数据来支撑，这里将普通最小二乘法回归得到的幸福感较为稳定的方程列出，供进一步研究参考。

在理论分析中定义了幸福感方程，利用逐步回归的分析方法，得到 OLS 回归结果如表 3-25 所示。

表 3-25　　　　　　幸福方程影响因素的多元回归结果

解释变量	幸福感（OLS 估计）
年龄	0.0038
性别（女性 = 0，男性 = 1）	1.2628 **
教育程度	0.1571
身体状况（以健康为参照，健康 = 0，否则 = 1）	
患病有劳动能力	-0.9364
患病无劳动能力	0.0773
家庭人均纯收入的对数（元）	-0.1082
与过去生活比较（以好得多为参照，好得多 = 0，否则 = 1）	
好一些	-1.6156 **
差不多	-1.9061 **

---

① 马丁·塞里格曼：《真实的幸福》，洪兰译，万卷出版公司 2010 年版，第 59 页。

续表

解释变量	幸福感（OLS 估计）
差一些	−0.9480
截距	8.0736 *
Prob > F	0.0106
Adj R-squared	0.3038

注：* p<.1；** p<.05。

影响村民幸福感在统计上显著的因素有性别和生活变化程度。年龄、教育程度、身体状况等个人特征变量对样本个体幸福感的影响在方向上以理论假定一致，但在统计上不显著。家庭人均纯收入正向影响幸福感，统计上不显著。除了变量之间的交互作用，一个可能的原因是样本点偏小，统计量的分布不能保证假设检验的有效性。值得关注的是，那些回答生活比过去5年好得多的样本个体，幸福感显著地高于其他生活变化程度的样本个体。可见，保障农民生活水平的不断提高，是保证农民幸福生活最为核心的要素。

第三节　幸福观调查

幸福是什么？不同生活环境、地位的人因其欲望的不同会有不同的回答，对于万年村62岁的唐大娘来说，幸福生活最重要的三个方面是：（1）有饭吃，不时还能吃上肉，改善生活；（2）政策好，国家不收税，每月还能给80元的养老金；（3）身体健康，生活能够自理。国家每月给农民几十元养老金，老人是从心底里感谢国家，用她的话说："国家比儿子还好。种粮有补贴，老了还给钱！"农民——也许天下所有的老百姓都是如此——是具有"容易接受统治阶级小恩小惠"的阶级特性，还是他们天然地具有感恩的美好心灵？福、寿、禄、富、喜是传统中国农民的生活价值观，至今还是农民生活得幸福与否的根本。一个"福"字，就是一口田，一件衣。对于中国社会底层的农民来说，有了田，就可以种上粮，就有了饭吃；有了衣穿，就可以保暖御寒。看看"逼"字，就是把人们最为基本的一口田，一件衣拿走了，这时他们唯一的选择就是逼上梁山，揭竿而起。正如经典马克思理论所描述的，农民的幸福观，与他们的生产生活方式紧密地联系在一起。这一节，主要了解农民对幸福生活的一些主观性看法，以及通过对他们感到人生最自豪、最遗憾的事进行的访谈，以了解农民人生中"重大愿望实现程度"的自我评估，并调查当下农民生活中最烦心的进而直接影响到他们生活满意度和幸福感的自我陈述。

一 幸福观

（一）幸福生活最重要的因素

为了理解万年村村民的幸福观，在一个开放性的问题中，让村民按重要性排序回答："你认为幸福生活最为重要的三项因素是什么？"将村民回答的结果归纳整理后列到表 3 - 26 中。在 42 位样本个体中，有 19 位认为幸福生活第一重要的因素是夫妻恩爱、家庭和谐，占了样本个体的 45.3%。中国社会在历史的发展过程中，形成了以家为本的文化观念，这在乡村的熟人社会中表现得更为明显。在人口学、社会学上有大量关于家庭起源、结构和功能的研究，《辞海》上家庭的定义是以婚姻和血缘关系为基础的一种社会生活组织形式；《人口学词典》对家庭的定义是以婚姻关系、血缘关系和收养关系而形成的社会生活共同体。关于家庭的起源，恩格斯在《家庭、私有制和国家的起源》一书中有经典论述，虽然 100 年间也饱受争议。家庭和谐的基础是和谐的婚姻关系。在中国，古文献上多将婚姻二字写为"昏因"或"昏姻"，其含义是：（1）嫁娶之礼；（2）夫妻称谓；（3）姻亲关系。在人类社会学中，婚姻被视作家庭组织的前提，与人类的一种严格的社会制度与社会规范相一致。本质上讲，婚姻是男女之间在特定条件下的社会结合，是道德伦理、习俗和法律所规定的产物，与特定的社会结构相联系，具有很强的社会性。婚姻的法学概念涵盖以下三层含义：以男女两性结合为基础；以共同生活为目的；具有夫妻身份的公示性，指男女双方依照法律或社会规定的条件和程序，结为夫妻的行为。中国儒家思想占据主导地位，自上而下地深入到乡村，农民以家为本的幸福观念，奠定了中国文化的根本。由于家庭关系中包含了夫妻、父母、子女及其他共居、共财和共食的家庭成员，他们朝夕相处，只有家庭和谐了，他们的生活质量才能提高，幸福感才会增加，农民将家庭放在幸福生活的第一位，是符合现实的。

表 3－26　　　　　　　　　　幸福生活最重要的因素

幸福观	第一位		第二位		第三位	
	人数（人）	比例（％）	人数（人）	比例（％）	人数（人）	比例（％）
家庭和谐	19	45.3	15	36.6	0	0.0
收入高	9	21.4	9	22.0	5	13.5
身体好	5	11.9	2	4.9	6	16.2
国家、社会好	5	11.9	7	17.1	6	16.2
晚年过得好	2	4.8	1	2.4	7	18.9
文化程度高	1	2.4	1	2.4	1	2.7
长寿	1	2.4	0	0.0	1	2.7
朋友多	0	0.0	1	2.4	0	0.0
品格优良	0	0.0	3	7.3	0	0.0
平平安安	0	0.0	2	4.9	5	13.5
城里工作	0	0.0	0	0.0	2	5.4
有儿子	0	0.0	0	0.0	2	5.4
运气佳	0	0.0	0	0.0	1	2.7
邻居和睦相处	0	0.0	0	0.0	1	2.7
合计	42	100	41	100	37	100

样本个体中，认为收入高是幸福生活第一重要因素的有 9 位，占了 21.4%。收入，更为宽泛的概念是财富。财富与幸福的关系是

一个非常复杂的问题，正如理论部分谈到的，有人以清贫为乐，有人以追求权、钱为人生之目的。有些富人希望拿钱买快乐，但是仍很难感受到幸福；有些穷人尽管生活不富裕，但始终对生活充满热情，感到快乐和幸福。中国传统的儒家哲学以修身齐家治国平天下为人生最高目的，讲仁义道德而淡泊名利。孔子在谈到颜回时，曰："一箪食，一瓢饮，在陋巷，人不堪其忧，回也不改其乐。贤哉回也！"唐代诗人刘禹锡的"斯是陋室，惟吾德馨"描述了乐道安贫的精神。据说清乾隆年间有秀才编了一首嘲讽人贪得无厌的诗，名为《解人颐》：

> 终日奔波只为饥，方才一饱便思衣。
> 衣食两般皆具足，又想娇容美貌妻。
> 娶得美妻生下子，恨无田地少根基。
> 买到田园多广阔，出入无船少马骑。
> 槽头扣了骡和马，叹无官职被人欺。
> 县丞主簿还嫌小，又要朝中挂紫衣。
> 作了皇帝求仙术，更想登天跨鹤飞。
> 若要世人心里足，除是南柯一梦西。

虽是如此，中国儒家传统中，还是以追求功名利禄为主导思想。正如马克思所说，经济基础决定上层建筑，生产力决定生产关系。农民身处社会的底层，在基本的生活需求都没有完全得到满足时，奢谈乐道，从现实生活中超越到彼岸世界的幸福，在某种意义上是一种自我欺骗。有钱不是万能，但没钱却万万不能。随着中国国门打开，计划经济体制解体，市场经济的发展，人们对物质生活的追求越来越高。幸福，与收入、财富之间似乎建立了一种一一对应的关系。亚当·斯密将经济世界中的人完全抽象为一种追求货币财富的理性人，完全将人的其他品质和个人特性剥离出去，市场和社会的运行通过那只"看不见的手"自发地调节。近代以来，在理性人假定基础上，将货币化的效用表征人们的福利水平，商品拜物教在一定程度上存在着。显然，财富与幸福之间不是简单的线性关系。财富，特别是在人们的基本物质需求没有得到满足之前，对人们生活质量的保障，幸福感的提升，发挥着重要作用。对于中国社会底层的农民来说，吃得饱，穿得暖，还是大多数人正在努力追求的生活状态。在追求小康生活水平的万年村，如何增加收入，满足日益增长的消费需求，还是最为紧要的任务。调查时村民谈到，随着农村经济发展，村民生活的改善，农民家庭矛盾也减少了，婆媳之间吵架的事基本没有了。

回答幸福生活第一重要的因素是身体健康的有 5 位，占样本个体的 11.9%。此外，有同等比例的人认为国家和社会好是人们幸福生活的第一要素。身体健康是一切的基础。人们常说，如果生活的其他项为 0 的话，不管你获得再多，你的生活也是 0，而只有健康，才是生活的 1，健康是其他一切的基础。前面的单因素分析表明，身体健康、家庭和谐、收入高之间是相互影响和相互递归的关系。家庭不和谐，收入很低，天天为吃穿发愁，身体健康就很难得到保证。没有一定的收入保证，生病了没钱治疗，健康需求的市场价格就会下降。所以，农民的幸福观，既是理想的，更是现实的。让人感到欣慰的是，农民并不再是完全生活在封闭、落后和狭小的村域范围内。随着现代科技发展，交通环境的变化，村民与外部世界的物流和信息流在大幅度增加，城乡矛盾和冲突在降低，农民也在密切地关注国家和社会大事，农民不再是经典马克思理论讲的"如马铃薯一般散落于各地"的封建小农。正如调查显示，很多农民如社会主义中国的其他公民一样，将国家和社会发展好作为人生幸福最为重要的影响因素。几位接受调查的农民说，没有国，哪来家？没有国家好的政策，我们农民如何能发家致富？

（二）对生活其他维度重要性的评价

按照中国传统价值观念福、寿、禄、富、喜这几个方面作为参照，选择农民生活中各方面的重要程度让他们进行主观评估。在所有的价值观念中，不管什么年龄段的人，最看重的是家庭、婚姻、健康、长寿及晚年是否过得幸福。金钱、教育、工作对幸福生活也是非常重要的，但都排在家庭之后。对品格、朋友（社会关系），他们认为对人生非常重要。但农民认为当干部、空闲多、有运气，这些内容对于幸福生活只具有一般性价值，不是非常重要。有意思的是，不管什么年龄段的人，都认为宗教信仰不重要。

表 3－27　　　　　不同年龄段村民幸福和价值观念调查　　　　单位：分

内容	重要性自我评估	小于 40 岁	40— 50 岁	50— 60 岁	60 岁以上
金钱	7.9	10	7.4	7.9	7.3
教育	8.3	8.1	9.1	8.9	7.6
工作	7.3	7.8	7.8	7.6	6.6
婚姻	9.2	9.3	8.9	9.1	9.4
家庭	9.6	9.6	9.2	9.9	9.6
有儿子	6.6	7.6	7.0	6.9	5.6
长寿	8.6	7.8	9.6	8.4	8.5
健康	9.5	9.5	9.6	9.4	9.4
空闲	5.5	5.9	6.9	5.3	4.5
当干部	5.3	5.0	6.9	6.4	3.8
宗教	1.7	1.9	1.8	1.3	1.9
运气	6.4	7.1	7.3	7.1	5.0
品格	8.5	7.2	8.9	9.3	8.4
朋友	8.8	7.7	9.0	9.3	8.8
晚年生活	9.5	9.6	9.8	9.8	9.0

至少，从调查到的几十位村民看，万年村女性和男性的生活价值观没有根本性不同。但是，似乎农村妇女对金钱在幸福生活中的重要性没有男性看得重。也许，农村妇女的幸福没有男性那样更依赖物质；也许，就一个农村家庭而言，男人，更是家庭最为主要的经济来源。女怕嫁错郎，男怕入错行，男人承担了更多增加家庭收

入的责任。从性别上看，个体的价值观念差别不是很大。男性对婚姻、家庭的重视程度比女性还要高，这是一个很值得注意的现象。女性总体教育程度比男性低，所以她们更加重视教育。男性比女性认为金钱更重要，也许是男性需要更多的收入来养家糊口。对当干部、空闲和是否有宗教信仰，他们都不太看重。

表3-28 　　　　　　　幸福观的性别差异 　　　　单位：分

内容	女性	男性
金钱	7.50	8.19
教育	8.75	8.04
工作	7.63	7.12
婚姻	8.73	9.46
家庭	9.19	9.81
有儿子	6.94	6.35
长寿	8.50	8.69
健康	9.63	9.38
空闲	6.19	5.04
当干部	5.63	5.04
宗教	1.69	1.73
运气	6.69	6.15
品格	8.63	8.35
朋友	8.88	8.69
晚年生活	9.81	9.23

二　村民的自豪感

（一）自豪情感的产生

随着心理学对情绪研究的不断深入，自我意识情绪备受关注。自豪感是自我意识情绪的一种，是在自我评价基础上产生的高级人类情绪，能够对当前个体所处的社会地位和团体的自我接受程度提供重要信息，帮助个体获得积极的自我概念，提高他们的自尊心，还能增强个体的亲社会行为。处于社会不同环境下的个体对自我有不同的评价方式，体验到的自豪感也会有所差异。比如经济条件好的城镇家庭能为子女提供较为优越的生活、学习条件，更为关注孩子的全面发展，而经济条件较差的农村家庭则很难为子女提供良好的生活条件，常使农村孩子产生自卑心理，自我评价值较低，而较低的自我评价又会影响到他们自豪感的体验程度。

人在进行自我评价时，首先会选定一个参照物，通常选定某个最亲近、最现实、具有最大利益相关性的他人或社会平均水平作为参照物，即把自身的中值价值率与他人（或社会一般人）的中值价值率进行比较，从而产生自我情感。两者的差值越大，自我情感的强度就越高，因此一个人的自我情感的强度在根本上取决于自我价值的强度。自我价值强度的高低又取决于一个人的自信成分。自我情感分为自卑感和自豪感两种：当自己的中值价值率小于社会的中值价值率（或比较对象的中值价值率）时，人就会产生自卑感；当自己的中值价值率大于社会的中值价值率（或比较对象的中值价值率）时，人就会产生自豪感。

自卑感的极端形式就是自暴自弃，自豪感的极端形式就是目空一切、不可一世，这些极端的自我情感容易使人产生极端的思想或极端的行为而走向毁灭。自卑感的客观作用在于引导人主动地与他人进行合作，并自觉地服从他人的管理，虚心地听从他人的建议或忠告，努力地学习他人的长处；自豪感的客观作用在于引导人被动地等待或消极地应付与他人的合作，尽可能地要求他人服从自己的管理，千方百计地说服他人听从自己的建议或忠告。

通过自豪感调查，可以揭示出农民的生活观念以及对他们自身个体价值的认可承度。身处社会底层的他们容易产生自卑感。但是，农民有他们自己的生活方式，有其自己的人生价值。

（二）村民最自豪的事

幸福感很大程度来源于对生活的满足感，而满足感来自于参加各项社会活动的收获：学习、工作、社会交往。有目的地做某件事，如果成功了，就会有满足感，就会幸福。清晰的目标是获得快乐和幸福的基础，正如王海明在其《新伦理学》中对幸福的定义，是对人生最大圆满的实现，万年村村民自豪情感的产生及为之自豪的事物，在一定程度上反映了村民对人生价值的终极追求和幸福观念。自豪感调查是一个开放性的问题，"到目前为止，你认为你人生中最让你感到自豪的事是什么？"结果显示，42 人中，有 31% 的人回答家庭和睦，儿孙满堂；有 11.9% 的人觉得自己的子女或孙子考上了大学；另各有 3 人以"现在国家政策好，老了有保障，国家给补贴""当过村组干部""挣钱多"而感到自豪；有 2 人为把房子修好了而感到自豪。此外，各有 1 人因交通方便和水电气通了、加入共产党的时候和结婚那天、帮别人做事时体验到自豪的情绪。值得关注的是，42 人中有 7 人觉得自己从来没有什么感到自豪的事，实质上这些人常会在生活中产生自卑感，生活质量会受到负面情绪的影响。这些人的人生只是一种自然的存在，人生的价值会大打折扣。

表 3－29 村民最自豪的事

感到最自豪的事	人数（人）	比例（%）
家庭和睦，儿孙满堂	13	31.0
没有产生过自豪感	7	16.7
儿孙考上大学	5	11.9
现在国家政策好，老了有保障，国家给补贴	3	7.1
当过村组干部	3	7.1
挣钱多	3	7.1
把房子修好了	2	4.8
自由	2	4.8
交通方便和水电气通了	1	2.4
加入共产党的时候	1	2.4
结婚那天	1	2.4
帮别人做事时	1	2.4
合计	42	100

三　村民最遗憾的事

字典中说遗憾有两义，一是犹遗恨。来自于唐杜甫的诗《敬赠郑谏议十韵》："毫发无遗憾，波澜独老成"；二是不称心，大可惋惜，来自元马端临《文献通考序》："然时有古今，述有详略，则夫节目之间，未为明备，而去取之际，颇欠精审，不无遗憾"。遗憾表现了人对理想的期望付诸东流，认识遗憾才能获得基于自身需要及自身以外关系的理性生命。研究它的发展变化规律，对于铸造快乐人生、构建和谐社会具有重要意义。

孙鹤[①]分析了遗憾心理过程、特性及其意义。他认为在人们的思维中有一个永远不曾见到却又每时每刻都在认识和体验的概念，它就是用于表述自身认识理想与现实距离的情绪状态——遗憾。遗憾这种情绪隐身于人性之中，表现人性中人对自身与环境关系的思维状态。需要的永恒性与满足需要的相对性，构建了个体意义理想与现实距离的永恒性；社会发展对个体意义理想与现实距离的延展，构建了遗憾在社会领域的普遍性和深刻性。如何认识遗憾，已成为现代社会体现社会终极意义和人的生命意义的重要课题。社会需要通过最大限度地减少人们的遗憾来谋求发展，人需要通过认识遗憾来获得生命的动力和生活的活力。

特定社会文化结构会产生人的文化形态，人以特定的价值观为依据而产生生活中各种遗憾的事实。人的自然生命以社会为前提，为社会所定义和制约，文化对人自然本性的扬弃使人的欲望转化为社会的某种需要。文化环境影响着人们的价值观念，且以价值观去体验理想与现实距离。无限发展的社会决定着人性完善是一种永恒的过程，在这过程中遗憾具有无限性，每一个鲜活的生命都会面对这种遗憾无限性的出现。人们正是在认识和体验遗憾中寻找积极的

---

① 孙鹤：《人性中的奥秘——遗憾》，《学习与探索》2008 年第 2 期。

人生，在自己的思维理性中寻找幸福生活的空间，在生命的有限性中找到生活的自由自在。

访谈的42人中，让他们感到人生中没有什么遗憾的只有7人，占调查人数的16.7%。最让他们感到遗憾的还是收入和教育程度低两项，分别占到了19.0%和14.3%。增加农民收入，大力加强教育，还是村里的当务之急。因为身体健康原因，不能参加劳动，也是他们感到遗憾的事，其本质还是要解决收入的问题。自古中国农民就有百善孝为先的观念，父母过早去世不仅影响到他们的成长，更是儿女没能"尽孝"的价值观念。失去亲人（儿女或伴侣）是人生最艰难的事，正如佛家要普渡众生一样，生与死等终级意义命题，是人们不可回避的重大人生问题。婚姻不好、没娶到儿媳妇、没儿子、不能在家照顾老人，这些都是与家庭息息相关的，常使他们产生遗憾的情绪。他们期待改变这些事实但常常又做不到，会严重影响到他们的生活质量和幸福感。对于农民来说，以家为本的文化观念根植在他们的灵魂深处。照顾好老、小，是农民最为重大的生活目标。家庭幸福是农民的责任和动力，也是他们幸福的重要源泉。

表3-30　　　　　　　　　　村民最遗憾的事

最遗憾的事	人数（人）	比例（%）
收入低	8	19.0
没有什么遗憾的	7	16.7
教育程度低	6	14.3
生病后不能劳动	5	11.9
父母去世得早	4	9.5
失去儿女或伴侣	3	7.1
婚姻不好（与丈夫关系差）	3	7.1
社会治安和环境不好	2	4.8
没娶到儿媳妇	2	4.8
没儿子	1	2.4
不能在家照顾老人	1	2.4
合计	42	100

四 村民的烦心事

从心理学的角度看，样本个体所表达出的烦心事，实际是农民在日常生产生活中所面临的对他们的心理会产生各种压力的事项。面对种种压力所采取的应对措施，会直接影响到幸福感。[①] 压力是个体对紧张刺激产生的一种较强烈的生理、心理及行为反应，是一种身心紧张状态。如果个体长期处于一种高压状态，就会损害个体的身心健康。生活事件所造成的生活压力，会给人以紧张的甚至痛苦的负面情绪体验。1967 年，Holmes 和 Rahe 编制了社会重新适应评定量表（Social Readjustment Rating Scale，SRRS），假定任何形式的生活变化都需要动员身体的应激资源去做新的适应，从而引起紧张。SRRS 列举了 43 种生活事件，以配偶死亡生活事件作为 100 的基准，其他生活变化的压力值中，离婚、夫妻分居、牢狱之灾、家庭成员亡故、个人受伤或生病、结婚都会产生很大的生活压力。压力状态的延续可能击溃一个人的生理化学保护机制，使人降低抵抗力，容易为病症所侵袭。轻度的精神紧张，机体会处于轻度应激状态，可以提高注意力，但长久则会出现障碍。村民的烦心事，会对他们产生持久的心理压力，影响到生活满意度和幸福感。

表 3－31　　　　　　　　　　生活改变与压力感

生活改变事项	压力感	生活改变事项	压力感
配偶亡故	100	失业	45
离婚	73	复婚	45
夫妻分居	65	退休	45
牢狱之灾	63	家庭成员生病	44
家庭成员亡故	63	怀孕	40
个人受伤或生病	53	性生活不和谐	39
结婚	50	家庭成员增加	39

注：Holmes & Rahe，1967，表中数字越大，给人的压力感越重。

[①] 朱翠英等：《积极心理学》，第 237 页。

从情绪产生的机理看，人烦恼产生的原因有很多方面。因为自己想做好的一件事而没有做好，感情上遇到挫折，家人有点唠叨，农业生产和事业不顺心……总之，有很多原因会影响到农民的生活，对他们的心理产生压力，使他们感到烦心。样本个体中，没有什么烦心事的有5位，只占样本个体的11.9%。困扰万年村村民第一位的还是缺钱，特别孩子上大学、婚嫁、生病等家庭中的重大事项。样本个体中31%的村民表示缺钱是他们生活中最大的困扰，此外，子女的教育、身体健康状况不好也是他们常有的烦心事。其他的是种养大户担心市场风险问题，乡村医生担心老了没生活保障以及计划生育问题、有重要事时没有人能帮上忙、没一个好的事业、家庭不和睦等问题无时无刻不在困扰着他们的日常生活。

表 3 - 32　　　　　　　　　农民的烦心事

内容	人数（人）	比例（%）
缺钱（主要是孩子上大学、娶媳妇、生病需用钱）	13	31.0
儿孙学习和抚养方面	9	21.4
生病	7	16.7
没有烦心事	5	11.9
养猪风险大，行情不好	1	2.4
乡村医生老了没生活保障	1	2.4
种植大户担心菜价不好，干旱等影响生产	1	2.4
计划生育管得太严了	1	2.4
有重要事时没人帮忙	1	2.4
政府收钱去修沼气池	1	2.4
没有好的事情做	1	2.4
家庭不和睦	1	2.4
合计	42	100

第四章

幸福的物质保障

让我们假定，休谟写道："大自然所有外在的便利条件如此慷慨丰足地赠予了人类，以致没有任何不确定的事件，也不需我们的任何关怀和勤奋，每一个人都发现不论他最贪婪的嗜欲能够要求什么或最奢豪的想象力能够希望或欲求什么都会得到充分的满足。我们将假定，他的自然美胜过一切后天获得的装饰，四季温和的气候使得一切衣服被褥都变成无用的，野生浆果为他提供最美味的食物，清泉为他提供最充足的饮料。不需任何劳心费力的工作，不需耕耘，不需航海。音乐、诗歌和静观构成他唯一的事业，谈话、欢笑和友谊构成他唯一的消遣。"① 在这样一种幸福的状态中，人人都富足有余时，不仅明晰财产权是没有必要的，就是正义这样具有警戒性和防备性的德性都变得毫无价值。在走向共产主义社会的历史道路上，生产力还不够发达，社会产品不能够满足全体社会成员日益增长的需求，产品的稀缺将以着眼于解决劳动异化的生产资料公有制的社会形态置于理想中。"至今一切社会的历史都是阶级斗争的历史。自由民和奴隶、贵族和平民、领主和农奴、行会师傅和

---

① 休谟：《道德原则研究》，曾晓平译，商务印书馆 2010 年版，第 35 页。

帮工，一句话，压迫者和被压迫者，始终处于相互对立的地位，进行不断的、有时隐蔽有时公开的斗争，而每一次斗争的结局都是整个社会受到革命改造或者斗争的各阶级同归于尽。在过去的各个历史时代，我们几乎到处都可以看到社会完全划分为各个不同的等级，看到社会地位分成多种多样的层次……"马克思说的在欧洲游荡的幽灵，穿过时空，在20世纪的中国大地开花结果。高尔基在他的三部曲中描绘的俄国革命前沙皇时期下层社会人民的悲惨生活，今日还不时在很多贫穷的家庭上演。秋收起义文家市会师旧址保存着1927年"打土豪、分田地"的口号标语。在一个拥有2亿贫困人口的中国，如何让包括农民在内的低收入者共享社会改革发展成果，过上有尊严和幸福的生活，仍是执政的核心所在。文王问太公曰："愿闻为国之大务。欲使主尊人安，为之奈何？"太公曰："爱民而已。"是的，爱民而已。

第一节　不同生活满意度的人的生活情况案例

万年村紧邻梁平县屏锦镇，交通相对便利，得利于改革开放之春风，村民或外出打工经商，或就近兼业，尽可能地增加家庭收入，以此改善营生。2006年，万年村依托于新农村建设项目，村容村貌发生了较大变化，村民的生活向前迈出了一大步。我们带着显微镜，越过枯燥的、没有情感而以理性自傲的计量模型，近距离地观察对生活不满意、一般和非常满意三种类型村民的生活情况，为思考中国下层社会群体——农民阶级的人生价值提供一点素材。

一　生活不满意的个体

（一）基本情况

受访人 AB-010，78岁，汉族，中共党员，老伴为一般群众，父母亲都是文盲。父亲在他8岁时就去世了。在女儿出嫁后，与80

岁老伴单过。两人患病后丧失劳动能力，无宗教信仰，都没有上过学。2008年家里修建了一处120平方米的平房，长年在家居住，几乎没有什么耐用消费品，生活用水来自于自己家里打的一口深井。参加了村里的新型农村合作医疗保险（新农合）和新型农村养老保险（新农保）。

（二）生活满意度

生活满意度自我评估只有3分，表示不满意。幸福感自我评估比生活满意度高，为6分。他们对自己的文化程度、收入水平、就业状况都非常不满意，自我评估分值只有1分。对他们的婚姻、家庭和社会地位却非常满意，基本达到了10分的高标准。此外，对住房和村环境自我评估值分别为8分，对村干部的评估为6分。由于被调查人年龄较大，身体健康状况不好，自我评估只有1分。身体健康状况下降影响到了老年人，特别是70岁以上人口的生活质量。老人参加了上一届村民委员会的选举工作，主要是看被选举人在村中的威信。因年岁大了，没有参加村里的任何组织。主要是觉得没读过书，不能参加劳动了，有时为此事烦心。

表4-1　　　　生活满意度及其他维度的自我评估值　　　单位：分

内容	满意度	内容	满意度
生活	3	婚姻	10
文化程度	1	社会地位	10
收入	1	健康状况	1
工作	1	村环境	8
住房	8	村干部	6
家庭	9		

（三）幸福观

老人认为收入、文化程度、工作、婚姻、寿命、人品、晚年生活对幸福生活来说都是非常重要的，这些选择项的重要性为10分，其他如家庭、有儿子、有很多朋友也比较重要，自我评估的重要性为 8 分，而宗教信仰和运气这两项，认为对幸福生活一点也不重要。即使 70 多岁了，老人认为能有更多时间工作也比有很多空闲时间重要。在他看来，幸福生活最为重要的三个方面为：（1）收入高；（2）身体好；（3）家庭和睦。从生活状况变化看，与 5 年前比生活变得好一些，因年岁高 5 年后是什么就不好说了；与亲朋好友比生活差不多；与村里人比，因没有收入来源，非常不好；与城里人比，因为村里空气好，所以各有好处；即使条件许可外迁，也愿意居住在村里。人生最自豪的事是所有的事情都靠自己努力奋斗去实现；人生最遗憾的事是父亲在他 8 岁时就去世了；当前最烦心的事是政府要钱打沼气池。

表 4－2		幸福生活各项的重要性打分		单位：分
内容	重要性		内容	重要性
收入	10		空闲	4
文化程度	10		当干部	6
工作	10		宗教信仰	1
婚姻	10		运气	1
家庭	8		人品	10
有儿子	8		朋友	8
寿命	10		晚年生活	10

（四）收入

调查了老人的实际收入和渴望收入（Aspiration Income）两项内容。对于 70 多岁的老人来说，渴望收入相对于其他年龄段的人来说，标准要低很多。在他看来，他们家年纯收入达到 20000 元就非常知足了。也就是说，如果老两口年人均纯收入能达到 10000元，对于他们来说就心满意足了；如果家庭年人均纯收入能达到5000 元，他们就会感到满意；如果家庭年人均纯收入只有 3000 元，他们就会觉得日子过得很紧（还可以忍受）；如果家庭年人均纯收入低于 1500 元，也就是每月 120 元的标准，他们就会觉得日子没法过了。只要人均月纯收入达到 300 元，每天每人有 8—9 元钱可用于生活支出，两位老人就能忍受。这个需求，与世界银行一天一美元的标准相当。低于这个生活水平，他们就会感受到日子的煎熬。对于低收入群体，特别是农村老人中的低收入群体，解决他们的温饱问题，是提升他们生活质量和幸福感的关键所在。

从两老人的实际收入看，因为参加了新农保，每月每人按 80 元的标准，两人一年有 1920 元；男性老人原来当过村里的支部书记，每年有 1000 元的补助；女儿每年给 2000 多元的养老费（另在 2008 年修房时女儿给了 4.5 万元）①；两位老人在村里有 1.68 亩耕地承包经营权，2011 年由县乡政府征地 0.2 亩用于建设用地，一次性发放了 5000 元征地费；现将 1.48 亩地给儿子耕种，儿子每年给老人 450 公斤粮食；2011 年国家粮食等综合补贴一亩地有 130 元，1.48 亩地大约有 200 元；将儿子给的粮食折算成家庭纯收入，2011 年两位老人家庭人均纯收入 3400 元，人均一天不到 10 元。

（五）生活消费支出

2011 年两人生活消费现金支出约 5000 元，粮食消费 430 公斤。2011 年最大的支出项目是医疗，因看病通过村集体担保方式在屏锦镇信用社分 4 次共贷款 1 万元，最多的一次 3000 元，贷款利率为 0.5%。

从他们的生活消费结构看，2011 年，他们食品消费支出合计 2750 元，其中谷物消费数量 216 公斤，金额 850 元；薯类消费数量 50 公斤，金额 50 元；豆类消费数量 1 公斤，金额 10 元；肉类消费数量 12 公斤，168 元；蛋类消费数量 6 公斤，金额 60 元；蔬菜消费数量 360 公斤，金额 360 元；水果消费数量 30 公斤，金额 150

---

① 就老人的收入来源看，女儿一年给的养老费是两位老人最大的收入来源。当问到是否愿意改住养老院时，老人回答不愿意入住，因为不想离开自己熟悉的生活环境，此外，养老院也不会收养有子女的老人。养儿（女）防老是当前中国农村最为现实的国情、民情和村情。随着经济发展，国家财力增强后，适当增加农民养老补助金，是一项政策效果最佳的"爱民"工程、"民心"工程。

元；食用油消费数量 15 公斤，金额 210 元；在外饮食支出金额 100 元；其他如喝茶等 360 元。2011 年，他们烟酒消费支出金额 1080 元；衣着消费支出 300 元；其他消费支出 1760 元。其中，交通通信消费支出 220 元；医疗保健消费支出 1000 元；家庭设备用品消费支出 240 元；没有文化教育娱乐方面的消费支出；其他商品服务消费支出 100 元；人情往来转移性支出 200 元。

满足最为基本的吃穿消费，是他们生活的主要任务和目标。如果生病了，有钱就治疗，没钱就只能等生命的奇迹或自然终结，这是当前大多数农村老人的宿命。

二 生活满意度一般的个体

（一）基本情况

受访人，李付翠，女性，汉族，39 岁，一家 5 口人，两代核心家庭，普通农户。父母年龄分别 74 岁和 68 岁，小学文化程度，单独生活，因年岁已高，患病无劳动能力。爱人比她大 1 岁。大女儿 1997 年出生，在梁平县城上高中，寒暑假在家住 3 个月，其余时间在县城学校里居住，年花费 10000 元左右；二女儿 2004 年出生，在万年村小学读小学 4 年级，年花费 1000 元左右；儿子 2006 年出生，在村里学前班学习。全家无宗教信仰。当年 12 个月都在家居住，有 6 个月时间从事农业生产活动。没有参加任何社团组织。参加了上一届的村民委员会选举投票。

（二）生活满意度

生活满意度自我评估值 6 分。她对自家的收入和教育程度表示不满意，自我评估只有 4 分；对他们的社会地位、住房条件的自我评估等级为一般，自我感觉处于不好不坏的状态；对于工作、家庭、婚姻、村干部、村环境等项内容的自我评估为比较满意；因为年轻，身体好，对自己的健康状况非常满意。

表4-3   **生活满意度及其他维度自我评估值**   单位：分

内容	满意度	内容	满意度
生活	6	婚姻	8
文化程度	4	社会地位	5
收入水平	4	健康状况	10
就业状况	7	村环境	8
住房	6	村干部	7
家庭	7		

（三）幸福观

与生活满意度低的那位老人一样，收入、教育、工作、婚姻、长寿、晚年生活这些中国传统价值观念对于她来说，是幸福生活最为重要的东西。家庭和谐、有儿子、人品好、朋友多也是非常重要或比较重要的，而宗教信仰最不重要。空闲对于就业不充分的农村妇女来说，也不重要。有意思的是，40来岁的农村妇女，认为运气对于幸福生活非常重要。在她看来，生活中很多不确定性的东西存在，生活好坏，很多不是由她自己能掌控的，因此，只能将希望寄托在运气上面。她认为幸福生活最为重要的三个方面：（1）收入；（2）身体健康；（3）晚年生活。

表4-4   **幸福生活各项的重要性打分**   单位：分

内容	重要性	内容	重要性
收入	10	空闲	4
文化程度	10	当干部	7
工作	9	宗教信仰	2
婚姻	10	运气	10
家庭	8	人品	9
有儿子	8	朋友	9
寿命	10	晚年生活	10

幸福感的自我评估为5分，感觉一般。从生活的改善和比较

看，与 5 年前相比，生活水平差不多，或者说变化不大；对 5 年后生活变得如何也不好说；即使条件许可，也愿意居住在村里；调查前一天因为玩牌输了钱，所以心情不好，但调查当天情绪已调整过来，情绪总体表现为高兴。与亲朋好友比，过得差一些；与村里人比，生活也要过得差一些；与城里人比，差得多。主要原因是她有三个孩子，生活负担重，感觉城里人挣钱多。最自豪的事是自己孩子的学习成绩好，能够考上大学；最烦心的事是女儿上大学，花钱多。农村子女上大学，已变成了很多农民家庭最重的经济负担。回顾过去，她自我感觉没有什么遗憾的事。

（四）收入

渴望收入方面，收入越多越好，但如果家庭年纯收入能达到 10 万元，就会心满意足了；家庭年纯收入达到 6 万元，就感到满意；家庭年纯收入如果只有 4 万元，生活就会非常紧张；如果家庭年纯收入低于 2 万元，估计日子就没法过了。

2011 年家庭年纯收入 3.5 万元，比 2010 年略少一点，主要靠夫妇俩在外打工挣钱。因孩子上学，2011 年欠亲友 8000 元。家里有 1.5 亩水田，人均只有 0.25 亩。2011 年，水稻播种面积 1.5 亩，总产量 750 公斤；自留地 0.1 亩（水田坎）种点蔬菜自己吃。家里没有其他养殖业，口粮基本能自给。水稻田用渠水灌溉，耕地、播种都是人工，但收获时需机器收割，雇工 1 天，花费 100 元；另肥料支出 200 元，农药支出 20 元。

（五）生活消费支出

2011 年年末有钢筋混凝土两层楼房一处，建筑面积 110 平方米，宅基地面积 150 平方米。2003 年建造时费用 5 万元，其中借款 1.8 万元，现值 10 万元。耐用消费品方面：有 2011 年买的彩色电视机 1 台；2010 年买的冰箱 1 台；2009 年买的摩托车 1 辆；室内旱厕用于农家积肥；生活饮用水是集中供自来水；2010 年开始用煤气；不订书报，不买书，偶尔在村图书室借书看看。食品消费：

食品消费数量和金额见表 4－5。谷物基本能自给，除去在外饮食，全家在家谷物消费 480 公斤，金额 2200 元；肉类 60 公斤，金额 1300 元；蔬菜 1000 公斤，金额 2000 元。交通通信消费支出 1200 元；医疗保健消费支出 800 元；家庭设备/用品消费支出 1000 元；文化教育/娱乐消费支出 11000 元；其他商品服务消费支出 1000 元；转移性支出 3000 元（人情往来）。2011 年因为子女上学，向亲戚朋友借了 3000 元。父母年岁高，用医用药，年均花费需 6000 元。2010 年家里老人得冠心病，在乡镇卫生院住院 14 天，花费了 2400 元，其中通过新农合报销了 1100 元，自己支付了 1300 元，靠借钱来支付。

表 4－5　　　　　　　　2011 年家庭生活消费支出情况

类别		数量（公斤）	金额（元）
（一）生活消费	谷物	480	2200
	薯类	50	100
	豆类	3	36
	肉类	60	1300
	蛋类	20	160
	蔬菜	1000	2000
	水果	20	100
	食用油	60	800
	在外饮食	—	200
	烟酒消费	500	100
	衣着	—	500
	交通通信	—	1200
	家庭设备/用品	—	1000
	文化教育/娱乐	—	11000
	服务消费	—	200
	水费	—	60
（二）能源	生活用电	140	72
	生活用煤气、液化气、天然气（立方米）	—	200

续表

类别		数量（公斤）	金额（元）
	生活用柴草	—	1000
（三）其他支出	转移性支出	—	3000
	其他支出	—	60

三 生活满意度高的个体

（一）基本情况

殷广勇，普通村民，1979 年出生，汉族，因爱人为万年村人，在广东打工后，于 2008 年金融危机时回到梁平县万年村。家庭人口 4 人，常住人口 4 人，户籍人口 4 人。女儿 11 岁，在万年村小学上 3 年级，年教育支出 500 元。小儿子只有 2 岁，在家由爱人照顾。殷广勇高中文化，妻子初中文化。2012 年常年在家居住。从事规模化养猪生产，一年 12 个月都在务农。爱人在家看孩子和干家务活，另有半年时间干农活。2011 年养殖业纯收入 10 万元左右，算好的年景，但养猪风险大，收入极不稳定。参加了上届村民委员会的选举，投票的选举人当选了，主要看他们在村中的威信，能否替村民说话。他是村里养猪专业协会会长，另外还是 3 个专业合作组织的成员，1 个专业技术协会成员。

（二）生活满意度

生活满意度自我评估 8 分，幸福感为 10 分。除了对自己的收入水平和文化程度不满意外，其他各项自我评估都是满分。根据调查，他的收入水平在村里是较高的，可对自己的收入非常不满意。据他自己的解释，作为养殖大户，生猪市场风险波动大，与他原来在广东打工时相比，收入非常不稳定，所以特别不满意。

表 4-6　　　　　　生活满意度及其他维度自我评估值　　　　单位：分

内容	满意度	内容	满意度
生活	8	婚姻	10

续表

内容	满意度	内容	满意度
文化程度	4	社会地位	10
收入水平	2	健康状况	10
就业状况	10	村环境	10
住房	10	村干部	10
家庭	10		

（三）幸福观

在他看来，婚姻、家庭、有儿子、人品、朋友、晚年和空闲是幸福生活最为重要的方面。将空闲（休闲）作为幸福生活的重要方面，主要在于，生猪养殖是一项劳动密集型的工作，他用于劳动的时间过多，因此比其他人更需要闲暇。在他看来，钱、教育、当不当村干部、运气及宗教信仰都不重要。对于在城里工作还是农村工作，差别不大，但工作本身是很重要的。他认为，幸福生活最为重要的三项内容：（1）有一个和谐美满的家庭；（2）工作有所成就，事业有所发展；（3）身体健康。

表4-7　　　　　　幸福生活各项的重要性打分　　　　　　单位：分

内容	重要性	内容	重要性
收入	5	空闲	10
文化水平	5	当干部	2
工作	8	宗教信仰	5
婚姻	10	运气	2
家庭	10	人品	10
有儿子	10	朋友	10
寿命	8	晚年生活	10

生活变化方面，与5年前相比，变差了（收入水平下降）；5年后，生活会差不多；即使条件许可，还是愿意选择居住在当地；与亲朋好友比，过得好得多（经济条件好）；与村里人比，生活过

得好一些，主要表现在吃住条件好一些；比城里人比，生活好一些，主要是农村空气好，居住条件好；最自豪的事是家庭和睦，有儿有女；最遗憾的是不能照顾自己的父母；最烦心的事是养猪市场风险大。调查前一天和当天都非常高兴，感觉生活还不错。

（四）收入

渴望收入方面，如果家庭年纯收入能稳定在 12 万元，就非常满意和知足；家庭年纯收入有 10 万元，就感到满意；如果家庭年纯收入只有 6 万元生活就会非常紧张；如果家庭年纯收入低于 3 万元，日子就没法过了。①

实际收入。2011 年，全年总收入 90.4 万元，其中来自种植业收入 0.4 万元，畜牧业（养猪）80 万元，农资综合补贴 80 元；家庭生产经营费用支出 70.5 万元，其中能源支出 0.4 万元，种植业生产费用 0.1 万元，养殖业生产费用支出 70.5 万元。2011 年分三次向信用社贷款 18 万元，用于生产设施购置。最多一次贷款 10 万元，10% 的年利息率，年底已还清，利息支出 4000 元。借给亲友 5 万元，没利息。

2011 年实际经营耕地面积 4 亩，从户籍所在村民小组承包耕地（水田）0.9 亩，2009 年受村里亲友委托租入 3.1 亩水田，没有租金。在养猪场内有 0.2 亩地种蔬菜。因他为河南人，在村内没有耕地，两个孩子没有耕地承包经营权。2011 年播种水稻 4 亩，产量 1400 公斤；蔬菜地 0.2 亩，总产量 360 公斤。水稻种植全部机械化，用机电灌溉和用机器播种，种植水稻需用 1 公斤农药，100 公斤化肥。农业生产用房面积 2600 平方米，用于畜牧养殖。雇用超过 6 个月以上的农业从业人员 3 人，其中女工 1 人；不满 6 个月的

① 从低、中、高三类型生活满意度样本个体对收入的渴望看，渴望收入或是预期收入与调查者当前的收入水平是相关的。那些高收入者，渴望收入显著地要高于低收入者，所以，即使是在相同的生活满意度或幸福感下，高收入者由于其渴望的收入也高，因而对收入增长的需求比低收入者更高。

其他雇工平均为他工作 45 天。2011 年出栏肉猪 800 头，有能繁殖母猪 100 头；另养鸡 45 只，鸭 35 只，鹅 5 只。年末存粮 100 公斤，口粮自给略有节余，没向其他村民提供农林服务。水稻种植成本方面，因是平原地形，用渠水灌溉。2011 年机耕 4 亩地花费 350 元，机播 300 元，机收 400 元，亩均劳动投入 3 个工，种子 2 公斤，花费 80 元，肥料 320 元，农药支出 28 元。

家里有三处住房，建筑面积 3400 平方米，其中生活性 2 处，建筑面积 800 平方米；生产性 1 处，2600 平方米。宅基地总面积 800 平方米。房屋估计价值 500 万元，其中生活性的 200 万元，生产性的 300 万元。价值最高的一处房屋修建在 2006 年，建筑面积 700 平方米，为钢筋混凝土的楼房，修建时花了 55 万元，没有借款。家庭耐用消费品方面：有 4 台彩色电视机，2 部固定电话，1 台空调，1 台影碟机，1 台电脑，1 辆自行车。生活用自来水，室内水冲式厕所，修建有沼气池和化粪池用于处理养猪所产生的粪便。

生产性固定资产方面，2008 年购买手推车 6 辆，每辆 380 元；2007 年购买农产品加工机械 3 辆，每辆 2700 元；2008 年打机井 3 眼，每眼花费 600 元；抽水机械 12 套，每套 950 元；产床 22 个，每个 3600 元；56 个定位栏，每个 600 元；保育舍 38 间，每间 1600 元；猪圈 112 间，每间 1200 元；饲料房 9 间，每间 2500 元；槽药房 2 间，每间 2500 元；沼气池 2 个，每个 26000 元；2011 年建沼液池 1 个，花费 16.5 万元；干粪池 2 个，每个花费 2.3 万元。

（五）生活消费支出

2011 年生活消费支出 4 万元，其中食品消费支出 1.5 万元。各项消费数量和金额见表 4 - 8。炊事主要用煤气，也用沼气；全年花费 260 元用于订阅报纸杂志，但没有买书，因可到村阅览室借书看。没有因子女上学借过钱，正常情况下年均医疗支出 1000 元。近五年家庭成员没有患大病住院的情况。因还没有达到参加农村养老保险的年龄，全家还没有买新型农村养老保险，但都购买了新型农村合作医疗保险。

表 4－8   2011 年家庭生活消费支出

类别		数量（公斤）	金额（元）
（一）生活消费	谷物	600	1400
	薯类	20	10
	豆类	100	340
	肉类	100	2500
	蛋类	50	450
	奶类	200	4500
	蔬菜	360	720
	水果	400	2800
	食用油	30	720
	在外饮食	—	1000
	烟酒消费	5000	100
	衣着	—	5000
	交通通信		3000
	医疗保健		0
	家庭设备/用品	—	2000
	文化教育/娱乐	—	260
	服务消费		200
	水费	—	700
（二）能源消费	生活用电	600	350
	生活用煤气、液化气、天然气（立方米）	120	204
	生活用汽油品（升）	75	600
（三）其他支出	财产性支出	—	0
	转移性支出	—	8000
	其他支出	—	1000

四　外出务工人员生活状况访谈①

李××，万年村一组人氏，汉族，1974 年生人，包括 73 岁不识字的老母亲、爱人和两个正在上小学的儿子，家庭人口共计 5 人。兄弟 4 个和一个姐姐，在家中排行老四。父亲小学文化。学校毕业后，在家务农之余，学了些油漆技术，年轻时常在村镇范围内当油漆工人。

1990 年初中毕业时虽然只有 16 岁，但已常常跟随他父亲外出打工。刚开始打工时，主要是在本村、本镇内，如有哪家农户修房需要工人，就去干些油漆方面的零活。平均说来，一个月能挣 90 元。这样干了三年，总感觉挣钱少，想到更远的经济发达地区去干活挣钱。1992—1995 年，除了在村附近打工，还不时到更远的重庆市帮别人干些零活。1996 年由姨夫的儿子介绍，只身一人到广东省东莞市的雁田村打工。第一年在一个从事出口家具生产（主要是椅子）的企业从事椅子包装工作，同时负责打扫生产区间的卫生。在厂里边做边学，每月工资 800 元。干了一年半后，1998 年转行为企业生产家具外套，实行计件工资制，平均月工资增加到 1200 元，企业包吃住，这样干到了 2001 年。在此期间，除了在厂里宿舍、食堂、车间三点一线外，基本没有业余生活，天天就盼着回万年村老家过年，以便能与家人大团圆。

2001 年，经一亲戚介绍，认识了当时也在广东省打工、比他大一岁的一个女孩儿。两人相处一年半后，感觉融洽，也达到了结婚年龄，他们就自己做主结了婚。他觉得他老婆脾气特别好，感觉家庭很幸福。2002 年转行到一个服装厂，主要从事劳动布衣服生

---

① 资料来自于 2014 年 4 月笔者与他的座谈。万年村与全国其他劳务输出大省农村的情况相似，大量外出务工人员对村庄经济社会发展产生了巨大影响，了解这些行走于天南海北的流动大军的生活状况对于全面认识村庄变迁无疑是有意义的。应受访者要求，访谈隐去他的真实姓名。

产加工。[①] 在雁田村服装厂做了 4 年的服装加工技术工人，月工资 1700 元，企业负责工人的吃和住。2008 年广东省受全球金融危机影响，经济形势不好，企业产品出口量大幅度下降，很多工人被裁员。这一年，他离开广东省，回到了万年村。

2008 年回到万年村一组后，耕种了他们一家从村里承包的 4 亩耕地，同时也在本村周围和屏锦镇打些零工。4 亩耕地中，部分是他和他母亲从村里承包的，部分是他一个哥哥在外经商，将两个人的地转包给他耕种。2002 年结婚后，2003 年和 2005 年生了两个孩子。他父亲身体好时，由他父母在老家帮忙照顾孩子，他和老婆在外打工挣钱用于补贴家用。父亲生病后，哥哥姐姐都在外打工（哥哥姐姐的小孩子也在外地——上海上学），小孩和老人都需要人去照顾，所以他必须回到老家，一直到 2012 年他父亲去世。

2003 年有了第一个小孩子，那时夫妻两个人一起在上海打工。2005 年他老婆怀第二个孩子后，他们回到了老家万年村。在第二个孩子刚学会走路不久，经别人介绍，加之他老婆性格好，手艺不错，他老婆就离开他和大的不到 3 岁、小的才 1 岁的两个孩子，去了在上海飞机场附近的一家毛纺织厂打工，月工资 2000 多元。这家企业不管工人的吃和住，他老婆花了 250 元（月）租了一间房子。两个小孩子就一直在老家由外婆照顾。去上海后的 6 年时间里，为了节约路费，直到 2012 年他父亲去世时他老婆才回到万年村的老家。从她去上海到回到老家时，大儿子已 9 岁，在万年村小学读二年级；二儿子已 6 岁，在万年村小学学前班上幼儿园。早上 7：30 送到学校，需要 10 多分钟；下午 4：00 去接。幼儿园是由万年村两位老师自筹的私立学校，一学期需 1000 元；大儿子上小学，

---

① 据他介绍，2013 年万年村还有很多人在广东省东莞市最南端的雁田村打工。除了极个别人能在雁田村挣钱买房定居下来外，大多数人挣的工资只能用于补贴家用，积累的钱不够在当地买房。他们中的大多数，都会如他一样，随着年龄增大，家中父母年老需要人照顾时回流到老家万年村。

一学期要花费1000元。2013年家里新建了一处两层楼住房，一共花费了20多万元，其中借了10万元。迫于经济压力，他计划到2014年底等第二个孩子上小学后，将两个孩子送到外婆家，到外婆那边的村小学去读书，这样他就可以到上海与老婆一起打工，以解决夫妻长期两地分居问题。

2013年家庭收入来源：自己打工收入1.4万元；老婆在外打工收入2.3万元；耕地4亩，一亩一年能收入800元，计3200元；零星地种点菜吃。消费方面一个月4个人需50公斤稻谷，生活消费每月1000元；两个孩子的各种消费支出较大。家里没有任何农机具，种田用人工，可节约费用。

当问到他对生活是否满意时，他沉思了很久，认为不满意，勉强给自己的生活状态打了4分。但问到他是否幸福时，他毫不犹豫地回答说，非常幸福。虽然生活中有如此多的困难，但是作为一个农民，又有什么更好的选择呢？他说，只要通过自己的努力，将父母照顾好，将他们养老送终，尽到自己的一份孝心；同时把孩子抚养成人，一家人和和美美，健健康康，有饭吃，有衣穿，这样的人生就很知足、很幸福了。比起他的父母来说，至少不挨饿，有饭吃。

当谈到他目前最大的愿望时，他眼中略有泪花，遥望着远方说："早日与老婆在一起：一起打工，一起吃饭，一起品人生的酸甜苦辣。"

第二节　收入与消费

这一节，利用农户调查数据和有关部门统计数据，分析万年村收入消费总体情况。

一 生活变化的主观评估

（一）村民生活水平有很大提高

与5年前相比，样本个体自我感觉到的生活变化用变得"好得多、好一些、差不多、变差些、差很多"5个梯级来表示。42位样本个体中，有12位即28.6%的人表示与5年前相比生活变得好得多了；有20位即47.6%的人表示生活好一些；有8位占19.0%的人表示差不多；只有2位即4.8%的人表示差一些。对未来生活的预期，用5年后你觉得你的生活会变得"好得多、好一些、差不多、差一些、不好说"5类选择项来表示。有11位占样本数26.2%的人预期5年后生活会变得好得多；16位占样本数38.1%的人表示会好一些，4位占样本数9.5%的人表示差不多；只有1位表示会差一些；另外有10位表示不好说。这些人主要是岁数较大，特别是60岁以上的老人。他们因年龄关系，对未来的生活预期表示不确定。总体上，有64.3%的人对未来生活表示乐观预期，这是万年村农民生活水平不断提高的现实，也是中国农村经济社会持续发展的客观事实。

表4-9　　　　　　　　人们生活5年前的变化与5年后的预期

生活变化	与5年前比		与5年后比	
	人数	比例（%）	人数	比例（%）
好得多	12	28.6	11	26.2
好一些	20	47.6	16	38.1
差不多	8	19.0	4	9.5
差一些	2	4.8	1	2.4
不好说	0	0.0	10	23.8
合计	42	100	42	100

（二）即使条件许可，大多数人还是愿意在本村居住

如果条件许可，你愿意在什么地方居住？从居住地的选择，一

定程度上可以反映村民的生活状态。历史上看，流民的形成主要是他们生活居无定所，生活难以为继。如果村民在当地生活非常艰难，他们常会选择外流；如果生活还能接受，受生活惯性和新环境适应性成本的双重作用，他们常会选择留下来。从 2012 年我们对山东、河南和陕西三省的调查看，三省农民在条件许可的假定下，有 75% 的农民会选择在本村居住，只有 10% 的人会选择到县城里或其他地方居住。从万年村调查的 42 位村民的回答结果看，即使条件许可，有 76.2% 的人会选择居住在本村；4.8% 的人会选择到屏锦镇镇上；7.1% 的人会选择到梁平县县城；9.5% 的人会选择到重庆市市里；还有 2.4% 的人会选择到北上广等大城市居住。这个调查结果对城镇化模式也有重要参考价值。从适应性角度说，就地实现人的城镇化，而不是将大量村民往大城市或是特大城市转移才是符合人的生活和迁徙规律的正确选择。

表 4-10　　　　　　　条件许可下村民的意愿居住地

意愿居住地	人数（人）	比例（%）
万年村	32	76.2
屏锦镇	2	4.8
梁平县	3	7.1
重庆市	4	9.5
北上广等大城市	1	2.4
合计	42	100

（三）样本个体调查日前一天和当天的心情状态

从样本个体的情绪状态看，调查的前一天，表示拥有非常高兴的情绪状态占主体的有 6 人，占样本个体的 14.3%；比较高兴的有 16 人，占样本个体的 38.1%；一般或是比较平静状态的 14 人，占样本个体的 33.3%；5 人即占样本个体 11.9% 的人表示不高兴；只有 1 人即占样本个体 2.4% 的人表示非常不高兴。调查的当天样本个体拥有的情绪状态呈现出更为积极的特征。孔子说，"有朋自远方来，不亦乐乎"。在与农民朋友交谈时，他们说见到我们当然更高兴了。调查当天，表示非常高兴的有 8 人，占 19%；表示比较高兴的有 22 人，占 52.4%；表示一般或是比较平静状态的 11 人，占 26.2%；只有 1 人表示不高兴。可见，村民对当前的生活总体是比较满意的，"安居乐业"状态下的村民，在追求更好的生活和发展前景，这为农村经济社会稳定奠定了坚实基础。

表 4 - 11 样本个体的情绪状态①

情绪状态	昨天心情		当天心情	
	人数（人）	比例（%）	人数（人）	比例（%）
非常高兴	6	14.3	8	19.0
比较高兴	16	38.1	22	52.4
一般	14	33.3	11	26.2
不高兴	5	11.9	1	2.4
非常不高兴	1	2.4	0	0
合计	42	100	42	100

（四）相对收入与相对剥夺

前面第三章已分析过，除了绝对收入，相对收入对于农民的幸福感影响巨大。那些低收入群体，在幸福感上存在相对剥夺感②。与亲朋好友比，只有 2 人即占 4.8% 的人觉得好很多，有 4 人即占 9.5% 的人感觉好一些，23 人即占 54.8% 的人感觉差不多，有 11 人占 26.2% 的人觉得差一些，有 2 人觉得差很多；与村里人相比，有 1 人表示好得多，3 人表示好一些，18 人表示差不多，18 人表示差一些，2 人表示差很多；与城里人相比，有 4 人表示好一些，有

---

① 调查日期：2012 年 10 月 23 日。

② "相对剥夺"（Relative Deprivation）最早由美国学者 S. A. 斯托弗（S. A. Stouffer）提出，其后经 R. K. 默顿（R. K. Merton）的发展，成为了一种关于群体行为的理论。它是指当人们将自己的处境与某种标准或某种参照物相比较而发现自己处于劣势时所产生的受剥夺感。这种感觉会产生消极情绪，可以表现为愤怒、怨恨或不满。

2人表示差不多，有4人表示差一些，有32人表示差很多。万年村高达85%的样本个体感觉比城里人差或差很多。可见，农民幸福的相对剥夺来自于城乡收入差异和农村内部的收入差异。缩小收入差异，具有重要的现实意义。

表4-12　　　　样本个体与参照群体的生活比较（人，%）

	比亲朋比		与村里人比		与城里人比	
	人数	比例	人数	比例	人数	比例
好很多	2	4.8	1	2.4	0	0.0
好一些	4	9.5	3	7.1	4	9.5
差不多	23	54.8	18	42.9	2	4.8
差一些	11	26.2	18	42.9	4	9.5
差很多	2	4.8	2	4.8	32	76.2
合计	42	100.0	42	100	42	100

二　村民收入变化特点[①]

调查农户表示生活变好了，这种变化是与自2004年以来中国实行以工补农、以城带乡的总体发展战略相关的。在过去的10多年里，大多数农民的生活水平确实提高了。农民生活变化的主观感受，能得到现实数据的支撑。总体上，过去几年，村民收入稳定增加，收入结构持续变化，表现为来自于非农收入的比重增加，消费水平逐年提高，食品消费支出在消费支出中的比例下降。下面利用样本个体调查数据看看2011年万年村村民家庭人均纯收入状况。因为缺少万年村村民收入消费变化的时序数据，为了更好地掌握农民收支变化的总体情况，提供了梁平县全县农户收入与消费资料。

（一）2011年家庭人均纯收入

2011年样本个体家庭人均纯收入7611.5元，其中来自家庭经营性收入的占44.9%，工资性收入占43.8%，其余为转移性收入

---

① 梁平县统计局住户调查资料。

占 11.3%。农民工资性收入与家庭经营性收入已基本相当，工资性收入在农民家庭收入增长中的贡献逐年增加。在家庭经营性收入中，来自农业经营性收入的占 18.8%，来自第二产业经营性收入的占 6.7%，来自第三产业经营性收入的占 19.4%。为了直观地了解样本个体家庭人均纯收入水平和结构，与同年全国和重庆市农民人均家庭纯收入和城镇居民可支配收入进行一个简单的比较。根据国家统计局 2012 年统计年鉴公布的数据，2011 年全国农民家庭人均纯收入 6977 元，重庆市农民家庭人均纯收入 6480 元，样本个体家庭人均纯收入略高于国家统计局公布的全国农民家庭人均纯收入水平。2011 年全国城镇居民 21810 元，重庆市城镇居民人均可支配收入 20250 元。与全国城镇居民可支配收入比，全国城镇居民人均可支配收入是样本个体家庭人均纯收入的 2.89 倍，重庆市城镇居民人均可支配收入是样本个体家庭人均纯收入的 2.66 倍。从收入来源结构上看（样本户利息收入、财产性收入很少，所以没能统计到），样本个体家庭人均纯收入略高于重庆市和全国的平均水平，工资性收入、家庭经营收入和转移性收入三项都略高于全国和重庆农民家庭平均水平。

表 4 – 13　　　　2011 年样本户、重庆市农民和全国农民
家庭人均纯收入（元）

区域	家庭人均纯收入	工资性收入	家庭经营性收入	财产性收入	转移性收入
万年村样本户	7611.5	3333.4	3414.0	0	862.7
重庆市农民	6480.4	2894.5	2748.3	139.7	698.0
全国农民	6977.3	2963.4	3222.0	228.7	563.3

从收入分配差异看，样本个体农民家庭人均纯收入差距较大。样本个体中，2011 年农民家庭人均纯收入最高的为 26095 元，略高于同年全国和重庆市城镇居民可支配收入；2011 年家庭人均纯收入最低的只有 1540 元。最高的家庭人均纯收入是最低的家庭人均

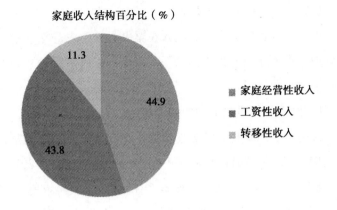

家庭收入结构百分比（%）

■ 家庭经营性收入
■ 工资性收入
■ 转移性收入

11.3
44.9
43.8

图4-1 样本户家庭收入来源结构

纯收入的17倍。其中，有50%的样本个体2011年家庭人均纯收入低于5000元；61%的低于全国和重庆市的农民家庭人均纯收入，75%的低于10000元。图4-2是样本个体农民家庭人均纯收入的百分位曲线，也就是洛仑兹曲线。

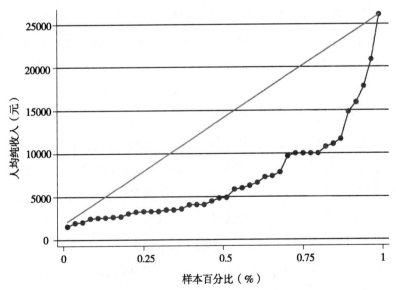

图4-2 样本个体农民家庭人均纯收入洛仑兹曲线

（二）梁平县农户收支情况

万年村农民家庭人均纯收入在梁平县处于中等偏下水平，为了更好地了解万年村农民生活水平的变化，可以参照梁平县农民的收入与消费变化情况。

1. 2011 年梁平县农户家庭人均纯收入及来源

根据全县 300 户固定观察数据，2011 年梁平县农民家庭人均纯收入 9581.2 元。2011 年屏锦镇农民家庭人均纯收入 7807 元，略低于全县农民家庭人均纯入。样本个体 2011 年农民家庭人均纯收入 7615 元，略低于梁平县的平均水平，一个重要原因是我们对外出务工人员的收入水平调查有偏差。

从家庭人均纯收入来源看，梁平县农户家庭经营性收入占总收入的比重为 54.4%，其中种植业收入占 21.6%；牧业收入占 24.8%。据统计，2011 年梁平县有 28 万村民通过各种形式在外务工或经商。农户总收入构成中，在企业中得到的劳动报酬人均 3606 元，占家庭人均总收入的 43.2%。此外，转移性收入占到了总收入的 10.6%，人均达到了 881 元。这里主要是国家转移支付，包括各种农业补贴、养老金等。此外，部分农户家庭有储蓄，有少量的利息收入；有部分家庭转包土地，有部分财产性收入。总体看，农户家庭经营性收入特别是种植业收入受到耕地面积少的制约，对于农户家庭收入增长的边际贡献下降，而农户在外的工资性收入对农户家庭收入增长起着决定性作用。国家加大了对农村的转移支付力度，转移支付在农户收入中占的比重呈上升趋势，但农民收入的增长，不可能寄希望于国家财政转移支付这种方式。展望未来农户收入水平的进一步增长，只能加快农民从事非农产业（工业化支撑）、进入城镇（城镇化支撑）才有可能，让那些从事农业的人有可能扩大农业生产经营规模；同时，提高农民财产性收入，也就是包括宅基地在内的住房性收入比重，才能破解农民收入增长乏力的难题。

表 4 - 14　　梁平县 2011 年 300 农户家庭人均总收入及构成、

人均总支出及构成（元、%）

一、基本收入	8349.2	比例	全年人均总支出	8620.91	比例
1. 工资性收入	3806.67	45.6	一、家庭经营费用支出	2272.98	26.4
(1) 在非企业组织中的劳动报酬	200.92	2.4	1. 种植业支出	377.49	4.4
(2) 在企业得到的劳动报酬	3605.75	43.2	2. 林业支出	48.34	0.6
2. 家庭经营性收入	4542.53	54.4	3. 牧业支出	1565.02	18.2
(1) 种植业收入	1805.57	21.6	4. 渔业支出	68.18	0.8
(2) 林业收入	76.87	0.9	5. 工业支出	40.29	0.5
(3) 牧业收入	2074.69	24.8	6. 建筑业支出	41.16	0.5
(4) 渔业收入	65.21	0.8	7. 运输邮电业支出	74.71	0.9
(5) 工业收入	61.9	0.7	8. 其他第三产业支出	57.29	0.7
(6) 建筑业收入	33.02	0.4	二、购置生产性固定资产支出	84.57	1.0
(7) 运输业收入	153.31	1.8	三、建造生产性固定资产雇工支出	0.68	0.0
(8) 商业收入	122.14	1.5	四、税费支出	2.69	0.0
二、财产性收入	351.01	4.2	五、生活消费支出	5386.15	62.5
1. 利息收入	150.6	1.8	六、转移性支出	873.83	10.1
2. 土地征用补偿	0	0.0	1. 给大中专学生生活费和学杂费	136.06	1.6
三、转移性收入	881.07	10.6			
1. 非常住人口寄带回	16.02	0.2			
2. 农村外部亲友赠送	70.27	0.8			

资料来源：2012 年梁平县统计年鉴。

2. 梁平县农户支出与结构

从农户支出总量（表 4 - 14 后三列），农户全年总支出高于总收入，因此很多农民存在入不敷出的情况。在家庭经营费用支出中，农户户均支出 2273 元，占总支出的 26.4%；人均生活消费支出 5386 元，占总支出的 62.5%。农民的消费水平还处在较低的层次。此外，给大中专学生生活费和学杂费支出年人均达到 136 元，占了全年人均总支出的 1.6%。由于农村大中专学生集中在少数家庭，可以看出，目前大中专学生费用已成了农村家庭非常大的经济负担。

从生活现金消费支出看，按照国家统计局的统计口径，2011年梁平县全县农民生活消费现金支出 4418.7 元，其中用于食品消费 1493.8 元，占生活消费支出的 33.8%；居住是消费支出①中的第二大项，对于农村居民来说，居住支出主要包括水电费和燃料费；第三项消费支出就是医疗和保健，占总消费支出的 13.2%；第四类是家庭用品、设备及服务②占 10.2%；与此相当的第五类消费支出是交通和通信费占了 10.1%。

表 4 – 15　　　　2011 年梁平县农户生活消费支出结构

生活消费支出	金额（元）	比例（%）
1. 食品	1493.8	33.8
2. 衣着	326.8	7.4
3. 居住	660.6	15.0
4. 家庭用品、设备及服务	449.1	10.2
5. 交通和通信	446.6	10.1
6. 文化娱乐用品及服务	390.4	8.8
7. 医疗保健	581.1	13.2
8. 其他商品和服务	70.3	1.6
生活消费支出合计	4418.7	100

资料来源：2012 年梁平县统计年鉴。

第三节　住房等财产情况

住房是农民最为重要的财产。很多农民一生的辛劳，就是希望

---

① 国家统计局统计口径居住支出只包括房租、水电费、燃料费、取暖费、物业费、维修费等日常消费支出。

② 国家统计局统计口径耐用品消费（家具、部分家电等）、室内装饰品、床上用品、家庭日用杂品、家庭服务、加工维修服务。

能为家庭修一处在村里较好的住房。住房好坏直接关系到农民的生活质量，也会影响到他们的生活满意度和幸福感。此外，水、电、气、互联网也是衡量农民生活质量的重要方面。

一 农户的房屋与居住情况

民国时期，万年村农民住房有5种类型：（1）独立式住房。这种住宅每栋一排三间或五间，居中为堂屋，做婚丧寿庆待客之用，两侧为厢房，多数有转角屋，做厨房或猪圈。（2）四合院。一般为家庭富裕的大户，有一正四横和一正二横。（3）庭院式房舍，一般为大富绅所有。（4）楼阁式大院，为少数大地主所建。（5）部分赤贫人住的"千柱落地"的草棚。① 新中国成立后，万年村农民住房在1980年以前主要是草瓦房，然后逐步改成砖瓦房到现在以两层楼为主的钢筋混凝土房。

万年村村干部介绍，2011年，万年村居民砖瓦房户数有45户，占全村住房类型的1.07%；其余都是两层楼房。2011年，全村人均住房面积（除生产用房）30平方米；平均每户宅基地面积120平方米；全村半年以上空置的宅院数有150个；全村一年以上空置的宅院数有95个；有7户房屋出租户（房租10平方米每月4元）。样本个体中，有1户拥有3处住房，包括一处生产性用房，两处生活性用房；有7户拥有2处住房，其中1户拥有一处生产性用房。有3户有住房在村外，其中1户只有一处住房，2户拥有两处住房。

（一）房屋面积

调查农户44户，总人口177人，家庭人口最多的有7人，最少的1人，平均家庭人口规模4人。44户人家有住房52处，房屋

---

① 秦巴山区的茅草房，一种是"人字形"草棚。依山势择一平地，以两根木桩搭成人字形，立于地上，上架横木，横木另一端架于山崖或另一人字形木架上，用茅竹或树枝为椽，上边覆以茅草或麦草、稻草、苞谷秸秆，人畜混居，卧炊同室。一种是干栏。干栏是用竖立的木桩做底架，在底架上架横梁，在横梁上搭木板或竹笆，在木板或竹笆上搭建长脊短檐的棚子，棚顶覆盖茅草。上面住人，下面养牲畜，附近种庄稼。

总面积 12253.38 平方米，其中生活性住房面积 7438.38 平方米，人均住房面积 42.02 平方米。据国家统计局数据，2011 年全国农村居民人均住房面积 36.12 平方米，重庆市农村居民人均 39.73 平方米，调查到的万年村村民人均住房面积比国家统计局公布的重庆市农村居民人均住房面积略高，主要是样本户中，有一养殖大户，生活性住房面积人均达到了 375 平方米，大大提高了样本户的人均住房面积。如果将最多住房面积一户的 1500 平方米住房不包括在内，样本户人均住房面积只有 34.3 平方米，还低于全国平均水平。总体上，万年村农村居民人均住房面积略低于重庆市农村居民平均住房面积，与全国农村居民平均住房面积相当。从住房建筑面积看，2000 年以后的 10 多年间里，万年村农民住房建设加快，样本农户中只有 5 户有平房，有近一半（20 户）的农户住房房屋结构以砖混和钢筋混凝土为主，基本户型是上下两层、建筑面积在 120—180 平方米的住房。

样本农户人均住房面积最低的是一位老人，因与孩子居住一起，没有自己单独的住房。人均居住面积低于 20 平方米的有 5 户，他们主要是家庭人口多。有 12 户人均居住面积处于 20—30 平方米；有 6 户人均住房面积处于 30—40 平方米；有 10 户人均住房面积处于 40—50 平方米；有 8 户人均住房面积处于 50—100 平方米；有 2 户人均住房面积处于 100—120 平方米；有 1 户人均达到 375 平方米。从居住面积看，应该说，与农村收入差异状况类似，农户住房分配不均情况变得严重起来。把住房看成财产的代表，农村居民财产性差异变得越来越大。10% 的人口占有 35.5% 的住房。近年来，不管是在城市还是在农村，居民住房价格上涨很快。住房拥有面积的多少，已经是社会财产差异最为主要的因素。当然，也应看到，由于农村中大量人员外出，长年居住在农村的村民的人均实际使用住房面积很高，特别是一些留守在家的老人，孩子外出打工，自己在家居住，目前万年村村民住房差异不是影响农民实际生活水平的主要因素。

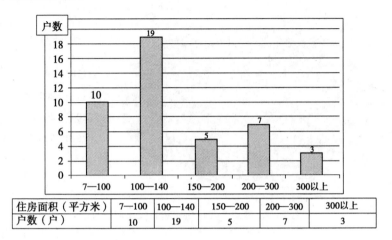

住房面积（平方米）	7—100	100—140	150—200	200—300	300以上
户数（户）	10	19	5	7	3

图4-3　样本个体住房面积分布

（二）农村宅基地

我国农村居民的宅基地面积是根据家庭人口数进行核定的，但全国各个地方人均宅基地的标准不同。根据梁平县国土局的规定，农民符合下列条件之一的可以申请宅基地建房：居住拥挤，宅基地面积少于规定限额标准；要分居分家的农户，分家后无宅基地的；规划新村、震后需要安排宅基地的；批准回乡定居的职工、离退休干部、复员退伍军人，以及回乡定居的华侨、侨眷、港澳台同胞等非农业户口人员，需要使用集体所有的土地建住宅的；原有宅基地被依法征用的；县级以上人民政府规定的其他条件。

在入户调查时发现，万年村农民对自己家的耕地面积比较清楚，但大多数人不知道自己家里的宅基地面积，宅基地四至不清的情况比较突出。1992年，按照国务院《关于进行农村宅基地有偿使用试点，强化自我约束机制的通知》精神，合法面积内的宅基地每平方米每年征收土地有偿使用费0.1元，法定面积外的宅基地处罚，15平方米以内的必须补办用地手续，超出部分必须拆除还耕。1993年后，为减轻农民负担，停止了有偿使用农村宅基地的管理办法。

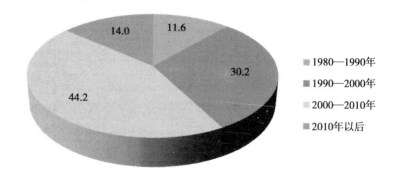

图4-4 样本个体住房修建年代比例（%）

随着我国经济发展，农民外出务工提高了他们的收入水平，农民住房在2000年前后进行了大规模的兴修和改善。样本个体中，住房修建于20世纪80年代的只占11.6%，修建于20世纪90年代的占30.2%，而修建于2000年以后的住房占到了58.2%。2000年以后，中国住房产业不仅在城市而且在农村也是发展最为快速的。住房的修建成本与现值比较看，因为材料成本、人工成本的上升，农村住房修建成本增加较快。1995年修建120平方米建筑面积的砖混结构①二层楼房，修建成本只需要3.2万元；而到2012年，修建同样面积和类型的住房，最少需要12万元。也就是说，17年间，住房修建成本增加了3倍。2006年修建建筑面积100平方米的二层楼房，需要15万元；2012年修建同面积和类型的住房，修建成本上升到了25万元。6年时间，住房修建成本上涨了67%。农户修

---

① 建筑工程上，砖（石）木结构指建筑物中承重结构的墙、柱采用砖（石）筑或砌块砌筑，楼板、屋架用木结构共同筑成的房屋；砖混结构指建筑物中竖向承重结构的墙、柱等采用砖或砌块砌筑，柱、梁、楼板、屋面板、桁架等采用钢筋混凝土结构。钢筋混凝土结构指房屋的主要承重结构如柱、梁、板、楼梯、屋盖用钢筋混凝土制作，墙用砖或其他材料填充。三种房屋结构中，钢筋混凝土结构抗震性能好，抗腐蚀、耐火能力强。由于建筑材料、工程复杂程度不同，工程造价也不同。在同等情况下，钢筋混凝土结构的房屋造价最高。调查农户房屋结构主要是砖混和钢筋混凝土结构两种类型。

建住房成本没有将宅基地价格上涨因素计算在内，因此，农村住房的实际价值在近年全国城市住房价格快速上升的大背景下，也在快速增长。从这似乎可以联想到，我国资产价值膨胀，除了经济增长引发住房需求增长进而带动住房价格上涨，更为主要的原因是资源成本、劳动力成本上升造成的。而这些成本上升的一个重要推手，就是从银行系统里源源不断地注入到经济体中的货币。

从房屋的租赁市场看，万年村由于外出人员增加，村里不少家庭都会有周期性的空置房屋，目前，由于外来人口到村里承包耕地进行规模化经营，有少部分农民将自己闲置的房屋出租，增加了财产性收入。总体上，住房出租的比例很低。要增加农民的财产性收入，需要通过观光农业等产业发展，形成人口流入机制，才有可能。

图4-5　万年村新建的民居

二　耐用消费品

耐用消费品是指那些使用寿命较长，一般可多次使用的消费品。影响农民生活质量的一个重要方面是耐用消费品的拥有情况。每年国家统计局对每百户农村居民耐用消费品拥有情况进行入户统计调查。受收入水平限制,农村居民的耐用消费品升级换代要大大落后于城镇居民。

彩色电视机。样本个体中,有代号为5、23的2位农户家里没有彩色电视机,有2户家里有4台;2户家里有3台;有8户家里有2台。44户农户家里共有彩色电视机59台,每百户农村居民彩色电视机拥有量为132台,高于2012年全国100户农村家庭彩色电视机拥有水平。

手机。每个家庭都有手机,很多家庭是每位成年人有一部手机。从价值上看,大多农户在家长久居住的成员都是在当地购买价值300元左右或是亲友淘汰的旧手机。他们一年的通信费用在400—500元,也就是每月40元左右。主要目的是保持与外界的联系,通话方便。

洗衣机。44户拥有洗衣机25台,每百户57台。2012年全国100户农村家庭平均是63台,略低于全国平均水平。

电冰箱。44户拥有29台,每百户66台。2012年全国平均水平62台,略高于全国平均水平。

有意思的是,在20世纪80—90年代作为农民消费时尚的自行车、手表、缝纫机、照相机等耐用消费品,由于科学技术进步和农村生活环境的变化,曾经的时尚物品不再时尚。农村公路修建后,农村机动车数量增加,自行车的拥有量下降。44户中有自行车的家庭只有15户,每百户拥有量为34辆,大大低于全国100户农村家庭拥有70辆的平均水平。摩托车22辆,每百户拥有量50辆,低于2012年全国100户农村家庭拥有量的平均水平。样本个体中只有2户还拥有缝纫机,而且都是20世纪购买后很快就会被淘汰、使用率很低的商品。

更能体现现代社会特征的电脑拥有量,44户中有11户拥有1台电脑,10户能上网,也就是百户拥有量为25台,高于全国每100农村住户拥有18台的平均水平。空调也是类似情况,有11户有空调，每100户拥有25台，略高于全国平均水平。3户有小气车，每100户拥有8辆，也高于全国平均水平。

总体上，万年村村民耐用消费品的拥有量略高于全国平均水平。

三· 饮用水、能源、厕所等生活设施

样本个体饮用水除1户需直接从河湖中担水外，其他的都是一户或几户用集中供的自来水，水源为地下水。根据各家各户所处地理位置不同，主要有深井或浅井两种。万年村离屏锦镇距离不远，村里60%的农户家里将天然气作为炊事用第一能源，但有22.3%的农户仍然将柴草作为炊事用第一能源；有13.6%的农户将电作为第一能源；其余的4.1%的农户将煤作为第一能源。总体而言，煤气、柴草、电、煤是万年村村民炊事用能源，各家四种能源所占比重有所差异，但柴草的成本低，而且没有其他更好用途的情况下，不失为一种省钱的重要能源。

农村厕所作为小农经济的一个重要环节，常是农民积累农家肥的一个重要方式。但是，由于不能很好地清洁处理人畜粪便，厕所常是蚊虫滋生场所，很多疾病的传染之地。近年来，各地政府对农村的改水改厕工作高度重视，利用农民兴建住房的有利时期，加大了改水改厕工作力度。万年村在新农村建设规划中，也将传统的人畜共厕的方式转变为水冲式厕所。目前，村里水冲式厕所所占比例达到30%，经过化粪池处理的占了30%，其他的农家积肥方式占了40%。

四 文化生活与文化设施

文化生活方面，44位样本个体中只有7位表示每年会花费几十到几百元不等的图书购买费用，也就是说，有37位近85%的村民不会花钱用于订阅书报杂志。阅读书籍，增加知识特别是一些纯理

论知识对大多数农民来说还是高山仰止、可望而不可求的东西。为什么农民对知识的需求量如此低？马克思说，对知识渴求的动力超过十所大学，农民的生产生活环境限制了他们对于知识需求的动力。农业生产方式的现代化、信息化、科技化程度提高，农民对知识的需求才会提高，他们阅读的范围和兴趣才会有大的飞跃。可喜的变化是，万年村在发展规划过程中，将提高和丰富农民的精神文化生活放到了一个重要的位置。村民在万年村的图书阅读室读书的时间增加了。调查显示，有近一半的村民经常在村阅览室里定期借书报学习。他们主要阅读一些有关国家大政方针、农村实用技术的书报。

文化设施供给方面，2010 年 11 月—2011 年 12 月，屏锦镇文化服务中心在全镇建立了 19 家村级农家书屋，万年村是其中之一。按照统一标准，各村级农家书屋面积均在 20 平方米以上，配置 3 个书柜，6 张桌子，10 把椅子，2000 余册图书，并将所有的图书进行登记编码，建立五簿一册，落实图书管理员进行专人管理。图书管理员每天上午 8：00—12：00 和下午 1：30—6：30 对村民免费开放阅览室。阅览室管理员制作了借书证，村民凭证就可借阅农家书屋的图书。图书管理员还定期或不定期地为村民讲养猪、养鸡、养鸭和种植技术，传授科普知识，并定期组织开展读书活动，鼓励村民谈读书体会，交流致富经验。

现在主要的问题是村级农家书屋图书管理员属于兼（专）职，没有任何经费来源，每天农家书屋开放时间都在 9 个小时以上，长此以往，村级农家书屋实行免费开放时间就会因经费短缺而难以保证。

第五章

幸福的社会保障

人生活是否幸福，一方面要加强自身修养，抑制内心永远不能得到满足的无穷无尽的欲望；另一方面，正如马斯洛所说，只有在满足基本生活需求之后，人们才会追求更高层面的精神生活。少数万年村的村民通过外出打工经商先富裕起来，而大多数人才刚刚解决温饱问题。如何共享改革开放和经济发展的成果，让如万年村一样的中国农民实现小康生活，达到"少有所学、病有所医、老有所养"的理想状态，还有很长的路要走。前面已提到，教育、医疗、养老已成为万年村很多家庭沉重的经济负担，近年来，国家增加了对包括农村的教育、医疗和养老在内的社会保障体系的投入，受到了农民朋友的交口称赞和广泛欢迎，但是，与他们的实际需要相比，国家的投入还存在严重不足。本章将介绍万年村的教育、医疗和养老等社会保障情况，这是村民幸福生活的要素之一。

第一节　万年村的人口特征

2006年与邻近的鹤壁村合并后，万年村的人口规模有所扩大。根据村委会提供的数据，2012年全村1405户，共计3936人，其中外来户 13 户，共 22 人。

一 人口情况

万年村共有 9 个村民小组。根据村里提供的户籍人口数据，2006 年万年村开始新农村建设项目后，村里有一部分人的户籍归入到屏锦镇，这部分人口的户籍归城镇户口居民管理所屏锦所第十七段管理，并命名为万年路和渝江路社区。万年村有较大一部分人是拥有城镇户籍的农村人口。2012 年，万年村有城镇居民户口 677 人，农村居民户口 3259 人。户籍家庭人口规模 2.8 人，按共居共财的方式计算，万年村家庭平均人口规模在 4 人左右。户籍册上有很多一人家庭，出现这种情况，主要是城乡统筹改革，村里一些人转为了城镇居民户口。

表 5-1 万年村人口基本信息

村民小组	农村户口人数（人）	城镇户口人数（人）	男（人）	女（人）	户数（户）
1	260	29	149	140	117
2	146	40	108	78	84
3	426	50	237	239	174
4	484	41	259	266	166
5	350	40	197	193	138
6	200	36	119	117	91
7	321	60	195	186	128
8	312	111	218	205	133
9	157	91	128	120	94
万年路和渝江路社区	603	179	402	380	280
合计	3259	677	2012	1924	1405

万年村共有 9 个村民小组及万年路和渝江路两个社区，有独立户口的 1405 户，其中单户户口有 348 户，占总户数的 24.8%；2 人户 275 户，占总户数的 19.6%；3 人户 324 户，占总户数的

23.1%；4人户314户，占总户数的22.3%；5人户、6人户、7人户、8人户、9人户分别为79户、47户、13户、3户和2户，分别占总户数的5.6%、3.3%、0.9%、0.2%、0.1%。很多老人虽然是单户口，但他们与子女常共食、共居，所以单独户口家庭有很大部分应归入到4人、5人和6人家庭里。无论如何，由于20世纪80年代计划生育政策的施行，农村中"三代同堂"的家庭结构正向父母和两子女、两个老人单过或是老人在家帮子女带孩子的留守老人、孩子型的家庭结构变化。只有极个别的家庭仍保持着传统农村祖孙三代同堂的情况（见表5-2）。

表5-2　　　万年村各村民小组户籍人口数分布情况（户）

村民小组	1人户	2人户	3人户	4人户	5人户	6人户	7人户	8人户	9人户
1	39	23	28	19	5	2	1	0	0
2	37	14	18	11	1	3	0	0	0
3	42	35	46	36	9	5	1	0	0
4	22	32	43	48	12	5	4	0	0
5	28	36	33	25	8	6	1	1	0
6	24	26	17	15	8	0	0	0	1
7	29	27	22	29	11	9	1	0	0
8	25	24	31	31	9	7	3	2	1
9	28	15	16	29	0	3	1	0	0
社区	74	43	70	71	16	7	1	0	0
合计	348	275	324	314	79	47	13	3	2
比例（%）	24.8	19.6	23.1	22.3	5.6	3.3	0.9	0.2	0.1

有效样本42户农户的家庭人口信息，也反映了万年村家庭人口规模变小的趋势。总体上，农村家庭人口平均规模下降，三代同

堂家庭减少，父母和孩子共同居住的两代核心家庭占比在增加①。
家庭人口规模的变化，除了计划生育政策的作用外，也与经济发展
后人们生育观念转变有关，少生、优生是新生代大多数农民的主流
思想。

表 5 – 3　　　　　　　　　样本户家庭人口和耕地情况

家庭总人口（人）	1	2	3	4	5	6	合计
户数（户）	3	7	5	7	10	10	42
比例（%）	7	17	12	17	24	24	100
耕地（亩）	1.50	1.38	2.63	3.65	5.20	7.90	—
人均耕地（亩）	1.50	0.69	0.88	0.91	1.04	1.32	—

二　年龄结构和性别

（一）年龄结构

2012 年，全村 18 岁以下人口共 784 人，占总人口的 19.8%；
18—64 岁的劳动力人口 2631 人，占总人口的 66.8%；64 岁以上人
口 448 人，占总人口的 11.4%。按照联合国的旧标准，一个地区
60 岁以上老人达到总人口的 10%（新标准是 65 岁老人占总人口的
7%），该地区被视为进入老龄化社会。根据这样的标准，万年村在
家庭人均纯收入只有 1300 美元的经济发展水平时，就已进入老龄
化社会。这是将大量外出务工人员统计在内的村民年龄结构。如果
将大量外出务工的青壮年劳动力不计入，只是统计万年村常住人口
年龄分布，60 岁以上人口占到了近 40%。在整个社会收入差异扩

① 实行增人不增地，减人不减地政策，对男性多的家庭造成了较大影响，特别是
对农村妇女的土地承包权及宅基地、房屋使用权，产生了很多不利条件。虽然在法律上
男性和女性具有同等的养老义务，但实际生活中，目前乡村的传统风俗是，女性出嫁到
男性一方后，结合成一个家庭，男性这个家庭有承担男方父母养老的义务，而男方父母
在他们结婚时，常会分配包括住房在内的财产给这个新家庭。但按新的《婚姻法》，婚
前财产属于父母所有，导致一些家庭不和的农村妇女承担了很多养老义务但不能得到相
应财产权利的情况。

大化背景下，正如马克思在分析资本主义社会指出的那样，社会分化成相互对立的资产阶级和无产阶级，如果没有有效的政策措施来缩小贫富差距，未来的中国也可能会变成有钱人和没钱人两个对立的阶级。有钱人可以雇人养老，而没钱人，特别是农村的那些贫困人口如何养老呢？

占总人口的百分比（％）

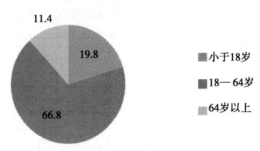

图 5－1　2012 年万年村不同年龄段人口分布

（二）性别比例

从年龄比看，全村 3936 人中，学龄前儿童（小于 6 岁）总计 288 人，占全村总人口的 7.3％；6—18 岁未成年人口 496 人，占全村总人口的 12.6％。全村 18 岁以下未成年人所占比例为 20％。但是从性别看，18 岁以下未成年人的男女比例严重失调。6 岁以下的男孩 152 人，女孩 136 人，男女比例为 112：100；6—18 岁区间的男女比例失调达到了惊人的程度，这个年龄区间有男孩 290 人，女孩 206 人，男女比例达到了 141：100；在 18—30 岁这一年轻人群体中，男女比例为 115：100。综合来看，万年村 30 岁以下人群，男女比例为 122：100，18 岁以下未成年男女比例为 129：100。实行计划生育政策以来，农村的单独家庭非常少，男女比例失衡程度远高于全国平均水平，考虑到城镇中的男女比例相对均衡，农村男女比例失衡问题相当严重。

表 5 - 4   2012 年万年村各年龄段男女人数（人）

性别 \ 年龄（岁）	<6	6—18	18—30	30—40	40—50	50—60	60—70	70—80	80—90	90—100
男	152	290	389	228	447	190	190	87	33	6
女	136	206	338	245	456	189	217	83	47	7
合计	288	496	727	473	903	379	407	170	80	13

在 30—60 岁的中年群体中，男女比例基本平衡。但是，一个比较明显的现象是，60 岁以上老人中，女性人数要多于男性。2012年万年村 60 岁以上老人 670 人，其中，女性有 354 人，男性 316人，女性比男性多 38 人，男女比例为 100∶113。说明，万年村女性的平均寿命要大大高于男性。

表 5 - 5   2012 年万年村各年龄段男女比例（%）

性别 \ 年龄（岁）	<6	6—18	18—30	30—40	40—50	50—60	60—70	70—80	80—90	90—100
男	7.6	14.4	19.3	11.3	22.2	9.4	9.4	4.3	1.6	0.3
女	7.1	10.7	17.6	12.7	23.7	9.8	11.3	4.3	2.4	0.4
合计	7.3	12.6	18.5	12.0	22.9	9.6	10.3	4.3	2.0	0.3

三　文化教育

我国农村人口文化程度低，是制约农村发展的重要因素，也是农民被冠以落后代表的重要原因，因教育文化程度确实能反映一个人的综合科学技术水平。新中国成立以后，万年村的教育事业有了很大程度的改善，特别是九年制义务教育制度的实施，对于村民教育水平提高起到了重要作用。总体上，与城镇居民相比，农民文化程度还处于较低水平。2012 年，只有小学和初中文化程度的村民分别占了万年村人口的 35.8% 和 59.0%，高中文化程度的只占3.4%，全村具有中专文化程度的只有 4 人，还包括一名大学生村官在内，另外还有 1.7% 的文盲或半文盲人员。九年义务制教育制度实施以前的很长时期，我国农村中小学教育落后，很多人在上完小学后就放弃了学业。九年制义务教育制度实施后，农村总体文化教育水平有所提高，特别是上初中的人增加了很多。但根据万年村委员会提供的资料，村民中接受高中以上文化教育程度的人数并未呈上升的趋势，隐含着初中毕业后就进入社会的青年人占了万年村人口的大多数。

表5－6　　　　万年村不同年龄段的文化程度（%）

年龄段	小学文化	初中文化	高中文化
文化程度			
60 岁以上	3.8	4.1	3.1
50—60 岁	8.7	11.9	21.5
40—50 岁	27.4	32.3	21.5
30—40 岁	22.8	18.6	21.5
20—30 岁	22.1	22.8	27.7
20 岁以下	15.2	10.3	4.6

四　流动人口

万年村是一个以外出务工经商为主的劳务输出村，近年来，随着万年村经济社会发展，特别是通过土地流转引入了一些如规模养鱼、养猪等新型农业经营主体，也有少数的外来非村户籍的常住人口。

（一）外出流动人口

2011 年，万年村全村外出务工或经商人口873 人，其中：半年以上在外的非常住人口373 人，短期在外不足6 个月的常住人口500 人。当年家里有外出务工或经商的农户162 户，其中：举家外出的农户126 户，仅主要劳动力外出的农户117 户。外出务工或经商人员主要职业有建筑工人、工程师、技术员、普通工人和文员。定期回家从事农业生产的外出人员有200 人。外出务工经商的主要途径有亲朋好友介绍、工厂招工、中介组织和自己找几种。2011年，因为上学、外出务工或经商户籍迁出万年村的有8 人。

梁平县县城里的初级中学上学；1 名在重庆市里的初级中学上学；有 5 名高中生，其中高中一年级 2 名，三年级 3 名，都在梁平县县城的高级中学就读；有大学生 3 名，其中大学二年级 1 名，四年级 2 名。他们中有 1 名在重庆上大学，有 2 名在外省区上大学。除了一位 15 岁在校学生的户口不在万年村，其他学生的户口都在本村。那些上了大学的学生，户籍也没有迁移出万年村。

表 5 - 7　　　　　　　　样本户在校学生人数及年均消费

上学阶段	人数（人）	男生（人）	女生（人）	年均消费支出（元）
学龄前	6	3	3	2200
小学	20	11	9	4500
初中	6	3	3	3175
高中	5	3	2	6200
大专及以上	3	1	2	20000

（二）上学消费支出

在万年村幼儿园的 2 名男孩和 3 名女孩，包括学费、文具费、零食、衣着、食品在内，每名儿童一年平均消费支出在 2000 元左右；在屏锦镇里上幼儿园的 1 名儿童年平均消费支出为 2500 元左右。因为选择上学的地点和学校的性质不同，学生的年均支出差异较大。小学生中有 9 名女孩子，11 名男孩子。包括各种资料费、文具费、午餐费等，在本村上小学的，年平均消费支出约 3500 元。在乡内上学的，一名学生一年需消费约 4500 元。在梁平县县城里上小学的，一名学生一年需花费约 5000 元。2 名在外省上小学的，一名学生一年需花费约 6000 元。

在屏锦镇初中上学的有 3 名男生和 3 名女生，同校的初中生消费差异较大。有的学生一年只需花费 500 元，而有的学生则花费 4000 元，这与学生离家的距离和家庭的收入状况有关。家离得远的，需要住校，花费更多一些。在县城上初中，一名学生一年需花费约 4000 元；而在重庆市上初中，一名学生一年则要花费约 6000

元。在梁平县上高中的 5 名学生中，有 3 名男生和 2 名女生。一名学生年均花费约 8000 元，也就是一月需要 400 元。据了解，这还是相当低的消费水平。3 名上大学的学生，有 1 名男生和 2 名女生。在重庆上大学的，一年至少需要 2 万元；而在外省市上大学的，一年需花费 2 万元多。

二 万年村的教育条件

2011 年万年村有幼儿园 2 所，小学 1 所，学校地址都在村域内。由于万年村小学校址距离屏锦镇近，学校交通条件和师资力量相对于邻近其他村的小学好很多，因此这所小学吸引了附近其他村的学龄儿童来上学。万年村的初中生大多在离村部 1.5 公里外的屏锦镇的初级中学上学；离万年村距离最近的高中是 1.5 公里外的一所中学。

（一）学前教育

收费总体情况。在屏锦镇的幼儿园，一学期包括孩子午餐在内收费 1100 元。2011 年前，万年村村办的幼儿园教师由村集体收入支付。自 2011 年后，幼儿园实行改革，村集体不再支付幼儿园老师的工资，包括教师工资在内的办学支出全部需要通过收学费来筹集，这种改革方式，增强了教育的市场性，但幼儿园的学生数量波动性大，幼儿园收入不稳定，影响到了办学质量。[1] 2011 年后，幼儿园只有两名女教师，主要教学内容包括语言、数学、礼仪、拼音、体操、音乐和做一些游戏。2012 年 10 月笔者到村里调研时，那时有两个幼儿班。在两个班中，3—4 岁和 5 岁以上的儿童各占一半。理论上说，3 岁进幼儿园小班，4—5 岁进幼儿园中班，6 岁进学前班，7 岁可读小学。但受条件限制，这些孩子没有按岁数分

---

[1] 2012 年 10 月在与幼儿园老师座谈时，据幼儿园老师介绍，在 2011 年以前，幼儿园按区域划片，主要由村委会负责筹办。2011 年后，村里不再承担这项工作。幼儿园老师没有事业编制，基本按"企业"方式管理和运营。作为一种特殊的"农民"，老师不能纳入到城镇养老保险和医疗保险体系中，两位幼儿园老师的月工资 700 元左右，比万年村农民家庭人均纯收入略高。

班。统一讲课，对大的孩子在写字上有些要求，小的孩子只要求认识一些字。孩子大多数是本村的，有部分附近村子里的。每天孩子上下学由家长负责接送。小孩子家离学校最远的有4公里。一个班里每年都有7—8个儿童的家庭离学校3公里以上。

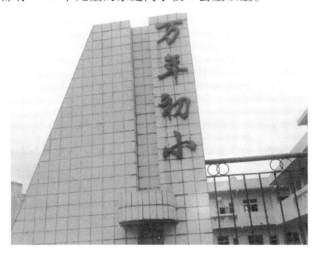

图5-2　万年村小学

（二）小学教育

万年村小学阶段，学龄儿童大多就近在万年村小学上学，当然也有部分学生到其他学校。农村教育与城镇教育的差别，其实主要是在九年义务制教育这个阶段。进入高中或大学，只不过是这个阶段的延伸，教育资源的供给通过考试的方式均分给了每一个能够进入更高一级教育阶段上学的学生。对万年村的小学生来说，不少人因为父母在外地打工，由家里的老人照料生活，学习就得全部依靠学校老师和他们的自觉性。学校早上8：00上课，上午4节课，午餐由学校统一提供。下午13：00上课，17：00下课。课间休息10分钟。实施九年义务制教育后，学校的书本费和其他学费免了，一学期一个学生只花50元左右的资料费，在学校用午餐花费430元，这不包括学生的其他消费。

2011年，万年村小学1—6年级共6个班级，有小学生215人，其中，男生 118 人，女生 97 人。从年级分布看，一年级有 38 名学生，二年级有 35 名学生，三年级有 34 名学生，四年级有 23 名学生，五年级有 37 名学生，六年级有 48 名学生。各个年级的学生人数差异较大，六年级有 48 名学生，但最少的年级只有 23 名学生。造成各年级学生人数差异大的原因是万年村小学除了招收本村学生，还招收邻近村的学龄儿童。215 名小学生中，预计有 120 名来自于其他村。此外，如果要升入到屏锦镇镇中心学校，在万年村小学上学会更容易一些，这就吸引了部分在外地上学的低年级学生转回到万年村小学的六年级学习。

表 5-8　　　　　2012 年万年村小学各年级学生人数

年级	男生（人）	女生（人）	合计（人）
幼儿园一班	23	21	44
幼儿园二班	25	17	42
一年级	22	16	38
二年级	18	17	35
三年级	18	16	34
四年级	11	12	23
五年级	22	15	37
六年级	27	21	48
小学生合计	118	97	215

校园安全是困扰学校的一个大问题。村庄合并后，一些村民小组的孩子家离学校较远。据学校老师介绍，2011 年全校学生家离学校 3 公里以上的就有 30—50 人，其中最远的学生有 4 公里。出于安全考虑，学校不主张小学生乘坐机动车上学（村里没有公交车，有时村民会选择乘坐摩托车），这样 80% 的学生只能自己步行上下学。有一个六年级的学生，家离学校太远，一天上下学就要步行 3 个多小时。他父母都在外地打工，与年迈的外婆一起生活。每天早上他 5 点多钟起床，自己做早饭吃后一人步行上学。他的学习成绩在班上处于中等偏上的水平。老师说，如果他不用花那样多时

间在路上，如果他也有父母照顾管理，他的学习成绩可能会非常好的。可惜，现实生活没有如果。

2010 年起，学校雇用了一名安保人员，由重庆市教育委员会统一核定和发放工资。这些安保措施是针对近年来小学生安全问题而采取的。雇用一名安保人员每月需 1200 元，但扣除"五险"①后，学校一名安保人员每月到手的工资在 750 元左右，每年学校与保安公司签订用工合同。学生 5 点放学后，老师要求他们必须立即离开学校。这种制度不仅在万年村小学实行，学生放学后必须立即离开学校也是当前中国许多中小学校的规定。学生放学后离开学校，学校就不再为放学后学生的各种安全问题承担无限责任。只是苦了不少学生，他们放学后就不能使用学校内的各种体育锻炼设施和其他学习设备。孩子们没地方玩，只能宅在家里看电视。不知学校用这种方式将孩子无情地赶出校门会给孩子们的童年留下什么样的记忆，这只能让时间来回答了。

虽然近年来国家对农村教育的投入逐年加大，但农村学校师资力量薄弱、基础设施差的现状还没有得到根本性改变。2012 年，万年村小学有 6 个班 215 名小学生，但教师只有 12 名，两个老师负责一个班级。其中男性教师 5 名，女性教师 7 名。从年龄段看，12 名教师中，50 岁以上的 5 名；40—50 岁的 4 名；40 岁以下 3 名，教师的年龄老中青相结合，基本还是合理的。由于师资力量薄弱，特别是如英语、音乐、绘画、体育等方面几乎没有专职教师。学校 1—2 年级学生没有英语老师而不能开设英语课程。从教师职称看，高级教师有 7 名，中级和初级教师 4 名。老师们的学历基本是自修大专和自修本科，没有正式的大学本科毕业生到校任教。2012 年教师月平均工资 2000 元，采取基本工资＋绩效工资的方式。

---

① 包括养老保险、医疗保险、失业保险、工伤保险和生育保险；养老保险、医疗保险和失业保险，这三种险是由企业和个人共同缴纳的保费，工伤保险和生育保险完全是由企业承担的，个人不需要缴纳。"五险"是法定的。

基本工资 980 元，其他还有生活补贴和年终考核奖等。屏锦镇镇中心小学有三个分校，2 个校长，4 个主任，3 个管教学，1 个管后勤。2008 年屏锦镇有一些行政村合并，原来村里的小学校也随之合并。屏锦镇中心小学招收相邻几个村的学生，学校规模较大。屏锦镇中心小学的师资力量要优于万年村小学，有大学本科毕业的教师在该校上课。

表 5 - 9　　　　　　　　　万年村小学的师资

年龄段	男教师（人）	女教师（人）
50 岁以上	2	3
40—50 岁	2	2
30—40 岁	1	2
合计	5	7

（三）初中及以上的教育

初中及以上的教育已跨越了万年村一个行政村的区域范围，学校在屏锦镇和梁平县。受研究目的限制，没有对这些学校进行访问调查。初中属于九年义务制教育范围，没有学杂费和书本费，只有少量的资料费。如果在梁平县县城上初中，一学期一名学生住宿费 425 元，其他需要支出生活费。在梁平县县城上高中，一学期一名学生学费和住宿费 1450 元，另需一定的生活费。在样本户中，有三户因为子女上学向亲友借钱，分别借了 3000 元、5000 元不等。不少农民觉得孩子上高中特别是大学的学费超出了他们的经济承受能力，而且孩子上了大学后，还有可能找不到工作，这让那些有孩子上大学的农民家庭为孩子上大学感到骄傲的同时，也对上大学的价值产生了深深的怀疑。

第三节　医疗保障

满足人们的衣食住行，实质是从不同角度满足了人体各类器官

"发展"的需要。如果不能适时满足，人体的器官结构和功能就会受到影响，表现为疾病。在人体器官偏离其正常功能的一定范围内，能自我调节和自我修复。如果偏离程度过远，则需要外界"医"的介入。疾病种类很多，按世界卫生组织 1978 年颁布的《疾病分类与手术名称》第九版（ICD-9）记载的疾病名称就有上万个，新的疾病还在发现中。医学通过科学或技术的手段处理人体的各种疾病或病变，可分为现代医学（即通常说的西医学）和传统医学。历史上，巫、医常混合在一起，"祝由"术沿袭数千年，属于元明临床"十三"科之一；古埃及医师运用念咒、画符和草药治病；西医在古希腊时期开始医巫分家，希波克拉底对医学发展做出了重要贡献。医学的发展提高了人均寿命和降低了出生婴儿死亡率，减轻了人们的疾苦，为提高人们生活质量和幸福感提供了根本保障。2012 年，万年村有卫生室 1 个；药店（铺）3 个；医生 6 人，其中有行医资格证书的 3 人；全村有接生员 3 人，其中有行医资格证书的 1 人。最近的屏锦镇医院和卫生院离村有 1.5 公里。因为医疗条件的改善，村里近几年没有婴幼儿死亡和孕产妇死亡现象。

一 样本户身体健康状况

调查表中用身体健康、患病有劳动能力、患病无劳动能力三种类型来表示样本个体的身体健康状况。样本个体中患病有劳动能力、患病无劳动能力的家庭各有 9 户，在患病有劳动能力的 9 户中，3 户有 2 位家庭成员患病；在患病无劳动能力的农户中，2 户有 2 位家庭成员患病。两类患病家庭放在一起，共计 18 户 25 人，占了样本总数的 41%。疾病严重影响到万年村村民的生活质量和幸福感。25 名患者中，有 12 位是答卷人，另 13 位是家庭中的其他成员。13 名男性，12 名女性。

自己或是家庭成员患病但还有劳动力能力的有 13 人，其中有 6 位答卷人。年龄分布上，3 位是 70—80 岁之间的老人，7 位是 60—70 岁之间的老人；另外有 3 位是年龄分别为 57 岁、44 岁和 38 岁的农村中年妇女。有 4 位丧偶老人，2 男 2 女，年龄在 70 岁左右（见表 5－10）。

表 5－10　　　　　　　家庭成员中患病有劳动能力的农户

户编号	是否答卷人	性别	年龄（岁）	婚姻状况
06	是	女	44	已婚
06	否	女	67	丧偶
08	是	男	67	丧偶
09	否	女	75	丧偶
09	否	女	38	已婚
11	否	女	74	已婚
23	是	男	66	已婚
23	否	女	65	已婚
32	否	女	57	已婚
38	是	男	63	丧偶
39	是	女	67	已婚
39	否	男	72	已婚
44	是	女	62	已婚

家庭成员患病无劳动能力的有 11 人，其中 6 位是答卷人，有 4 位是答卷人的配偶，有 1 位是答卷者的孙女。从年龄上看，11 位患病无劳动能力人中，有 2 位 80 岁及以上老人，其中 1 位已丧偶；2 位 70 岁到 80 岁之间的老人；5 位 60—70 岁之间老人；1 位 58 岁的中年人；还有 1 位 19 岁的年轻人，得了一种先天性的遗传性疾病。患病无劳动能力的人主要是年龄大了，表现为劳动能力的自然下降。性别方面，患病无劳动能力的有 3 位女性，8 位男性（见表 5－11）。

表 5－11　　　　　　　家庭成员中患病无劳动能力的农户

户编号	是否答卷人	性别	年龄（岁）	婚姻状况
03	是	男	68	已婚
05	是	女	69	已婚
10	是	男	78	已婚

户编号	是否答卷人	性别	年龄（岁）	婚姻状况
10	否	女	80	已婚
11	是	男	66	已婚
14	否	男	74	已婚
14	否	女	68	已婚
15	否	男	19	未婚
21	是	男	67	已婚
22	否	男	81	丧偶
32	是	男	58	已婚

样本个体中，有13户表示家里有人患慢性病，占样本个体的30%，其中，4个家庭表示有2位成员患有慢性病，有9个家庭表示家庭成员中有1人患慢性病①。

常规体检是为掌握自身健康状况而进行的定期健康检查，包括一般形态、内科、外科、眼科、耳鼻喉科、口腔科、妇科、放射科、检验科、辅诊科等科室检查，可以反映体检阶段的身体健康状况，达到预防和及时治疗各种疾病的目的。万年村村民除了如上学、参军或是生病到医院进行体检外，很少参加常规体检。调查显示，2011年只有3户人家的非学生家庭成员参加过常规体检。

预防接种是将人工制成的各种疫苗，采用不同的方法和途径接种到儿童体内。疫苗的接种相当于受到一次轻微的细菌或病毒的感染，迫使儿童体内产生对这些细菌或者病毒的抵抗力，经过如此的锻炼，儿童再遇到这些细菌或病毒时就不会患相似的传染性或感染性疾病。儿童计划免疫是根据危害儿童健康的一些传染病，利用安

---

① 慢性病全称是慢性非传染性疾病，不是特指某种疾病，而是对一类起病隐匿，病程长且病情长期不愈，缺乏确切的传染性生物病因证据，病因复杂，且有些尚未完全被确认的疾病的概括性总称。一般的慢性病有心脑血管疾病（高血压、冠心病、脑卒中等）、糖尿病、恶性肿瘤、慢性阻塞性肺部疾病（慢性气管炎、肺气肿等）、精神异常和精神病等。

图 5 - 3　为村民义务诊治的下乡医生

全有效的疫苗，按照规定的免疫程序进行预防接种，提高儿童免疫力，以达到预防相应传染病的目的。目前中国对儿童实施强制接种疫苗措施，加上人们增强了儿童健康意识，样本个体家庭中的儿童全部正常接种疫苗。

二　近五年（2007—2012）家庭成员患重大疾病和治疗情况

重大疾病是指医治花费巨大且在较长一段时间内严重影响患者及其家庭的正常工作和生活的疾病，一般包括：恶性肿瘤、严重心脑血管疾病、需要进行重大器官移植的手术、有可能造成终身残疾的伤病、晚期慢性病、深度昏迷、永久性瘫痪、严重脑损伤、严重帕金森病和严重精神病等。2012 年由国家发展改革委员会等六部委发布的《关于开展城乡居民大病保险工作的指导意见》（以下简称《指导意见》）中没有按照病种区分大病，而是根据患大病发生的医疗费用与城乡居民经济负担能力来判定。世界卫生组织关于家庭"灾难性医疗支出"的定义是，一个家庭强制性医疗支出，大于或者超过家庭一般消费的 40%。按 2012 年的《指导意见》精神，当城镇居民、农民当年个人负担医疗费用分别达到当地城镇居民年人均可支配收入、农民家庭年人均纯收入时，会发生灾难性医疗支出，也就达到了大病所判定的标准，通过大病医疗保险方式给患者支出部分治疗费用。

（一）家庭成员患重大疾病情况

44 户样本农户中，过去 5 年家庭成员中有患大病①住院治疗的有 9 个家庭。最年轻的患者 48 岁，最老的 81 岁。有 6 位 60 岁以上的老年人，有 3 位 50 岁左右的中年人。疾病类型各式各样，其中有两位肿瘤患者（见表 5－12）。

表 5－12　　近五年（2007—2012）家庭成员患大病住院治疗情况

户编号	年龄（岁）	患病类型	治疗地点	住院时间（天）	治疗结果
03	68	骨折	省内县级以上医院	26	痊愈
06	67	梅尼埃病②	乡镇卫生院	2	痊愈
08	67	直肠瘤	省内县级以上医院	3	好转
14	74	冠心病③	乡镇卫生院	14	好转
21	67	腰痛	县医院	7	好转
22	81	疝气④	乡镇卫生院	7	痊愈
31	48	胃病；肝病	县医院	36	好转
32	58	心肌梗塞⑤	国内省外医院	15	好转
37	50	子宫瘤	省内县级以上医院	7	好转

（二）家庭成员大病治疗情况

治疗地点方面，有 3 人在重庆市的省级大医院，有 1 人到了其

---

①　按 2012 年开展的大病保险指导意见对大病的定义，有代码为 6、14 和 21 三样本户家庭成员虽然住院治疗了，但医疗支出没有达到"大病"的标准。

②　梅尼埃病是一种特发性内耳疾病，曾称美尼尔病，主要的病理改变为膜迷路积水，临床表现为反复发作的旋转性眩晕、波动性听力下降、耳鸣和耳闷胀感。

③　冠状动脉粥样硬化性心脏病是冠状动脉血管发生动脉粥样硬化病变而引起血管腔狭窄或阻塞，造成心肌缺血、缺氧或坏死而导致的心脏病，常常被称为"冠心病"。

④　疝气，即人体内某个脏器或组织离开其正常解剖位置，通过先天或后天形成的薄弱点、缺损或孔隙进入另一部位。

⑤　心肌梗塞又叫心肌梗死，是指急性、持续性缺血、缺氧（冠状动脉功能不全）所引起的心肌坏死。

他更高层级的专业医院治疗。在梁平县医院治疗的有 1 人，在屏锦镇卫生院治疗的有 2 人。患者主要根据病情选择治疗地点。病情越严重，治疗医院的专业化程度越高，医疗费用越多。9 个样本个体家庭成员因大病住院，花费最少的是一位 67 岁得了梅尼埃病的老人，在屏锦镇卫生医院住院两天治愈，共计花费 1400 元，其中通过新型农村合作医疗保险报销 400 元，自己花费 1000 元（找亲友借了 500 元）。最为严重的 32 号家庭一位 58 岁的中年人，因为患了心肌梗塞，在省外一家医院住院治疗 15 天，花费了 58000 元而且病情没有全部治愈，通过新型农村合作医疗保险报销了 13000 元，自己花费了 45000 元（30000 元来自亲朋好友借款）。从医疗费用占家庭年人均纯收入看，最高的一次治疗费用达到了 2011 年农民家庭人均纯收入的 7 倍，最低的一次治疗费用也占了 2011 年农民家庭人均纯收入的 1/3。因为一次大病，大多数家庭只能通过借钱用于治疗疾病，因病致贫是很多农村家庭的现实。

农村新型合作医疗制度为村民基本的医疗保障发挥了重要作用，但对于大病的报销率还是偏低，患者的医疗费用还是过高。通过新农合报销的费用占总医疗费用的比例平均只有 22%。实际上，当前不少村民，特别是年龄大的，如果患了大病，常会放弃治疗，静等死神来临。《关于开展城乡居民大病保险工作的指导意见》针对城镇居民医保、新农合参保（合）人大病负担重的情况，建立大病保险制度规定大病医保报销比例不低于 50%。这项制度，对于解决村民大病治疗将会起到尤为重要的作用。

表 5–13　　　　大病治疗支出、新农合报销和 2011 年
家庭人均纯收入情况

户编号	治疗总支出（元）	治疗借款（元）	新农合报销（元）	家庭人均纯收入（元）	新农合报销比例（%）	治疗费用与家庭人均纯收入的比值
03	18000	13000	4800	2552	0.27	7.05
06	1400	500	400	4892	0.29	0.29

户编号	治疗总支出（元）	治疗借款（元）	新农合报销（元）	家庭人均纯收入（元）	新农合报销比例（%）	治疗费用与家庭人均纯收入的比值
08	9000	4500	0	3238	0.00	2.78
14	2400	2400	1100	6325	0.46	0.38
21	1400	0	370	5868	0.26	0.24
22	5800	2000	2000	3304	0.34	1.76
31	18000	0	6500	7840	0.36	2.30
32	58000	30000	13000	11656	0.22	4.98
37	12000	0	0	4067	0.00	2.95

三　新型农村合作医疗制度

新型农村合作医疗制度，简称·"新农合"，是指由政府组织、引导、支持，农民自愿参加，个人、集体和政府多方筹资，以大病统筹为主的农民医疗互助共济制度。采取个人缴费、集体扶持和政府资助的方式筹集资金。新型农村合作医疗制度从 2003 年起在全国部分县（市）试点，到 2010 年基本覆盖全国农村居民。

（一）农村合作医疗制度发展简介

农村合作医疗制度从 20 世纪 50 年代中期兴起，是新中国农民在长期与疾病的斗争中摸索出来的制度。合作医疗在将近 50 年的发展历程中，先后经历了 20 世纪 40 年代的萌芽阶段、50 年代的初创阶段、60—70 年代的发展与鼎盛阶段、80 年代的解体阶段和 90 年代以来的恢复和发展阶段。

中国的"赤脚医生"[①] 制度在落后的农村地区提供了初级护理，是合作医疗制度的主要实施者，是农村防病治病、保障农民健

---

① "赤脚医生"是上海郊区贫下中农对半农半医卫生员的称呼。这个名称最早见于《红旗》杂志 1968 年第 3 期（9 月 10 日）刊登的一篇调查报告：《从"赤脚医生"的成长看医学教育革命的方向——上海市的调查报告》。由于"赤脚医生"形象地描述了这一群体的特点，所以很快被大家接受。"赤脚医生"队伍的迅速发展，为农村合作医疗制度的建立准备了条件。

康的基本医疗队伍①，为不发达国家提高医疗卫生水平提供了样本。世界银行和世界卫生组织把我国农村的合作医疗称为"发展中国家解决卫生经费的唯一典范"。"赤脚医生"在 20 世纪 70 年代发展到鼎盛时期。最多时全国的"赤脚医生"有 150 多万人，生产队的卫生员、接生员 390 多万。农村不脱产从事医疗卫生工作的人员达 50 多万人，超过卫生部系统原有卫生技术人员的总数（220 万人）一倍多。"合作医疗"为"赤脚医生"提供了医疗实践的舞台。自 20 世纪 70 年代末 80 年代初，由于农村人民公社体制改革，"赤脚医生"逐步完成了历史使命，通过资格考试的被授予"乡村医生"证书在农村行医。

2002 年 10 月，《中共中央、国务院关于进一步加强农村卫生工作的决定》明确指出：要"逐步建立以大病统筹为主的新型农村合作医疗制度"，"到 2010 年，新型农村合作医疗制度要基本覆盖农村居民"，"从 2003 年起，中央财政对中西部地区除市区以外的参加新型合作医疗的农民每年按人均 10 元安排合作医疗补助资金，地方财政对参加新型合作医疗的农民补助每年不低于人均 10 元"。2012 年起，各级财政对新农合的补助标准从每人每年 200 元提高到每人每年 240 元。其中，原有 200 元部分，中央财政继续按照原有补助标准给予补助，新增 40 元部分，中央财政对西部地区补助 80%，对中部地区补助 60%，对东部地区按一定比例补助。农民个人缴费原则上提高到每人每年 60 元，有困难的地区，个人缴费部分可分两年到位。

（二）2014 年新型农村合作医疗政策执行情况

随着国家财力的增强，财政对于农村居民医疗投入逐年增加，标准逐步提高，政策执行更加规范。根据财政部、国家卫生计生委、人社部财社［2014］14 号《关于提高 2014 年新型农村合作医

---

① 夏杏珍：《农村合作医疗制度的历史考察》，《当代中国史研究》2003 年第 5 期。

疗和城镇居民基本医疗保险筹资标准的通知》，各级财政对新农合和居民医保人均补助标准在 2013 年的基础上提高了 40 元，达到 320 元。其中：中央财政对原有 120 元的补助标准不变，对 200 元部分按照西部地区 80% 和中部地区 60% 的比例安排补助，对东部地区各省份分别按一定比例补助。农民和城镇居民个人缴费标准在 2013 年的基础上提高 20 元，全国平均个人缴费标准达到每人每年 90 元左右。个人缴费应在参保（合）时按年度一次性缴清。2014 年万年村的缴费标准为每人每年 90 元。

（三）乡村医生访谈

从 44 户样本户年均医疗支出看，即使不包括大病住院患者的治疗费，家庭年均医疗支出达到 1104 元。如果家庭里有慢性病人，一年最高的医疗费用支出多达 6000 元，有 1/5 的家庭年均医疗支出费用超过 2000 元，这对于农民家庭人均纯收入只有 7000 多元的万年村村民来说，无疑是一笔较大的支出。新农合制度，是结合我国经济发展阶段和农村发展的实际，建构的农民社会保障制度之一，对于提升农村的医疗保障水平，具有重要意义。但在地方执行过程中的实际情况如何？笔者与万年村里一名乡村医生进行了一次座谈，请她结合自己行医的体会来谈村民的看病问题。

张时桃，1972 年出生，高中学历。1997 年在梁平县卫生局组织的乡村医生培训考试合格后开始行医。最初是在万年村 7 组家里给邻近村民看病，2003 年 1 月至 2005 年 12 月在梁平县卫生学校函授中西医结合专业，后与丈夫一起开诊所。她在很小的时候被开水烫伤，因那时农村缺医少药，造成高中毕业时体检不过关，没有机会上大学。这事对她影响很大，后来促使她立志在农村里当乡村医生，为村民健康做出自己力所能及的贡献。在谈到待遇时，她说一年和丈夫两人平均收入在 3 万元左右，但医疗的风险很大，特别在农村，因为医生数量有限，而面对各种病情，容易引发医疗事故。在 2000 年时，邻近村的一个乡村医生，因为接收了一个急性心肌梗塞病人，未能及时转送到更高一级医院，病人就过世了。虽然病人家属没有提出过多的赔偿要求，但还是对那位医生造成了很大的负面影响。所以现在她对接收病人非常小心，没有把握的病人，会要求立即转送更高级别的医院治疗。

图 5-4　万年村医疗卫生室

在谈到新农合时，她认为这是一项非常利于村民看病的好政策，可以大大减轻病人的医疗负担。现在规定统一在网上指定的部门购药，但有些药品从订购到进入店内，需要的时间太长。新农合报账，2012 年人均最高门诊费可报 50 元，因个人出资的新农合标准为 50 元，所有的人不管看病不看病，门诊费 50 元都能报销。在村里看病，一般都是一些伤寒之类的小病，而需住院治疗的疾病，屏锦镇中心医院可报销住院费的 85%，所以很多人更愿意到镇中心医院医治。但问题是，现在镇中心医院医生实行固定工资制度，看病的多少与他们的收入并不直接挂钩，医生就没有积极性给病人治病。即使遇到很多他们能够治疗的疾病，医生也愿意将病人推送到更高一级的县级医院治疗，此外，指定的医药购买平台上的药品，比市场上的价格平均要高 15%，这常会增加患者的医疗支出。报账流程上，先由医生预支可以通过新农合报账的治疗费，然后通过网络平台，将相关资料输入到网上，3—4个月后，再到屏锦镇中心医院去领取现金。有时她也上病人家里治病，但次数较少，病人大多来她的门诊室看病。

在谈到她最大的心愿时，这位乡村医生说，她希望国家能将乡村医生与乡村教师一视同仁，将她们的工资纳入到国家财政预算，特别是把她们的养老保险提高到城镇居民的水平。她说，即使是镇上的兽医都能参加城镇养老保险，但乡村医生与其他普通农民一样只能参加农民养老保险，老了只能领取很低的养老金，这对乡村医生来说非常不公平。

谈到未来，她说，原来村里有5名有行医资格证的乡村医生，其中两位转了行，以卖眼镜为生。最后她深情地对笔者说，无论如何，她一定会坚守乡村医生这项职业。

第四节　养老等社会保障

社会保障是指国家通过立法，积极动员社会各方面资源，保证无收入、低收入以及遭受各种意外灾害的公民能够维持生存，保障劳动者在年老、失业、患病、工伤、生育时的基本生活不受影响，同时根据经济和社会发展状况，逐步增进公共福利水平，提高国民生活质量。我国农村养老，主要依靠农民自身和子女的经济能力。对于部分生活困难的老人，国家和社会建立了相应的社会保障制度。

一　老人生活现状访谈

（一）农村老年妇女[①]

孙某某，1950年生人，曾当过万年村第6村民小组小组长。当

---

① 根据笔者2014年4月20日与这位农村妇女的访谈资料整理。

问到这位 60 多岁老人是否幸福时，她说一般，幸福感自我评估最多能打到 6 分。回顾这 60 多年，在生活上吃了很多苦，父亲去世时她才 3 岁。她有两个哥哥，大哥还在，二哥已去世。在年幼时，她母亲是村妇女主任，虽然其他社员经常没饭吃，但她们家还有青菜饭，因此她小时基本没有挨饿。在十来岁的时候生了一场大病，差点丢了小命。同当时大多数农村小伙伴一样，小学毕业后就留在生产队里干农活挣工分。现在老了儿孙满堂，也算不枉此生，有时觉得生活还是很幸福的。她去的最远的地方就是 30 公里外的梁平县县城，重庆市都没有去过，平时就到屏锦镇镇上买点菜和生活日用品。一生主要的工作除了干农活，最大的贡献就是照料三个孩子，让他们相继长大成人，并成了家。她公公婆婆在世时，照看她

图 5 - 5　与笔者座谈农村养老问题的两位老人（右）

公公婆婆。现在主要照顾她生了病的丈夫和在家上学的两个孙子。1964 年由父母做主，与现在的老伴订婚。当时她老伴才 14 岁，身体还没完全发育，个子还不高。订婚后，双方交往了 4 年，于 1968 年结婚。订婚前，也就是男女双方在节假日时见见面，基本不聊天说话，一切都由父母做主。1968 年结婚时有两间瓦房子，公婆和其他兄弟住一间，夫妻俩住一间，后来自己另修了三间房，2006

年新农村建设时又修了 3 间。大儿子 1969 年出生，二儿子 1973 年出生，三儿子 1975 年出生。同大多数农村妇女一样，干农活，在家洗衣做饭，照顾孩子长大是生活的常态。20 世纪 70 年代丈夫在煤厂挖煤，早出晚归，工作非常辛苦。那时和公婆一起吃住，三代同堂，每天家里有 9 个人要吃饭，家务活较重。

谈到儿子，老人介绍说，她三个儿子结婚时都没花太多钱。1990 年修了三间新房，大儿子对象经别人介绍交往了两年多后，双方同意就结婚了。大儿子结婚时向女方交割礼 200 元（割礼就是男方将钱交给女方父母，女方父母再买一些结婚礼物还给女儿）；1996 年二儿子结婚时交割礼是 1000 元；1999 年三儿子结婚时交割礼也是 1000 元。大儿子结婚时宴请了 7—9 桌客人；二儿子结婚时宴请了 7—8 桌客人；三儿子结婚时宴请了 12 桌客人。

三个儿子结婚后，就分家了，让大家自谋生活。大儿子一家现有 4 口人，老二、老三家有 3 口人。二儿子夫妇俩在深圳打工，将孩子留在老家，由老人照看。他们每个星期通 1 次电话，问问家里的情况。老三夫妇俩也在外地打工，孩子也留在她家里，与她们一起生活。

现在老了，没有能力再下地干农活，于是将承包的耕地流转给别人耕种。家里主要的经济来源：一个儿子每月给 100 元；两个老人参加农村养老保险，每人每月养老金 80 元。家里现在最大的困难是老伴生病 8 年了。从 2013 年 10 月起，生活不能自理，吃穿住行，全靠她来照料。她每天早上 6 点起床，在村里的小街道上逛逛，锻炼一下身体（她自己的腰受过伤）。7 点开始用电饭煲煮饭，然后给老伴穿衣、洗脸、喂饭。她说，给生活不能自理的成人穿衣服非常困难，这得花好几分钟。照顾好老伴后，她自己吃完早饭，稍微整理一下房间，就 9 点多了。她老伴长期卧病在床，活动减少，全身长满褥疮，随时需要人在身边照顾，所以她就成了全职护士。她自己的力气不够大，无法帮助老伴洗澡和上厕所等，这时就需要大儿子来负责。老伴长期生病，心里苦闷难受，经常发脾气，照料老伴特别艰难。

虽然这位 60 多岁的农村妇女自己身体也有病痛，但如果她自己有能力照料老伴，她就会尽最大努力去做。儿子们的经济来源有限，还需要在外打工挣钱，养家糊口。如果有一天她实在照料不了老伴了，也只能让三个儿子想办法，轮流照顾。

屏锦镇的养老院只收五保户家庭，如果进私立的社区养老院集中养老，费用太高。在当地请一个专门的人员护理她老伴这样的病人，每月最少需要 3000 元，远远超过了她们的经济承受能力。她说，万年村里有一户人家，老人单独在家生活，儿女在外打工，病死在床上好多天才被别人发现。

她老伴病了，由她来照顾；等她老伴百年送终后，谁来照顾她？这位农村老人含着泪说，"儿子孝顺，靠儿子呀！可久病床前无孝子，那时只能听天由命了"……

（二）农村男性老人[1]

张某某，男 67 岁，爱人 64 岁，汉族，初中文化，父母亲都不识字。张是中共党员，爱人为一般群众，小学文化，老两口常年在万年村居住。虽然养老的主要经济来源于子女，但子女没有因为养老的问题发生过什么争论。即使哪天他生活不能自理了，也不愿意入住敬老院，主要的原因是容易被人看不起和害怕子女遭受别人的非议。在农村，只有无儿无女的人才会去敬老院。因身体原因，自己不再参加农业劳动了。家里有 0.3 亩自留地（房前屋后）用于种植自家吃的蔬菜，爱人一年有一个月左右的时间从事农业劳动。虽然已是快 70 岁的人了，他还是关心和参与村里的各项活动。他参加了上一届的村民委员会选举并投了票，主要看被选举人是否公正廉洁，在村中是否有威信。

---

[1]　在 2012 年 10 月 21 日笔者与这位老人座谈访问资料整理而成。

这位 60 多岁的老人说，他们夫妻俩一生基本没吵过架，原来还当过村干部，对生活非常满意。用幸福感表示，老人打了 9 分。他说，现在国家对百姓（农民）好，老了国家每月还给补贴（每月 80 元）。

幸福生活最为重要的因素，他认为（1）国家强盛，百姓安居乐业；（2）家庭和睦；（3）老了有保障。从生活变化看，他觉得与 5 年前比生活好多了，而且 5 年后也会好得多；与亲朋好友比生活水平差不多，但他家庭很和睦，他感觉很知足；与村里人和城里人比，他认为生活各有各的好，各有各的难。城里的公共设施好，但他自己习惯了当地的生活环境，觉得城里生活也没有什么值得羡慕的。回顾一生，老人最自豪的事是家庭和睦；最遗憾的是小时候家庭条件太差，没有机会接受好的文化教育，失去了考入国家干部队伍的机会；最烦心的是身体健康状况下降，经常生病。

二 养老观念与家庭养老面临的问题

（一）养老观念

样本个体中，60 岁以上老人有 22 位，身体感觉健康的有 7 位，一般的有 9 位，不好的 6 位。从劳动能力看，有 14 位还能参加力所能及的劳动，有 8 位基本不能参加。参加劳动时间平均 5 个月，最少的也有 4 个月，个别老人还常年参加劳动，主要是在家照料孩子，洗衣做饭。孩子数量是农村老人最大的财富，这些老人中，1 位有 1 个孩子，4 位有 2 个孩子，3 位有 3 个孩子，3 位有 4 个孩子，1 位有 5 个孩子，2 位有 6 个孩子，1 位有 7 个孩子。

42 位样本个体中，有 35 人考虑过自己的养老问题，有 7 人还没有考虑过。没想过养老问题的人年龄在 35—60 岁，认为 60 岁以后的生活离现在太久远，过一天算一天，不去想那么多关于养老的事。养老的经济来源方面，有 25 人认为老了以后主要靠子女；6 人认为靠自己积蓄；11 人认为靠国家。在家庭生活方式上，25 位 60

岁以下的人中，选择老了以后与老伴单独生活的有 7 位；和子女一起共同生活的有 11 位；没想过这个问题的有 2 位；不知道、想不清的有 5 位。不管是养老的经济来源和家庭居住方式，农民首选的还是与子女一起生活的居家养老方式。在了解 60 岁以上老人社会养老意愿时，问他们在生活不能自理的情况下是否愿意入住敬老院，回答愿意的只有 3 位，不愿意的有 18 位，有 1 位没想过这个问题，不好回答。回答愿意去敬老院的原因：一是不想给子女增加经济负担；二是子女对他不好；三是国家出钱，可以减少子女的经济负担。不愿意去敬老院生活的原因主要是害怕子女遭人非议，也容易被人瞧不起。养儿防老，居家养老在农村有其深厚的文化背景，也是符合农村的实际的。

60 岁以上老人年平均收入只有 2500 元，即每天只有 7 元钱。最高的一位老人因子女给的钱多，年收入达到 20000 元，但最低的年收入只有 500 元，每天不到 2 元。靠自己劳动收入来维持基本生活的只有 9 位老人，其余的都需要子女和国家补助才能度日。17 位老人中，子女每年平均给他们 3400 元，最多的一年达到了 20000 元。2011 年，通过新型农村养老保险制度，国家每月对年满 60 岁以上的老人最低发放 80 元养老金，这是当前国家惠农政策中最为成功的。每月 80 元，就能让老人们有一点可由他们自己做主支配的零花钱，让老人们得到了一点点做人的尊严。除了农村养老保险，老人们没有买其他商业性养老保险。

22 位老人对他们目前生活条件的自我评估，回答好的有 4 位，一般的 14 位，不好的 2 位，有 2 位说不明白。可见，农村老人的生活还处于较低的水平，只有个别老人对自己的生活状态感到特别满意和特别幸福。

（二）家庭养老面临的问题

同全国很多农村一样，万年村人口生育率下降、子女减少和居住方式的代际分离使得子女对老年父母的照料产生了许多困难。大量青壮年劳动力常年外出打工，不仅无法照料家中老人，反而把孩子和家中的农活留给老人，农村老人的生活负担变得越来越沉重。子女外出打工，父母与子女间缺乏感情交流，容易产生孤单和寂寞情绪。随着年龄增长（特别是超过 75 岁之后），老年人口患病率、伤残率上升，生活自理能力下降，就需要更多的日常护理、生活照料和社会养老服务。家庭居家养老对看护人造成了很大的经济和心理压力，这需要国家和社会采取有效措施，着力建立新型的农村养老等社会保障体系。

三　养老等农村社会保障体系建设

（一）新型农村社会养老保险（新农保）

2009 年起全国开展新型农村社会养老保险试点。新农保以保障农村居民年老时的基本生活为目的，建立个人缴费、集体补助、政府补贴相结合的筹资模式，养老待遇由社会统筹与个人账户相结合，与家庭养老、土地保障、社会救助等其他社会保障政策措施相配套，由政府组织实施的一项社会养老保险制度，是国家社会保险体系的重要组成部分。年满 16 周岁（不含在校学生）、未参加城镇职工基本养老保险的农村居民，可以在户籍地自愿参加新农保。年满 60 周岁、未享受城镇职工基本养老保险待遇的农村有户籍的老年人，可以按月领取养老金。

新农保制度实施时，已年满 60 周岁、未享受城镇职工基本养老保险待遇的，不用缴费，可以按月领取基础养老金，但其符合参保条件的子女应当参保缴费；距领取年龄不足 15 年的，应按年缴费，也允许补缴，累计缴费不超过 15 年；距领取年龄超过 15 年的，应按年缴费，累计缴费不少于 15 年。凡已参加了老农保，年满 60 周岁且已领取老农保养老金的参保人，可直接享受新农保基础养老金；对已参加老农保、未满 60 周岁且没有领取养老金的参保人，应将老农保个人账户资金并入新农保个人账户，按新农保的缴费标准继续缴费，待符合规定条件时享受相应待遇。参加新农保的农村居民应当按规定缴纳养老保险费。缴费标准目前设为每年100元、200元、300元、400元、500元5个档次，地方可以根据实际情况增设缴费档次。参保人自主选择档次缴费，多缴多得。国家依据农村居民人均纯收入增长情况适时调整缴费档次。

2012年，万年村养老保险实行与国家统一的政策，养老缴费标准分5个档次，最低的缴费标准为每年100元，最高的为900元，缴够15年达到60岁以后，最低的每月可领取80元、最高的每月可领取180元的养老保障金。据统计，目前全村参加了新农保的有500人，但90%的人都是参加的最低养老标准，只有10%的家庭条件好的村民购买了最高的养老标准。参加新农保的人年龄都在45岁以上，年青人基本不愿意参加。2012年，全村领取养老保障金的有400人，占60岁以上老人的85%左右。

（二）低保、五保等其他社会保障体系

1. 2012年万年村社会保障人员基本情况

按照相应的分类标准，2012年万年村社会保障人员共计有209人，其中残疾人口11人，低保人口135人，五保人口17人，优抚对象29人，计划生育养老补助17人。这些人员基本分布在各个村民小组，其中人数最少是第6村民小组，只有12人，最多是第2村民小组，低保人员达到了30人，五项合计35人。

表5-14　　2012年万年村社会保障人员基本情况（人）

村民小组	残疾	低保	五保	计划生育养老	优抚	五项合计
1	0	10	5	0	2	17
2	1	30	1	0	3	35
3	3	22	0	0	3	28
4	2	11	1	2	4	20
5	1	7	3	3	4	18
6	3	7	0	0	2	12

续表

村民小组	残疾	低保	五保	计划生育养老	优抚	五项合计
7	0	22	2	4	3	31
8	1	17	3	3	7	31
9	0	9	2	5	1	17
全村	11	135	17	17	29	209

2. 申请条件和标准

（1）残疾人补助。《中华人民共和国残疾人保障法》定义残疾人是指在心理、生理、人体结构上，某种组织、功能丧失或者不正常，全部或者部分丧失以正常方式从事某种活动能力的人。残疾人包括视力残疾、听力残疾、言语残疾、肢体残疾、智力残疾、精神残疾、多重残疾和其他残疾的人。残疾标准由国务院规定。在第四十八条款中，要求各级人民政府对生活确有困难的残疾人，通过多种渠道给予生活、教育、住房和其他社会救助。梁平县人民政府结合当地实际情况，制定了相应对保障残疾人生活的优惠政策。

（2）低保户。根据《梁平县人民政府关于切实加强和改进最低生活保障工作的意见》（梁平府发［2013］52号）和《关于印发梁平县最低生活保障条件认定办法的通知》（梁平府办发［2013］255号）文件精神，对于最低生活保障对象认证条件从家庭成员、家庭收入和家庭财产三个方面认定，并且优化最低生活保障审核审批程序，规范申请受理，"最低生活保障实行居住地申请，凡认为符合条件的城乡居民，由户主或者其他代理人以户主的名义直接在乡镇人民政府（街道办事处）社会保障服务大厅设立的最低生活保障服务窗口提交申请，也可通过所在地村（居）民委员会向乡镇人民政府（街道办事处）提出申请"。

（3）农村五保户。无劳动能力、无生活来源又无法定赡养、抚养、扶养义务人，或者其法定赡养、抚养、扶养义务人无赡养、抚养、扶养能力的老年、残疾或者未满 16 周岁的农村村民，可以申请五保。享受农村五保供养待遇，应当由村民本人向村委会提出申请；经村委会民主评议，对符合条件的，在本村范围内公示；无重大异议的，由村委会将评议意见和有关材料报送乡镇人民政府、街道办事处审核。乡镇人民政府、街道办事处收到评议意见后提出审核意见，并将审核意见和有关材料报送县民政局审批。县民政局收到审核意见和有关材料后作出审批决定。对批准给予农村五保供养待遇的，发给《农村五保供养证书》；对不符合条件不予批准的，说明理由。办理地点在各乡镇、街道办事处和县民政局办公室。

（4）计划生育养老。从 2007 年起，中国在部分地区试点建立农村计划生育家庭养老保险制度。只生育一个子女和两个女孩的父母逐步进入老年，生产和生活面临困难，按照国家及计划生育法律法规和政策性规定实行计划生育的农村独生子女和双女户夫妻实行一定的补助措施。

（5）优抚工作。优抚工作特定的保障对象称为优抚对象。优抚对象是优待对象和抚恤对象的统称。根据我国《军人抚恤优待条例》规定，中国人民解放军现役军人、服现役或者退出现役的残疾军人以及复员军人、退伍军人、烈士遗属、因公牺牲军人遗属、病故军人遗属、现役军人家属统称为优抚对象，按规定享受抚恤优待。

第六章

幸福的政治保障

作为中国共产党创始人之一的李大钊，1919 年 5 月为《新青年》杂志主编了《马克思主义研究专号》。在《我的马克思主义观》一文中，他对马克思主义的三个组成部分——政治经济学、科学社会主义和唯物史观的基本观点作了系统介绍，影响了后来的中华人民共和国的缔造者毛泽东、周恩来等一批批中国共产党人。1919 年 3 月，李大钊在《青年与农村》中深情地写道："我们中国是一个农国，大多数的劳工阶级就是那些农民。他们若是不解放，就是我们国民全体不解放；他们的苦痛，就是我们国民全体的苦痛；他们的愚暗，就是我们国民全体的愚暗；他们生活的利病，就是我们政治全体的利病……在都市里漂泊的青年朋友们呵！你们要晓得：都市上有许多罪恶，乡村里有许多幸福；都市的生活，黑暗一方面多，乡村的生活，光明一方面多；都市上的生活，几乎是鬼的生活，乡村中的活动，全是人的活动；都市的空气污浊，乡村的空气清洁。你们为何不赶紧收拾行装，清洁旅债，还归你们的乡土？你们在都市上天天向那虚伪凉薄的社会求点恩惠，万一那点恩惠天幸到手，究竟是幸福，还是痛苦，尚有一个疑问。曾何如早早回到乡里，把自己的生活弄简单些，劳心也好，劳力也好，种菜也好，耕田也好，当小学教师也好，一日把八小时做些与人有益，与己有益的工活。那其余的工夫，都去做开发农村，改善农民生活的事业。一面劳作，一面和劳作的伴侣，在笑语间商量人生向上的道理。"① 近百年的中国共产党革命和建设中国的历史，都在着力于解决亿万万中国人的民生和幸福问题，而那占大多数人口的农民，他们的幸福，天然地维系在农村各级基层党组织为领导核心的各类社会组织中。本章将介绍万年村党支部工作以及村民委员会在增加村民幸福中所做的各种艰苦努力。

第一节　村党支部建设

1922 年，中共二大通过了《中国共产党党章》。关于党的基层组织建设，在这第一篇党章中规定：农村、工厂、铁路、矿山、兵营、学校等机关及附近，凡有党员三人至五人均得成立一组，每组公推一人为组长，隶属地方支部。1954 年 11 月 8 日至 12 月 6 日，中共中央组织部召开第一次全国农村党的基层组织工作会议。1987 年 11 月 1 日，中国共产党第十三次全国代表大会通过的《中国共产党章程部分条文修正案》规定，在农场、乡、镇、村等基层单位，凡是有三名共产党员以上，都应该成立党的基层组织。这样，我国农村党的基层组织按乡、镇、村来设置，就以党内法规的形式被确定下来。② 《中国共产党农村基层组织工作条例》（以下简称《条例》）③ 对农村基层党组织的设置、职责任务、经济建设、精神文明建设、干部队伍和领导班子建设、党员队伍建设进行了详细的规定与说明。《条例》明确指出："乡镇党的委员会（以下简称乡

① 李大钊：《青年与农村》，《晨报》1919 年 2 月 20—23 日。
② 中共中央文献研究室：《十三大以来重要文献选编》（上），人民出版社 1991 年版。
③ 中发［1999］5 号（1999 年 3 月 30 日）。

镇党委）和村党支部（含总支、党委，下同）是党在农村的基层组织，是党在农村全部工作和战斗力的基础，是乡镇、村各种组织和各项工作的领导核心。"① 村党支部的主要职责就是要领导包括村民委员会在内的农村各类基层组织，发展经济，带领广大农民群众实现他们的"幸福梦"。

一　中国共产党早期对农民问题的关注

1920 年 8 月，中国共产党的重要创始人陈独秀等在上海正式成立上海共产主义小组。早期的中国共产党人带着振兴中华，造福人民的伟大梦想，把共产主义从理想引入到了波澜壮阔的革命和建设事业的实践中。中国共产党作为工人阶级的先锋队，始终高度关注农民问题。因为只有占大多数农民的生活幸福了，共产党才能得到最为广泛的群众基础，才能有稳固的执政根基。正如 1945 年时毛泽东所说："我们马克思主义的书读得很多，但是要注意，不要把'农民'这两个字忘记了；这两个字忘记了，就是读一百万册马克思主义的书也是没有用处的，因为你没有力量。靠几个小资产阶级、自由资产阶级分子，虽然可以抵一下，但是没有农民，谁来给饭吃呢？饭没得吃，兵也没有，就抵不过两三天。"②

（一）全国第一个农村党支部

弓仲韬，1886 年出生于河北省安平县台城村，1916 年考入北

---

① 村党支部的主要职责是：（1）贯彻执行党的路线方针政策和上级党组织及本村党员大会的决议。（2）讨论决定本村经济建设和社会发展中的重要问题。需由村民委员会、村民会议或集体经济组织决定的事情，由村民委员会、村民会议或集体经济组织依照法律和有关规定做出决定。（3）领导和推进村级民主选举、民主决策、民主管理、民主监督，支持和保障村民依法开展自治活动。领导村民委员会、村集体经济组织和共青团、妇代会、民兵等群众组织，支持和保证这些组织依照国家法律法规及各自章程充分行使职权。（4）搞好支部委员会的自身建设，对党员进行教育、管理和监督。负责对要求入党的积极分子进行教育和培养，做好发展党员工作。（5）负责村、组干部和村办企业管理人员的教育管理和监督。（6）搞好本村的社会主义精神文明建设和社会治安、计划生育工作。

② 《在中国共产党第七次全国代表大会上的口头政治报告》（1945 年 4 月 24 日），《毛泽东文集》第 3 卷，人民出版社 1996 年版，第 305 页。

京法政大学，1919 年参加了五四运动，毕业后在北京沙滩一所小学任教。在此期间经常到北京大学图书馆阅读书刊，结识了图书馆长李大钊。在李大钊的启发教育下，弓仲韬开始学习研究马克思主义，思想不断成熟，经常到北京天桥工人中宣传革命思想，鼓动工人开展斗争。1923 年 4 月，弓仲韬由李大钊介绍加入了中国共产党，并受李大钊派遣回原籍安平县传播马克思主义，建立和发展党组织。

弓仲韬首先在安平县台城村创建了"平民夜校"，以教识字为掩护，进行反帝反封建和宣传共产主义活动。他利用白天时间编写了"平民千字文"，晚上给学员上课。先后有 50 多名青壮年农民参加了夜校学习。几个月后，开始组织起来进行反帝反封建的斗争。在此基础上，他筹建了农会，从中培养了一些入党积极分子。1923 年 8 月，他介绍弓凤州、弓成山加入了中国共产党，建立了安平县第一个中共党支部——台城特别支部（简称"台城特支"），由弓仲韬任书记。

这是全国创建最早的农村党支部。中共安平台城特别支部的诞生，对以后几年甚至几十年的中国农村，尤其是北方农村党的建设，产生了不可估量的影响。中国共产党自此团结和带领农民群众抗击外来侵略，反抗封建压迫和剥削，实现农民的彻底解放而奋斗。

需要注意的是，中共韶山特别支部是毛泽东亲自创建的全国最早的农村党支部之一。它的成立与发展，凝聚了毛泽东的极大关怀，推动了韶山乃至湖南农民运动的发展，而且对毛泽东以后探索中国特色革命道路影响极大，在中国革命史上有着重要的地位与意义。在组织农民协会的运动中，毛泽东发现和培养了一批优秀骨干分子，并吸收他们加入中国共产党，在韶山建立党支部，领导韶山农民运动。1925 年 6 月中旬，毛泽东在韶山自家的阁楼上宣布成立中共韶山特别支部，任命曾在安源加入共产党的毛福轩为党支部书记。

（二）共产党领导建立的第一个农民协会

共产党创建后，在领导工人运动的同时，也注重农民运动。1921 年 4 月出版的《共产党》月刊第三号曾发表《告中国的农民》一文，这是中国共产党创建时期关于农民问题最早的历史文献。该文注意到农民问题对中国革命的重要性，号召农民组织起来，依靠自己的力量，争取翻身解放。"中国农民占全国人口的大多数，无论在革命的预备时期和革命的实行时期，他们都是占重要位置的。"同时对中国的农民阶层结构和贫穷原因以及土地问题进行了深刻剖析，公开号召农民"自己动手"，"抢回"自己"靠着吃饭的田地"，提出了进步知识分子到农民中去做革命工作的任务，并说共产主义者一定支持农民为生存而斗争的要求，号召"同志们呀！我们要设法向田间去，促进他们的这种自觉呀！"

1921 年 9 月 27 日，共产党人在浙江省萧山县衙前村领导农民建立了农民协会，发表农民协会章程和宣言。这是中共创建的第一个农民协会。两三个月内，农民协会发展到萧山、绍兴两县的八十多个村庄。农会领导农民进行抗税减租斗争，取得了很大胜利。萧山农民运动也是共产党领导的最早的农民运动。农民运动很快因遭到封建势力和军警的镇压而失败，但为后来大规模的农运提供了经验。

二 农民阶级特性

在当前社会中，"官二代"、"富二代"、"打工族"、"蚁族"等反映社会阶层差异的概念，只是表现出经济社会差异，但不涉及依靠谁去革谁的命的问题。在革命时期，阶级的划分，就意味着敌友之分，"革命不是请客吃饭，不是作文章，不是绘画绣花，不能那样雅致，那样从容不迫，文质彬彬。那样温良恭俭让。革命是暴动。是一个阶级推翻一个阶级的暴力行动"。"一九三〇年十一月十八日红军放弃吉安，十九日我（毛泽东）和古柏、谢唯俊二同志从吉安往永丰属之藤田会合。红军主力二十一日经水南到白沙，在木口村吃午饭时调查了村政府委员的成分及本村所杀反动分子的成分。……以上杀掉的七个反动分子，小地主富农各三人，流氓一人，证明小地主富农当土地革命深入时，有许多人是要走向反革命方面的。但这七个人是否每人都应该杀，却是问题……"①

（一）阶级划分

马克思和恩格斯在《共产党宣言》里指出："无产阶级是指没有自己的生产资料、因而不得不靠出卖劳动力来维持生活的现代雇佣工人阶级。"根据马克思、恩格斯对英国、法国和德国的研究，农民阶级内部的社会流动和阶级分化使农村居民中出现了三个不同的社会阶层，第一个阶层是富裕农民阶层。他们由大土地占有者、大租佃农、大农和中农组成。他们往往雇有农业短工或长工，属于农村资本家阶层。第二个阶层是小农阶层，这个阶层构成农民的大多数因而是农民阶级的主体。他们是小块土地的所有者或租佃者即小自由农和小佃农。他们既是小私有者，同时也是劳动者。既具有上升为中农甚至富裕农民的可能性，同时也随时面临着跌落为农村底层阶级的命运。他们与小资产阶级的地位大致相同，其社会要求也大致一样。第三个阶层是附属于农民阶级的农业工人或者农村工人阶层。他们受雇于农场主或为工商企业主从事家庭工业生产，主要靠工资收入生活，属于农村无产阶级。他们与城市无产阶级的根本利益和倾向具有一致性。马克思、恩格斯研究的一个重要发现是，随着现代大农业的发展及其与小农经济的竞争，小农阶层的经济条件不断恶化，他们日益贫困破产，他们的社会地位日益低落，小块土地所有制不可阻挡地走向灭亡。农村居民由于分散于广大地区，由于难以达到大多数的意见一致，所以他们永远不能胜利地从

---

① 摘自《毛泽东农村调查文集》，第284—285页。

事独立的运动。

根据马克思的经典理论，早期的中国共产党人对中国农村进行了阶级划分。《告中国的农民》一文中，第一次根据农村经济资源占有量——土地作为农民阶级划分的文献。依据土地占有及劳动和生活状况，指出农村确有几层阶级：（1）所有多数田地，自己不耕种或雇人耕种或租给人耕种，自己坐着收租。这种人……乡下叫作"上财主"。（2）自己所有的土地，自己耕种，而这个土地底出产，可以养活全家。他们也有于自己底土地外，租人家底上地耕种的，这种人就是中等农民。（3）自己有一点土地，然后只靠自己土地底出产，决不能养活全家的。所以不得不靠着耕人家底田，分得一点以自赡，这种人已可谓下等农民了。（4）这乃是"穷光蛋"，自己连揷针的地方都没有，专靠耕人家底田谋生活的这种人就是最穷的农民。1925年12月30日李大钊在《土地与农民》一文中提出了"耕地农有"的口号，并将农民划分为富农、中农、小自耕农和佃农四个阶级。1925年12月1日毛泽东在《中国社会各阶级的分析》中说道："所谓半无产阶级，包含：（一）绝大部分半自耕农，（二）贫农，（三）小手工业者，（四）店员，（五）小贩五种。绝大部分半自耕农和贫农是农村中一个数量极大的群众。所谓农民问题，主要就是他们的问题。半自耕农、贫农和小手工业者所经营的，都是更细小的小生产的经济……可知一切勾结帝国主义的军阀、官僚、买办阶级、大地主阶级以及附属于他们的一部分反动知识界，是我们的敌人。工业无产阶级是我们革命的领导力量。一切半无产阶级、小资产阶级，是我们最接近的朋友。那动摇不定的中产阶级，其右翼可能是我们的敌人，其左翼可能是我们的朋友——但我们要时常提防他们，不要让他们扰乱了我们的阵线。"

（二）工农联盟

如何对待农民，是中国共产党领导下的社会主义革命和建设的关键问题。马克思和恩格斯在总结1848年欧洲革命经验时认为，在革命中，工人阶级只有依靠农民的支持才能取得胜利，农民也只有得到工人阶级的领导才能得到解放。对农民的阶级性分析，马克思和恩格斯有大量的经典论述，集中体现在马克思：《路易·波拿巴的雾月十八日》、恩格斯《法德农民问题》、《德国农民战争》等文献中。① 马克思、恩格斯认为，农民阶级由于自身劳动的孤立性、土地的分散性和地域的隔绝性而难以作为一个独立的阶级从事争取和维护自身利益的运动，他们往往通过追随其他阶级来实现自己的利益。在农民依然是人口、生产和政治力量的非常重要因素而工人阶级还远远没有构成人民的多数的那些国家，工人阶级及其政党争取到农民阶级这个同盟军的支持是无产阶级社会主义革命取得成功的关键。

工农联盟的理论是马克思主义的基本原理之一。工农联盟是指由工人阶级在进行无产阶级革命和社会主义建设中同劳动农民在共产党领导下结成的革命联合。列宁在领导俄国革命中实践了工农联盟的思想。毛泽东在领导中国革命进程中，进一步发展了工农联盟的思想，提出了统一战线的理论。无产阶级的领导权是民主革命彻底胜利以及统一战线取得成功的决定性条件和根本保证，而无产阶级要实现对民主革命的领导权，就必须建立工农联盟。无产阶级领导权的中心问题就是领导农民的问题。马克思的经典理论认为，中国农民的基本特质决定其不可能成为工农联盟的领导者。中国农民与工人阶级利益的基本一致性，决定了他们可以同工人阶级结成联盟，去反对共同的敌人和建设社会主义社会。因为农民不是先进生产力的代表，在政治上、经济上存在着诸多弱点，决定了中国农民不能形成一支独立的政治力量，不可能成为政治领导者，在工农联盟中必然处于被团结、被联合、被领导的地位。

---

① 张晓山、王小映、廖永松、檀学文和胡冰川编：《马克思、恩格斯、列宁、斯大林论农业、农村和农民》，中国社会科学出版社 2013 年版。

（三）人民民主专政

《论人民民主专政》是毛泽东为纪念中国共产党成立 28 周年而写的重要著作，1949 年 6 月 30 日由新华社首次播发，7 月 1 日发表在《人民日报》上。仝华对人民民主专政进行了解读。他认为，正是在十月革命的影响下，"中国人从思想到生活，才出现了一个崭新的时期。中国人找到了马克思列宁主义这个放之四海而皆准的普遍真理，中国的面目就起了变化了"。在资产阶级领导时期的革命和在无产阶级领导时期的革命，区别为两个截然不同的历史阶段。而无产阶级对革命的领导，是通过共产党来实现的。

毛泽东在《论人民民主专政》中明确说，（1）在国内，唤起民众。这就是团结工人阶级、农民阶级、城市小资产阶级和民族资产阶级，在工人阶级领导之下，结成国内的统一战线，并由此发展到建立工人阶级领导的以工农联盟为基础的人民民主专政的国家；（2）在国外，联合世界上以平等待我的民族和各国人民，共同奋斗。这就是联合苏联，联合各人民民主国家。要强化人民的国家机器，这主要是指人民的军队、人民的警察和人民的法庭，借以巩固国防和保护人民利益。以此作为条件，使中国有可能在工人阶级和共产党的领导之下稳步地由农业国进到工业国，由新民主主义社会进到社会主义社会和共产主义社会，消灭阶级和实现大同……我们对于反动派和反动阶级的反动行为，决不施仁政。我们仅仅施仁政于人民内部，而不施于人民外部的反动派和反动阶级的反动行为。人民的国家是保护人民的。人民民主专政的基础是工人阶级、农民阶级和城市小资产阶级的联盟，而主要是工人和农民的联盟，因为这两个阶级占了中国人口的百分之八十到九十。推翻帝国主义和国民党反动派，主要是这两个阶级的力量。由新民主主义到社会主义，主要依靠这两个阶级的联盟。人民民主专政需要工人阶级的领导。因为只有工人阶级最有远见、大公无私，最富于革命的彻底性。整个革命历史证明，没有工人阶级的领导，革命就要失败，有了工人阶级的领导，革命就胜利了。

（四）农民和农人

《穀梁传·成公元年》："古者有四民。有士民，有商民，有农民，有工民。"因为中国以农立国，历史上的农民，并不是当下落后、保守的农民意识的总代表。《吕氏春秋·上农篇》记载："先圣王之所以导其民者，先务于农"。"农民"一词产生很早，其同义词为"农人"。"农人"一词似乎出现得较"农民"为早，且用得更频繁。检索"二十五史"，"农民"一词出现 102 次，"农人"一词出现了 73 次。越接近现代，"农民"的使用频率越高，"农人"的使用频率越低①。在《诗经》中农民更多地被称为"农夫"或"农人"。不过不管"农夫"或"农人"，都是指具体的从事农业的人，本身似不含身份或阶层的意义。在西周以至春秋时，农民作为身份与职业统一的一个阶层，其称呼是"庶人"。"庶人"在当时的社会等级阶梯中处于士之下，工商和奴隶之上。②古汉语的"人"有两个基本义项：一是广义，指"人这个物种"；二是狭义，指"人"这个物种中的上层，统治者。而"民"则只是"人这个物种"（人）的一部分——下层人的称谓，它相对的是狭义的"上层人"：士、君、官等。"农民"和"农人"的一兴一衰，一方面表明汉字的含义日益精确：事农者不再是"人"（狭义）之一种，而是"民"之一种。农民者，种地供食之"民"也。"民"是什么？低贱之人，劳力之人。

《中华人民共和国宪法》规定中华人民共和国是工人阶级领导的以工农联盟为基础的人民民主专政的社会主义国家。工农联盟在宪法意义上还存在着，但《宪法》并没有界定"工农联盟"中的"农"指的是什么含义。早期经典理论很明确地说明工农联盟中的

---

① 周永坤：《中国现代化进程中的农民问题》，《河北学刊》2012 年第 1 期。

② 李根蟠：《中国小农经济的起源及其早期形态》，《中国经济史研究》1998 年第 1 期。

"农"，指的是绝大多数的半自耕农和贫农。那么，今天宪法规定的"工农联盟"中的"农"，其指向是什么？在当下的中国农村，工人阶级应联合哪些"农"去实施"专政"？近年来农村中出现的新型农村经营主体，他们的政治身份是什么？当代中国农民问题的本质是身份制。在西方社会，随着现代化进程的展开，作为身份制的"农民"已经不存在，代之而起的是作为现代社会分工模式下的职业化农民。但新中国成立后的很长一段时期，中国走的恰恰是与之相反的路：农民的职业化特征下降，而身份化特征被加强。国家通过城乡分割的二元经济制度对农民实行了一系列的管制措施，以耕种粮食和提供农产品为职业的农民，社会身份下降到了最低。当今中国，有工人，文人，军人，商人……但农民这个带有身份歧视的词，却固化了下来。农民成为社会精英文化嘲笑的对象，成为贫穷、落后、保守和不具有革命精神的代名词，被一些理论家扣上"小农意识""农民意识"的大帽子。那些每天吃着农民种的粮、住着农民工修的房的人，坐在他们的办公桌前写着蔑视农民落后的理论文章，要去改造农民。殊不知，需要改造的，正是他们自己。中国当代农民问题的核心是权利问题，是制度性的权利缺失或者贬损。当下最重要的给予农民的三项权利：财产权、平等权、迁徙权（周永坤，2012）。

为什么今天大家看来如此正常、有利于农业发展的合作组织、借贷、租赁关系在20世纪30年代的共产党人的心中全是对立、压迫和剥削？今天引进外资，建立自由贸易区，促进贸易自由化被视作经济发展的有效手段，而在那时完全是帝国主义的侵略？孟德斯鸠说："贸易的历史就是一部各民族的交往史。各民族不同形式的衰亡，某一地区人口增长的时起时落，荒芜的时起时息均构成了贸易史上的重大事件。贸易可以治愈破坏性的偏见，这几乎是一条普遍规律：哪里有典雅的风俗，哪里就有贸易；哪里有贸易，哪里就会有典雅的风俗。毫不奇怪，我们的风俗不再像以前那样残暴无情了。贸易交往使得人们能够了解其他国家的风俗。人们对各自的风俗进行比较。各种风俗习惯的相互渗透使得人们获益匪浅。"① 即使是在 20 世纪 30 年代，对于要不要在农村通过革命的方式建立新秩序，理论学界也存在争议。早期以梁启超为代表的，否认农村的阶级对立，认为中国农民"都是各有土地的"，即使种别人的田，生产物"乃是平分的"，农民"并不是痛苦的，也不是十分受压制的"，因此，不会听共产主义者的宣传。卜凯（John L. Buck，1890—1975）在 20 世纪 30 年代出版的《中国农家经济》和《中国土地利用》中的观点也与以薛暮桥等为代表的共产党人对中国农村的认识存在根本性差异。

薛暮桥等革命党人认为农村最大的矛盾在于地主、富农与农民的对立，不管合作社也罢，乡村建设也罢，如果不从根本上解决农村的土地所有制问题，这种对立、压迫和剥削就不可能解决。他认为 20 世纪 30 年代中国农村的问题，核心在于土地等生产资料分配的严重不公，造成农民中的地主和富农对贫农和雇农的剥削。他说："在中国农村中间，仅占村户总数百分之十的地主富农占有了最多和最好的土地，另一方面，占村户百分之七十以上的贫农和雇农，他们因为没有土地，或是所有土地太少，不得不接受地主富农的苛重剥削……所谓无忧无虑的温饱生活，实际只是博士教授们的幻想而已。""如果都市中的资本主义工业能够顺利发展，那就不一定发生农村问题。因为都市工业发展后，可以吸收农村中大量的剩余劳动力，解决农村中失业人口的最低温饱问题，但中国 20 世纪 30 年代农村的衰落，主要原因是帝国主义和依附帝国主义的新兴买办资产阶级，帝国主义一面打破中国农村中自给自足的生产，破坏农村中的各种副业；一面又用种种不平等条约来束缚都市工业，束缚整个国民经济，使它不能够

---

① 孟德斯鸠：《论法的精神》下卷，第 2 页。

向着资本主义的康庄大道自由进行。这既是中国的农村问题——也就是整个国民经济问题——的最主要的根源，因此，中国农村破产的根本原因，不是生产落后，而是阻碍农业生产发展的各种社会关系。就是要在中国共产党的领导下，对农村实行革命斗争，打倒土豪劣绅，为贫下中农翻身得解放。不了解中国半殖民、半封建的生产关系，就很难理解新中国成立后为什么要进行社会主义的改造以及社会主义制度的优越性"。①

但问题是，中华人民共和国成立已 67 周年了，中国的社会阶层已发生了根本性变化，《宪法》中对工农联盟的规定性，将在社会中应处于平等地位的社会主义劳动者割裂为不同身份、不同意识的群体，这是否有利于社会和谐？是否有利于具有中国特色社会主义核心价值观的实现？是否有利于城乡统筹发展？正如中国共产党章程总纲中明确指出的，"中国共产党是中国工人阶级的先锋队，同时是中国人民和中华民族的先锋队，是中国特色社会主义事业的领导核心，代表中国先进生产力的发展要求，代表中国先进文化的前进方向，代表中国最广大人民的根本利益。党的最高理想和最终目标是实现共产主义"。新时期，中国共产党应是中国所有人民的先锋队，因此，阶级分析方法退出历史舞台，是中国社会发展的现实和必然要求，农民变农人，与工人、军人、商人、文人一样成为"人"，是所有有良知的中国人的共识。实际上，近年来，大量新型职业农民进入农村，新农人不再只是理论上的讨论，而正呈星星之火可燎原之势，引领着中国农业和农村现代化潮流。适时修改《宪法》和《中国共产党章程》中那些过时的理论和关于农民阶级特性的条文，是时代的呼唤和历史的必然。

---

① 薛暮桥：《旧中国的农村经济》，中国农业出版社 1980 年版。这是作者在 20 世纪 30 年代出版的书，原名《中国农村经济常识》，1937 年 1 月由新知书店出版。

三 万年村村党支部变化历程

(一) 新中国成立以前

屏锦镇镇志记载，民国二十七年（1938）建立中国共产党屏锦支部，谭绪任书记，汪荣任副书记，杨廷礼任组织委员，陈益民任宣传委员兼统战工作。1939 年，屏锦镇党支部共有党员 21 人，他们基本都是在镇上一造纸厂工作，是工人阶级出身。解放前屏锦镇的中共党员主要是在屏锦镇的学校、印刷厂开展活动，活动范围没有扩大到乡村。实际上，屏锦镇 1950 年 4 月才开展减租退押活动，并于同年 9 月在各乡、保建立农民协会。1951 年 3 月废除保甲制后建立农村政权，同年 7—9 月在屏锦镇开展土地改革运动。1953 年万年村迎来第一位入党成员。

很显然，万年村共产党的活动，是一个自外而内的过程。当时的农村，是一个传统型的乡绅社会。杜赞奇对中国传统农村的分析后认为，国家权力伸入到社会基层，不论其目的如何，这些新延伸的政权机构都是控制乡村社会的手段。在一个交通不发达的社会，直接的科层监管成本太高，通过祭祀中各种帝、王、神、术的科层结构建构，正是将国家政权延伸到乡土基层，管理成本最低的理性选择。新中国成立以前万年村的社会秩序，是在乡绅精英管理下运行的。新中国成立后，共产党政权在村里的迅速扩展，村民也就进入了一个新的历史阶段。

(二) 新中国成立后万年村党支部主要活动

新中国成立后到推行农村家庭联产承包制这段时期，农村实行公社、生产大队、生产队的"三级"所有，队为基础的体制，与农村党员迅速增加的特点是相吻合的。通过党组织建设，实现党在农村的工作目标。从另一个角度看，政权对农村社会的过度深入，可以形成很高的动员、支配能力，但也将农民的生产积极性、自主创新性强行压制下来，影响到了村社自身的活力。

1. 1978 年以前

1955 年，结合生产建社及镇反①工作，对农村党组织进行整顿。着重批判某些党员的富农思想、保守思想、丧失立场、不执行党的政策和违法违纪行为。1966 年，结合"四清"运动②，开展整党工作。开展对党员的奋斗目标，"两个阶级两条道路"的斗争，党纪及传统作风，党员标准教育活动。1970 年 11 月—1971 年 11 月，开展整风运动。运动分三步：（1）大动员、大学习、大批判；（2）斗私批修③，群众评议；（3）组织建设和制度建设。以毛泽东"五十字"建党方针④为指导，采用大字报、大批判方式。1975—1978 年，开展阶级斗争"年年讲、月月讲、天天讲"⑤的基本路线教育运动。

2. 1978—2003 年

1984 年 11 月—1987 年 8 月，用三年时间，查清"文革"中发生的有严重问题的事件及党员。1993 年 7 月—1994 年 9 月，整顿农村软弱无力党支部工作，以讲政治形势、党的优良传统以及自我教育的方法，采取整顿支部领导队伍为核心，达到建设一个好的领

---

① 镇压反革命运动简称镇反运动，是 1950 年 12 月至 1951 年 10 月在全国范围内进行的清查和镇压反革命分子的政治运动，是新中国成立初期同抗美援朝、土地改革并称的三大运动之一。历时一年多的镇压反革命运动，范围涉及全国几乎所有地区。

② "四清"是 1963 年—1966 年 5 月先后在大部分农村和少数城市工矿企业、学校等单位开展的一次社会主义性质的清政治、清经济、清思想、清组织的教育运动。

③ 毛泽东 1967 年在视察华北、中南和华东地区的"文化大革命"成绩时提出来的。最早公开出现于 1967 年 10 月 6 日《人民日报》社论《"斗私、批修"是无产阶级文化大革命的根本方针》。根据社论的说法，斗私，即是用马克思列宁主义、毛泽东思想和自己头脑的"私心"做斗争。批修，是利用马克思列宁主义、毛泽东思想去反对修正主义，去与共产党内一小撮资本主义当权派做斗争。

④ 1967 年 10 月 27 日，经过近一年半的"文革"动乱，各级党组织陷于瘫痪状态。为使党组织得以恢复并发挥作用，中共中央、中央"文革"小组发出《关于已经成立了革命委员会的单位恢复党的组织活动的批示》。毛泽东在批发这个文件时指出："党组织应是无产阶级先进分子所组成，应能领导无产阶级和革命群众对于阶级敌人进行战斗的朝气蓬勃的先锋队组织。"（后称"五十字建党方针"）。

⑤ 1962 年 9 月 24 日，中共八届十中全会在北京举行。毛泽东在会上做了关于阶级、形势、矛盾和党内团结问题的讲话，提出阶级斗争必须年年讲、月月讲、天天讲。

导班子的目的。1996 年 3 月至 2000 年 3 月，对共产党员分期分批开展整风整顿的教育活动，增强带领群众致富奔小康的信心。①

3. 2003—2012 年

2004 年 6 月，把村级党组织和镇党委建设为领导班子好、党员干部队伍好、工作机制好、小康建设好和农民群众反映好的"五好"活动。2005 年，建立向党代表报告的工作制度和接受监督的制度。2012 年，开展基层组织建设年活动。

图 6 - 1 2012 年万年村党支部召开"创先争优"活动动员大会

2012 年万年村开展基层组织建设年②活动情况

一 主要做法

在分类定级过程中，万年村支委重点做了五项工作。一是制订工作方案。按照上级有关基层组织建设年分类定级文件的精神，结合万年村实际，制定了《万年村基层组织建设年分类定级工作方

---

① 三讲教育，新时期中国共产党在党内进行的以讲学习、讲政治、讲正气为主要内容的党性党风教育，集中于 1998—2000 年开展。

② 党中央（中国共产党中央委员会）确定 2012 年为基层组织建设年，紧紧围绕"强组织、增活力，创先争优迎十八大"这一主题，全面落实党的十七大和十七届四中全会提出的基层党建工作各项任务。这是党的十八大前一次重要的活动。

案》，在方案中明确了工作目标、工作任务、工作步骤等。二是广泛收集意见。与驻村领导、干部和村组干部一道，走访党员和群众，通过召开院坝会，广泛收集他们对党支部带头人、工作思路、工作制度、活动阵地、保障机制、工作业绩等方面的意见和建议，初步整理后形成汇总材料。三是召开测评会议。于 2012 年 3 月 28 日召集村组干部、党员和群众代表召开分类定级测评会，由总支副书记作工作汇报（由于开分类定级会时村支部书记在县委党校学习，由支部副书记作的汇报），并对分类定级进行说明，再由党员、群众讨论党支部工作，总结工作亮点和缺点，量化组织建设水平，形成记录材料。四是填报相关表册。先将收集到的问题进行梳理，形成菜单式问题，然后带着问题参加全镇的分类定级摸底交流会，重点看查找的问题是否真实，工作认识是否明确，最后填报《梁平县基层组织分类定级登记表》。五是总结发展规划。根据镇党委最终确定的等级，召开支委会，进一步剖析矛盾和问题，研讨发展举措。在镇党委的指导下填好《梁平县基层组织分类定级规划表》，同时，做好基层组织建设年下一步的工作安排。六是制订整改方案。召集党员群众，集体研究制订万年村基层组织整改提高方案，落实责任到人，明确完成时间，形成有效的监督机制，确保整改方案得到落实。七是实现提档升级。通过落实每一项整改措施，逐渐实现组织的提档升级（提高组织管理能力）。

二 存在的问题

通过调查走访，广泛搜集村民意见，整理出以下三方面的问题：

（1）班子建设方面。一是个别干部在接待和走访村民以及为民服务过程中，说话、办事方式不恰当；二是村组织民主程度不够，班子成员之间应既分工，又合作，主要领导应带头讲政治、讲正气，与大家和谐相处；三是种养殖党支部党员较少，要多培养入党积极分子充实党支部。

（2）基础设施建设方面。一是需要改进万年路垃圾场，重点解决过路车辆行人通行问题；二是第1和第2村民小组机耕道急需整修，最好能硬化，以解决十多亩果园的运输问题；三是远程教育和农家书屋利用率还不高。

（3）党员培养方面。一是全村党员干部年龄结构严重老化，已不能很好地满足发展的需要；二是部分党员素质有待提高，有时公私不明，特别是在一些重大决策和立场上，显得不尽如人意，如在户籍制度改革和社会抚养费征收上，个别党员没有带头意识；三是党员能力建设工作做得不够，特别是集中培训的时间较少。

三　努力的方向

结合群众和党员反映的问题，支部组织班子成员认真讨论和反思，积极采取有效措施解决相关问题。

一是班子成员必须反省自身，进一步深化"为民"意识，改善服务态度和方式，积极、热情地为群众办实事、办好事。通过召开谈心会、交流会、面对面等活动，营造和谐民主管理环境。

二是加大基础设施建设和维护的力度，积极争取资金和项目，对道路进行绿化、亮化、美化。同时，加快龙溪河万年段的整治力度，推进天然气安装进度。

三是组织村两委班子成员开展走访"党员户"活动，与党员交流交谈，倾听他们的意见和建议，了解他们的心理状态，给他们传播先进理念，提高政治素质和觉悟，从而更好地发挥先锋模范作用。

四是积极吸引其他有实力、有思想、先进的种养大户向党组织靠拢，加强种养殖党支部，更好地发挥其示范带头作用，促进全村产业结构的调整。

五是制订新方案，延长远程教育播放时间和图书室开放时间，增加播放和开放频率，最大限度地发挥远程教育和图书室的作用。

图6-2　万年村村务公开栏

第二节　万年村党支部职责与任务

前面一节从理论上讨论了党在农村工作中的一些基本理论问题，这一节主要整理介绍万年村党组织在促进经济社会发展，提升村民生活质量及幸福感的职责、任务、做法及经验。

一　万年村党支部的基本情况

（一）党员基本情况

根据万年村党支部的党员花名册，2012年全村有正式党员80名，有预备党员两名。其中，有13名女性和67名男性，男性占了党员总数的83.8％，女性只占了16.2％。从年龄结构上看，党员老化现象相当严重。在80名党员中，60岁以上的就有54位，占了全部党员的67.5％，而30岁以下的党员只有2人。50岁以下的党员只有13人，只占全部党员的16.3％。特别是女性党员极为稀少，全村50岁以下女性党员只有1名在外地上学的大学生。万年村党员性别和老龄结构极不合理，农村党组织建设面临一个全新的课题。

表 6 - 1　　　　　2012 年万年村党员年龄和性别分布　　　　单位：人

性别	30 岁以下	30—40 岁	40—50 岁	50—60 岁	60—70 岁	70 岁以上	合计
男	1	5	6	10	23	22	67
女	1	0	0	3	5	4	13
合计	2	5	6	13	28	26	80

就文化程度而言，全体党员中文盲 3 人，小学文化程度的 38 人，初中文化程度的 29 人，高中文化程度的 6 人，中专和大学文化程度的各 1 人，另有大专文化程度的 2 人。小学或不识字党员占全体党员人数近一半，农村党员文化程度总体水平还较低。但应看到，同时期一般农民群众的总体文化水平更低，党员和村组干部的文化程度与普通村民相比，还是要高很多。应该说，党将村里的精英分子尽可能地吸引到了自己的组织中。

入党的时期（党龄）方面，第 7 村民小组的黄永珍，出生于 1932 年，小学文化程度，于 1953 年入党，是万年村最早加入中国共产党的党员。最晚的是从广东返乡创业青年，养殖大户殷广勇，他在 2009 年加入中国共产党。万年村发展党员最为集中的时期是 20 世纪 60 年代中期，特别是在 1966 年，一年的时间就有 18 人加入中国共产党。个中原因，不得而知，估计与当时国内的政治形势有关。据屏锦镇志记载，1965 年 12 月至 1966 年 12 月，包括万年村党支部在内的屏锦区，结合"四清"运动，在全区开展了整党工作，共有 7 个乡（镇）党委，86 个农村党支部，1254 名党员参加整顿。在这次整党中，开除党籍的党员有 34 人，受纪律处分的党员 129 人，占党员总数的 12.1%。1965 年，中共屏锦区委成立中心学习小组，组织领导成员学习《实践论》、《人的正确思想从哪里来的》、《矛盾论》、《愚公移山》、《关心群众生活注意工作方法》，但不解的是，这一年是万年村入党人数最多的一年。

表 6 – 2　　　　　　　　　2012 年万年村党员入党时期

时间段	1953— 1960（年）	1960— 1970（年）	1970— 1980（年）	1980— 1990（年）	1990— 2000（年）	2000 年 以后
人数（人）	13	28	13	3	12	11
比例（%）	16. 25	35	16. 25	3. 75	15	13. 75

注：包括下限，不含上限。

20 世纪 80 年代，中国在广大农村推行家庭联产承包责任制后，国家从以阶级斗争为纲向以改革开放和经济建设为中心的战略转变，农村基层党组织建设工作没有得到重视，万年村入党人数急速下降。10 年间，万年村入党人数只有 3 人。进入到 20 世纪 90 年代，各地党委又开始重视农村基层党组织建设问题，基本上每年都要在村里吸收一位入党积极分子加入党组织。

（二）党支部委员

村党支部委员会实行"两推一选"，候选人初步人选由全村有选举权的村民采取联户或个人提名方式推荐，根据支委名额按得票多少确定；候选人预备人选由全体党员在群众民主推荐的基础上通过个人提名或联名提名方式民主推荐，按多于应选名额 20% 的差额确定；将候选人预备人报镇党委考察、审批后确定为正式候选人；通过召开党员大会民主选举产生。每届任期三年。

2012 年万年村党支部成员有 4 人，书记一人，由一位村官兼任村党支部副书记，另有组织委员和宣传委员各一名。村党委委员三男一女，他们的文化程度在万年村是最高的，是年龄在 20—50 岁、年富力强的"能人"。村支部委员党龄最长的 8 年，最短的 2 年。从收入水平看，工资最高的是"村官"。月工资 2200 元，最低的是一名委员，因为没有其他任职，每月只有 50 元的补贴。所有村支部委员的工资已全部纳入了梁平县的财政预算，也加入了城镇养老保险。他们的家庭人均纯收入要高于万年村农民家庭人均纯收入。

表6-3　　　　　　　2012年万年村党支部委员基本信息

党支部职务	性别	年龄（岁）	文化程度	党龄（年）	月工资或补贴（元）	来源	家庭纯收入（万元）	是否交叉任职
书记	男	46	高中	6	1000	县财政	6	否
副书记	男	23	大学本科	3	2200	县财政	—	村官
委员	女	48	高中	8	1000	县财政	4	村主任
委员	男	42	中专	2	50	县财政	5	村医生

万年村各村民小组内的党员人数都在3人以上，根据中国共产党章程，在每一个村民小组又设立了党小组。村官作为挂职干部，在村里作为党支部副书记。

表6-4　　　　　　　万年村党小组情况

村民小组	党员数量（人）	党小组长	村民人数（人）
1组	9	李仲文	327
2组	8	王世村	426
3组	10	易成荣	540
4组	8	张学运	496
5组	14	夏元财	397
6组	8	曾生权	469
7组	10	谢富楷	410
8组	5	曾凡杰	233

二　万年村党支部的职责

（一）文件规定

万年村党支部根据屏锦镇党委的总体要求，制定了村党支部书记、组织委员、宣传委员和一般委员的工作职责。

1. 万年村党支部书记的职责

（1）认真贯彻执行党的路线方针政策和上级指示、决议，负责召集支委会和支部大会，结合本部门的具体情况，研究安排党支部工作,将党支部工作中的重大问题,及时提交支部委员和支部大会讨论决定。

(2)积极做好经常性的思想政治工作,了解掌握党员的思想、工作和学习情况,发现问题及时解决。

(3)切实加强党的思想建设、组织建设和作风建设,检查党支部工作计划、决议的执行情况和出现的问题,按时向支委会、党员大会和上级党组织报告工作。代表党支部对本部门在贯彻执行党和国家方针政策方面起保证监督作用。

(4)发动全体党员积极完成医疗、教学、科研等任务,教育党员充分发挥先锋模范作用。

(5)经常与支部委员和同级行政负责人员保持密切联系,交流情况,相互配合,支持他们的工作,协调部门党政工团关系,充分调动各方面的积极性。

(6)抓好支部委员自身的学习,按时召开支委会的民主生活会,加强团结,充分发挥支部委员会的集体领导作用。

2. 万年村党支部组织委员职责

党支部组织委员在支部委员会的集体领导下,负责支部的组织工作。其职责是:

(1)了解和掌握支部的组织状况,根据需要提出党小组的划分和调整意见,控制和督促党小组过好组织生活。

(2)了解和掌握党员的思想状况,协助宣传委员,纪检委员对党员进行思想教育和纪律教育;收集和整理党员的模范事迹材料,向支部委员会提出表扬和鼓励的建议。

(3)做好发展党员工作,了解入党积极分子情况,负责对入党积极分子进行培养、教育和考察,指出发展党员的意见,具体办理接收新党员手续;做好对预备党员的教育、考察,具体办理预备党员的转正手续。

(4)做好党员管理工作,根据本支部实际情况,做好民主评议党员工作；认真搞好评选先进党支部、先进党小组和优秀党员活动，接转组织关系，收缴党费，定期向党员公布党费收缴情况；做好党员和党组织的统计工作。

3. 万年村党支部宣传委员职责

党支部宣传委员在支部委员会集体领导下，分工负责宣传工作。

（1）了解掌握党员和群众的思想状况，根据不同时期党的工作重心和任务，根据上级党委的指示，宣传党的路线、方针、政策，指出宣传教育工作计划的新意见。

（2）组织党员学习党的基本理论，基本知识和时事政策，组织党课学习，做好思想政治工作。

（3）围绕本单位的中心工作，开展多种形式的宣传鼓励活动，活跃党员和群众的文化体育活动。

（4）搞好党报、党刊的发行工作。

（5）充分利用广播、电视、黑板报等宣传工具，开展宣传工作。

4. 党支部纪律检查委员职责

党支部纪律检查委员在支部委员会的集体领导下，负责支部纪律检查报告工作。

（1）经常了解并向支部和上级纪律检查委员会反映本单位党员执行纪律的情况。

（2）协调组织委员、宣传委员向党员进行党性、党风、党纪教育。

（3）管理群众对党员的检举、控告；检查处理党员违犯党纪的事件，同各种违犯党纪和破坏党风的行为做斗争。

（4）对受党纪处分的党员进行考察教育。

5. 村党支部委员会职责

（1）支部委员会在支部党员大会闭会期间，负责领导和处理党支部的日常工作，党支部委员会一般每月召开一次，根据需要也可随时召开。支部委员会对支部党员大会负责，对支部全体党员负责，同时，也向上级党组织负责，接受上级党组织领导。

（2）贯彻执行上级党组织的指示、决定和支部党员大会的决议。

（3）做好对党员的教育和管理，搞好党支部的自身建设。

（4）处理好支部的日常事务，按期向支部党员大会和上级党组织报告工作。

（5）开展经常性的思想政治工作，关心群众的政治、经济、文化生活。

（6）领导工会、共青团、妇联与群众组织的工作，充分发挥其作用。

（7）保证监督行政工作的正确方向和任务的完成。

（二）2012 年基层组织建设年中万年村党员的任务

2012 年为响应中央基层组织建设年的工作要求，万年村建立了"联系、帮扶、示范"三项工作机制，形成农户增收助推网，着力促进村域经济快速发展。

"联系机制"指实行"村干部联系组、组干部联系户、党员联系群众"的工作机制，在全村上下形成服务网，确保服务群众全覆盖。建立村干部联系点 9 个，组干部联系点 9 个，党员联系点 58 个。"帮扶机制"指构建"党员结对子、干部出法子、党群互助觅路子"的帮扶机制，激发党员带头创业激情，激励后进农户创业增收，达到整村致富的增收目标。村总支拓宽"老带小、强带弱、富带贫"等途径，按照自愿组合原则，全村 80 名党员与群众结成 43 个帮扶对子。"示范"机制指在全村动员的基础上，通过"示范"带领大家共同致富。全村确立"创业示范户"8 户、"创业骨干户"7 户、"创业学习基地"2 个，集中力量培养这些示范户，发挥他们的示范引领作用，辐射带动更多党员群众参与创业。

1. 村党支部领导成员

（1）谢洪林，总支部书记，负责总支部党建全面工作，每月走访群众 40 户，统领全村党建工作；宣传各种惠农政策，要求群众知晓率达到 95% 以上；争取国家项目资金，硬化公路 2000 米，人行便道 2000 米，做好绿化工作；大力推进稻田养鳅工程 100 亩；继续创建市级卫生村。

（2）曾凡杰，村委会主任，总支部委员，负责村务日常工作，每月走访群众 35 户；争取国家资金，硬化公路 2000 米，人行便道 2000 米，做好绿化工作；整治山明塘 6 口；每周走访企业一次，确保安全生产"零事故"；大力推进稻田养鳅工程 100 亩；做好计生奖扶、独生子女高考加分调查、农村医保、社保办理等工作。

（3）洪成刚，大学生村官、副书记，协助书记负责党建日常工作，每月走访群众 25 户；争取国家资金，在龙溪河边建大棚蔬菜 200 亩；做好龙溪河 2100 米长的河道整治和绿化工作；协助村两委对"三资"进行清理，帮助村民到镇政府代办需要办理的相关手续；定期组织党员开展"三会一课"等活动。

（4）李小勇，总支委员，负责全村组织工作，每月走访群众 35 户；做好全村 992 户村民卫生防疫工作；创建市级卫生村，做好宣传和巡查工作；及时更正出现错误信息的村民医疗保险信息；按时收取村总支 80 名党员的党费。

2. 一般党员

对于没有在村党支部、党小组或村民委员会担任任何职务的一般党员，也设立工作岗位，明确各自作为一名党员的工作职责（见表 6－5）。

民意收集岗，每季度到相关村民小组开院坝会 1 次；每月走访 10 户群众；每月将收集到的民意进行梳理，记录成册；向村两委

图6-3 党员联系点

反映民意情况并提出相关建议；每月向村民反馈1次所提出问题的办理情况。

生态环境保护岗，积极组织并参加环境保护公益劳动1次，做好生态环境保护的宣传工作；组织群众集体学习卫生环保知识活动2次；保护相关村民小组公路两旁的花草，防止人员践踏，每年组织2次修剪；保护龙溪河万年段水域环境，阻止村民乱扔垃圾；组织各组村民开展除"四害"活动，做好春秋两季的灭鼠、灭蟑工作。

公共财物管理岗，每季度对村固定资产进行增减变动登记1次；每半年对相关村民小组公路路面清扫、水沟清理；每周1天到村级公共服务中心看管村级健身器材等固定资产，防止被使用者损坏；每月参加村支部的党组织会议、学习等。

村规民约执行监督岗，组织相关村民小组的村民学习村规民约；每月监督村级财务收支情况1次；每年利用村规民约参加低保户的评议1次，每月检查对低保户的补助发放情况，困难群众的救助等工作；每周到相关村民小组进行安全巡查1次。

科技示范岗，按照镇、村规划，每年做好1—2项科技成果的试验、示范工作；动员和带领2—3家科技示范户参与党员电教科技示范工程的实施；结合农时节令和农事活动，协助村、组每年举办1—2期科技培训班；开展科学实践，帮带2名农民学会耕田机、插播机、收割机等农用机械的使用。

扶贫助困岗，及时走访相关村民小组村民，对村民的困难程度实施评估排位；为县、镇联系干部提供最困难的家庭实施帮扶救助或者纳入低保户帮扶；根据困难家庭人员实际情况，联系本村产业大户为他们提供就业岗位 1 个，消除完全失业家庭；协助村两委做好节假日的慰问贫困户活动。

民事纠纷调解岗，发展 3 名民兵，组织 1 次民兵集中训练活动；负责相关村民小组民事纠纷调解，做到小事不出组，大事不出村；每月将民事调解情况汇总并上报村党总支；每年开展 1 次以"邻里和睦"为主题的活动。

产业发展岗，利用农家书屋和远程教育等资源，组织村民学习和掌握农村产业发展动态活动 2 次；因地制宜，利用先进科技知识重点发展本村的蔬菜、花椒、果树等种植业及家禽、生猪、特种鱼等养殖业；带动 2 户农民发展具有一定经营规模的产业。

计划生育督促岗，负责联系村民小组育龄妇女保健和计划生育工作；向组员传达相关政策法规。

文明卫生新风岗，负责全村的卫生、讲文明和树立新风等方面的工作。

表 6 - 5　　　　　万年村总支部无职党员设岗定责登记

编号	组别	姓名	性别	学历	定岗责任
1	1组	严一金	男	小学	生态环境保护岗
2	1组	华永吉	男	小学	计划生育督促岗
3	1组	夏元贵	男	小学	民事纠纷调解岗
4	1组	夏元秀	女	小学	公共财务管理岗
5	2组	李长中	男	大专	民意收集岗
6	2组	李小勇	男	大专	文明卫生新风岗
7	2组	晏发全	男	小学	扶贫帮困岗
8	2组	王从明	男	初中	科技示范岗
9	3组	严一柱	男	小学	计划生育督促岗
10	3组	易成荣	男	初中	生态环境保护岗

编号	组别	姓名	性别	学历	定岗责任
11	3组	敖万军	男	初中	民事纠纷调解岗
12	4组	杨继超	男	小学	公共财务管理岗
13	5组	张忠万	男	高小	民意收集宣传岗
14	5组	董万术	男	初中	文明卫生新风岗
15	5组	冉龙盛	男	初中	科技示范岗
16	5组	王云秀	女	小学	计划生育督促岗
17	5组	张学运	男	初中	生态环境保护岗
18	5组	程善明	男	小学	民事纠纷调解岗
19	5组	徐启华	男	小学	公共财务管理岗
20	5组	徐家权	男	高小	民意收集宣传岗
21	5组	张忠国	男	高中	文明卫生新风岗
22	6组	夏远财	男	小学	扶贫帮困岗
23	6组	欧诗章	男	初小	科技示范岗
24	6组	李开玉	女	初中	计划生育督促岗
25	6组	罗仁德	男	小学	生态环境保护岗
26	6组	谢贵木	男	初小	民事纠纷调解岗
27	6组	谢自华	男	小学	公共财务管理岗
28	6组	谢富成	男	初中	民意收集宣传岗
29	7组	牟万彬	男	中专	文明卫生新风岗
30	7组	欧诗伟	男	初中	扶贫帮困岗
31	7组	牟万成	男	初中	产业发展岗
32	7组	邹代怀	男	小学	计划生育督促岗
33	7组	谢自敏	男	小学	生态环境保护岗
34	7组	黄永珍	女	小学	民事纠纷调解岗
35	7组	曾庆国	男	初中	公共财务管理岗
36	7组	谢林洪	男	高中	民意收集宣传岗
37	7组	曾生权	男	小学	文明卫生新风岗
38	8组	范金碧	女	小学	扶贫帮困岗
39	8组	谢富楷	男	小学	科技示范岗
40	8组	谢泽明	男	小学	计划生育督促岗
41	8组	张善明	男	小学	生态环境保护岗

续表

编号	组别	姓名	性别	学历	定岗责任
42	8组	谢伯华	男	高中	民事纠纷调解岗
43	8组	叶先斌	男	初中	公共财务管理岗
44	8组	胡少轩	男	小学	民意收集岗
45	8组	邱良秀	女	小学	计划生育督促岗
46	9组	徐启中	男	初中	文明卫生新风岗
47	9组	孙云芳	女	初中	计划生育督促岗

3. 万年村党员之间的结对帮带活动

万年村党员通过"老带小、强带弱、富带穷"的方式，开展党员之间的相互帮带活动，增强党员群体的工作能力和致富能力。

表6-6　　　　　　　　万年村党员结对帮带名单

支部	老带小	强带弱	富带穷
一小组	谢洪林—洪成刚 黄存安—曹诗亮 严一金—严成山	李仲文—余　严 夏元贵—夏元秀 唐信凡—严本恒	鄢昌富—杨兴成 黄祖国—黄一寿
二小组	王世村—李小勇 唐信书—唐　鸿 李长中—王　平 晏发全—邱圣伟 兰思义—邱良平		王从明—罗代义
三小组	易成荣—黄　庆	严文远—严一柱	李学发—敖万军 李仲珍—吴江勇 徐启红—唐仁祥 唐廷兰—袁大志
四小组	董万术—董万俊	徐家泉—唐行恩 曾凡杰—沈汝清	张忠国—王荣秀 陈善明—张忠万
五小组	谢自华—谢贵念 欧诗章—谢贵勤	夏元财—谢　攀	谢贵木—谢富成 李开玉—罗仁德
六小组	谭继琼—徐本松	欧诗伟—曾庆帮 邹代怀—华永德	曾生权—牟万成 牟万彬—范金碧
七小组		谢富楷—徐本成	孙云芳—叶先斌 谢泽明—岳良秀 谢伯华—张善明 徐启中—胡少轩

4. 外出党员登记

万年村对在外打工经商的党员进行登记制,以保持与他们的联系。总体上,这些外出打工经商的党员,很少能按时参加村里党组织的各项政治活动。村党委设立流动党员结对联系岗,村里负责人需结对流动党员,负责联系流动党员2名,每月利用电话与流动党员联系1次;及时掌握流出党员的思想动态,每月向支部汇报1次;帮助引导流动党员到流动地点参加党组织的组织生活。

表6-7　　　　　　　万年村外出打工经商的党员情况

编号	组别	姓名	性别	生日	学历	入党时间
1	2	王平	男	1973.1	高中	1996.10
2	3	唐廷兰	女	1947.11	小学	1974.4
3	3	袁大志	男	1950.12	初中	1966.10
4	4	兰思义	男	1943.4	小学	1995.6
5	4	严成山	男	1973.12	初中	2003.7
6	4	邱圣伟	男	1982.12	初中	2002.5
7	4	邱良平	女	—	小学	1966.9
8	5	沈汝清	女	1947.3	小学	2002.8
9	5	董万俊	男	1963.8	初中	2002.8
10	6	谢贵勤	男	1971.11	初中	1994.8
11	6	谢贵念	男	1977.4	初中	1998.7
12	6	华永德	男	1939.1	小学	1963.4

三　普通党员幸福生活访谈①

（一）老年妇女党员

李仲珍,1941年生,万年村第6村民小组人氏,小学文化。父

---

① 2012年10月笔者在万年村调研期间,万年村正在召开村党委会会议,笔者得以有机会参加,亲身体验了中国农村最基层党组织活动的开展情况。会议地点在村民会议室,会议由村主任主持,村党支部书记讲话,村文书做记录,村官列席。会议主题是争先创优活动动员大会及优秀党员评选。会后,笔者随机采访了两名党员。这是根据访谈资料整理而成。

母是贫农，是那些千千万万普通群众的一员，但经过她自己的努力和党组织的考察，于1960年光荣地加入了中国共产党，至今已有50年的党龄。那时她在梁平县邮电所里当话务员，最大的好处是国家会计划供应粮食。遗憾的是，1962年国家粮食供应量减少，家庭生活变得相当困难。那时到农村反而可以有自留地生产粮食，为了改变吃不饱的生活状况，就向原单位写了一份回家务农的申请。申请刚递交时，单位领导并不赞成她的想法，劝她要看长远一点，不要轻易改变国家干部的身份，回农村务农的代价很大。但自己已有孩子，家里粮食不够吃，经过几个不眠之夜，最后下定决心与在屏锦区邮政所当话务员的爱人一起回到万年村以种地为生。

图6-4 农村最基层的普通党员

当问到入党目的时，她觉得入党后有一个组织，可以更靠近党，听从党的招呼和指挥，还能给群众做点好事，可以更好地走群众路线。20世纪70年代，她一直在原生产队当粮食保管员，直到实行土地家庭联产承包责任制才结束。在当粮食保管员时，也要参加生产队的集体劳动，那时自己从没有想过要比群众多拿工分。作为一名党员，经常参加党的各种组织活动。生产队土地承包到户后，爱人就长期在外地打工，自己在家带孩子，耕种从村里承包的田地。自己的5个孩子已陆续长大成人，成家立业，为此感到特别自豪。目前生活比起其他同村社员来说，处于中等水平。1980年她每年交1元党费，2012年每年交12元，一月1元。

虽然年岁大了，但也尽可能参加党的各种组织活动。目前，她主要负责宣传党的各种政策。如果村里群众有矛盾，就主动去化解。要求自己和家人不能参与一些其他群众组织的各种不利于社会稳定的活动，更不能参加法轮功组织，自觉抵制各种错误思想。因年岁大了，就不在党组织中担任任何职务，也没有当过别人的入党介绍人。不过，她认为，不管当前形势如何变化，始终要跟着党走，这才是人生的正道。积极参加党组织的各种会议，比如每一个月要评一次优秀党员，她都参加。她说，政府有时会给那些党龄超过 40 年以上的老党员、老干部少量的补贴，这也许就是党对她们的一种人文关怀。

（二）青年男性党员

吴某，男，1990 年生，万年村第 3 组人氏，19 岁入党，党龄已有两年半。2007 年 17 岁初中毕业后参加了中国人民解放军，在天津市河北区消防第一中队当了两年义务兵，退伍后回到万年村老家。参军一年当了副班长，并在 2008 年提交了入党申请书，2009年 2 月成为预备党员。

他说，在部队上只服了两年兵役，如果个人不主动提出申请，是可以不提前转业的。按常理他应在部队接受更多锻炼，得到更多深造的机会，2008 年在部队参加过抢险救灾工作。那时虽然每天工作都很繁重，但都能圆满完成领导安排的各项任务。经过一年的努力，被评为优秀士兵，得到连队的普通嘉奖，还光荣地加入了中国共产党。可他觉得在部队里不再会有晋升的空间。问起个中原因，他说看看连队里那些退伍的老士兵就会明白的。在他看来，如果在部队里没有很好的社会关系，要想有好的发展是非常困难的①，同时觉得自己的个人能力也很有限。实际上，他父母曾非常反对他匆匆地转业回老家，但小伙子始终认为在部队里没前程。一个老兵

---

① 2014 年新一届领导人在军队里大力反腐，说明小伙子所言并非为假。

转成士官后，最多能在部队里再干三年。要想进一步提升，必须要考军校，可军校名额有限，除了学习能力，还需要运气和各种社会关系。考虑到自己在参军之前学过摩托车修理，有一技之长。与其在部队里混时间，不如早日回家创业。

国家对于转业退伍军人回家创业制定了一些优惠政策，比如在税收方面减免税。退伍那一年，国家给了 2930 元退伍补贴，家里父母支持一些钱作为启动资金，他就在万年村里建了一个摩托车维修点。转业回家后很快结了婚，爱人比他大两岁，现已有一个小孩，但他认为作为一名"90 后"，他还很不成熟。退伍回万年村后，党组织关系转到万年村党支部。村党支部有意要培养年轻人，作为村里最年轻的中共党员，就兼职作了万年村的团支部书记。2010 年村里竞选村委会时，还参加了竞选，因为年龄原因没选上。

作为万年村的团支部书记，在万年村负责发展共青团员。到 2012 年年末，已发展了两名共青团员。这两名团员都在 25 岁左右，没有读书了，在外地打工。他俩都是他自己的哥们儿兄弟。要想加入共产党，成为一名中共党员，必须先当一名共青团员，这还需要时间积累更多的成绩。

谈到自己的打算，这位年轻人说，2009 年在外地打了三个月工之后，就再也不想出去了。打工是用自己的资本去为别人创造，而在老家创业是用自己的资本为自己创造。将来他要立足于万年村谋发展，要努力争取当上村民委员会主任或村党支部书记，因为必须要有位，才能为村民和自己图发展。这个理想早晚要实现，不可能等一辈子。目前，村里领导也在有意识地培养他。村支部书记或是村主任到各个村民小组去调研办公时，常带上他一同前往，通过与村民面对面交谈，可以学会如何与农民打交道，也更能知道村里的农民需要什么，可以尽快熟悉村情，这样才能为全村的发展找到正确的方向。

2012 年，这位年轻人一家三口通过种地、维修摩托车年纯收入 3 万元左右。他耕种 4.5 亩地，都用机械，一年耕地收入 4000—5000 元。

四 共青团工作

（一）概况

中国共产主义青年团（简称共青团）是中国共产党领导的先进青年的群众组织。1920 年 8 月，中国共产党首先在上海组织了社会主义青年团。在此前后，全国各地在准备建党的同时组织了社会主义青年团。1921 年 7 月，中国共产党成立。1922 年 5 月，在党的直接领导下，中国社会主义青年团在广州召开第一次全国代表大会，成立了全国统一的组织。1925 年改称中国共产主义青年团。

年龄在 14 周岁以上，28 周岁以下的中国青年，承认团的章程，愿意参加团的组织并在其中积极工作、执行团的决议和按期缴纳团费的，可以申请加入中国共产主义青年团。团员年满 28 周岁，没有担任团内职务的，应该办理离团手续。团员加入共产党后仍保留团籍；年满 28 周岁后没有在团内担任职务的，就不再保留团籍。

共青团的组织原则是民主集中制。共青团的全国领导机关是全国代表大会和它产生的中央委员会。全国代表大会每 5 年举行一次，由中央委员会召集，在特殊情况下，可以提前或延期举行。在全国代表大会闭会期间，中央委员会执行全国代表大会的决议，领导共青团的全部工作。共青团中央机关设有农村青年工作部，包括农村发展处、生态环境处、农村青年中心建设指导处三个处室。

（二）万年村共青团工作职责

1. 组织全村团员青年学习党的路线、方针、政策，经常对团员进行思想政治革命传统、共产主义道德教育。

2. 围绕党的中心工作，结合青年特点，组织制订工作计划。

3. 贯彻党总支和上级团组织的决议、指示，开展团的活动，配合有关部门，组织团员青年学习业务、技术，努力完成各项任务。

4. 抓好组织建设，积极向党组织培养和推荐先进分子。接受新团员，收缴团费，接转团的关系，办理超龄团员离团等手续。

5. 经常向党总支和上级团组织请示、汇报工作，反映团员的思想和要求，关心青年的进步和生活，经常开展适合青年特点的活动。

6. 完成领导交办的其他任务。

五　民兵工作

根据中华人民共和国国务院和中华人民共和国中央军事委员会1991实行的民兵工作条例，民兵是中国共产党领导的不脱离生产的群众武装组织，是中华人民共和国武装力量的组成部分，是中国人民解放军的助手和后备力量。民兵按照便于领导、便于活动、便于执行任务的原则编组。农村一般以行政村为单位编民兵连或者营，城市一般以企事业单位、街道为单位编民兵排、连、营、团。以村为单位的民兵工作是村党委工作的一项重要内容。

万年村民兵连长工作制度规定，民兵连长在党支部的领导下，负责全连工作，职责是：

（1）认真贯彻落实上级关于民兵工作的方针原则，结合实际开展工作。

（2）负责搞好年度整顿，公民兵役登记，退伍军人预备役登记、核对和征兵工作，落实预征、预训对象和参训人员的误工补贴。

（3）组织和带领民兵积极参加"物质和精神"文明建设和公益活动。

（4）搞好民兵的政治教育，提高全体民兵的政治素质。

（5）带领民兵维护社会稳定，参加各种抢险活动，参军参战，支援前线，保卫后方。

第三节　万年村村民委员会职责、运行与选举

村民委员会①是村民自我管理、自我教育、自我服务的基层群众自治性组织，实行民主选举、民主决策、民主管理、民主监督，一般简称村委会。

一　村委会的职责

（一）村委会基本情况

村委会组织法第六条规定，村委会由主任、副主任和委员共3—7人组成。村委会成员中，应当有妇女成员，多民族村民居住的村应当有人数较少的民族的成员。对村委会成员，根据工作情况，给予适当补贴。

万年村这一届村委会由主任、文书、会计和妇女主任4人构成。性别上一男三女，为33—49岁之间的中青年骨干。最低文化程度是一位兼职会计，初中文化；最高的是村妇女主任，中专文化。他们的文化程度明显高于万年村的普通群众。村主任和文书都是高中文化程度，也是中国共产党党员。村主任是村党支部委员，村文书兼任一个村民小组长。村委会成员工资纳入到了梁平县的财政预算，最高的月工资1000元，最低的村会计只有100元，村文书和妇女主任月工资都是800元。

---

① 《中华人民共和国村民委员会组织法》，1998年11月4日第九届全国人民代表大会常务委员会第五次会议通过，2010年10月28日第十一届全国人民代表大会常务委员会第十七次会议修订。含总则和附则共六章，对村民委员会的性质、组成和职责、选举、村民会议和村民代表会议、民主管理和民主监督进行了详细的法律规定。

表 6 - 8　　　　　　　　**2012 年万年村村委会情况**

村委会成员	性别	年龄（岁）	文化程度	政治面貌	月工资或补贴（元）	来源	是否交叉任职
主任	女	49	高中	党员	1000	县财政	党委委员
文书	男	40	高中	党员	800	县财政	村小组长
妇女主任	女	33	中专	群众	800	县财政	否
会计	女	41	初中	群众	100	县财政	否

（二）规定职责

1. 宣传贯彻宪法、法律、法规和国家的政策，维护村民合法权益，教育和推动村民履行法律、法规规定的义务，发展文化教育，普及科技知识，促进村和村之间的团结、互助，开展多种形式的社会主义精神文明建设活动。

2. 依照法律规定，管理本村属于村农民集体所有的土地和其他财产，教育村民合理利用自然资源，保护和改善生态环境。

3. 支持和组织村民依法发展各种形式的合作经济和其他经济组织，承担本村生产的服务和协调工作，促进农村生产和社会主义市场经济的发展。

4. 尊重村集体经济组织依法独立进行经济活动的自主权，维护以家庭承包经营为基础，统分结合的双层经营体制，保障集体经济组织和村民、承包经营户、联户或者合伙的合法的财产权和其他合法的权利和利益。

5. 举办和管理本村的公共事务和公益事业。

6. 组织实施本村的建设规划，兴修水利、道路等基础设施，指导村民建设住宅。

7. 依法调解民间纠纷，协助维护本村的社会治安，向人民政府反映村民的意见要求和提出建议。

8. 向村民会议或者村民代表会议报告工作并接受评议，执行村民会议或者村民代表会议的决议、议定。

9. 建立健全村务公开和民主管理制度。

10. 法律、法规规定的其他职责。

（三）2012 年村委会和村民小组长具体任务

1. 村委会

曾凡杰，村委会主任，总支部委员，负责村务日常工作。每月走访群众 35 户；争取国家资金，硬化公路 2000 米，人行便道 2000 米，并做好绿化工作；整治山明塘 6 口；每周走访一次企业，确保安全生产"零事故"，大力推进稻田养鳅工程 100 亩，做好计生奖扶、独生子女高考加分调查、农村医保、社保办理等工作。

谢攀，文书，第 6 村民小组组长，负责村委文书以及 6 组的日常事务。每月走访群众 35 户；每周走访一次企业，确保安全生产"零事故"；协助屏锦镇政府搞好污水管道 3000 米的铺设工作；完成村两委日常工作记录和档案资料整理；加强农村综治工作的开展，每季度组织 1 次村民民主法治教育。

杨梅林，妇女主任，负责全村妇女儿童工作。每月走访群众 20 户；调节民事纠纷，配合村两委创建健康村；"六一"节开展留守儿童集体关爱活动；评选 1—2 名（户）好媳妇、好婆婆、五好家庭等上报镇党委，宣传他们的先进事迹；配合村两委，组织妇女健康公益体检活动 1 次。

肖志艳，计生协助员，负责计生工作。每月走访群众 30 户；配合村两委创建市级卫生村；做好计划生育法律法规的宣传工作；负责征收社会抚养费；做好新生儿上户和死亡人口上报工作；负责本村育龄妇女按期进行生殖健康检查。

2. 村民小组长

这是笔者 2012 年 10 月入村调查时用手机拍摄的村档案资料，2012 年后村里对村民小组长进行了部分调整，2014 年第一小组组长为潘成江。

詹传凤，1 组组长，每月走访群众 30 户；调节好村民临时纠

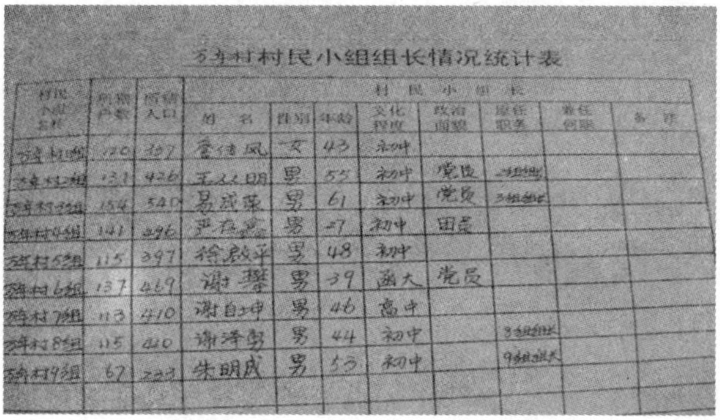

图 6-5 万年村村民小组长情况

纷,创建和谐村;协助气矿厂完成沙坪场增压管线 300 米的检测工作;做好各项惠农政策的宣传,以及镇里各项政策的宣传;种植优质无花果 30 亩,介绍 2 名村民就业。

王从明,2 组组长,每月走访村民 35 户,做好记录,帮助解决实际困难;负责落实好组里的日常事务,连接好村组工作;及时传达和落实上级文件精神,带动村民致富;每月组织 4 次安全生产排查;重点落实好公路硬化工作。

易成荣,3 组组长,每月走访群众 30 户,帮助解决实际问题;做好组里日常卫生、治安、打击非法传销、财务等工作;带领全体村民,为创建和谐村努力;协调好 120 户天然气的安装工作;介绍 2 名村民到加工厂就业;监督好万年路的卫生环境。

严成鑫,4 组组长,走访村民 35 户,做好记录,帮助解决实际问题;处理好组里的日常事务,特别是 2012 年的万元增收工作;联系好村组工作,落实各项政策;准时参加村里的会议和活动,不缺席和早退,认真学习和传达会议精神;带动 2 名村民增收。

徐启平,5 组组长,走访村民 35 户,做好记录,帮助解决实际问题;处理好组里的日常事务,特别是 2012 年的万元增收工作;联系好村组工作,落实各项政策;准时参加村里的会议和活动,不缺席和早退,认真学习和传达会议精神;扩大种养殖规模,带头增收。

谢自坤，7组组长，每月走访群众30户；及时参加村两委会议，认真向村民传达会议精神，并落实交办的任务；做好各项政策的传达和宣传工作；协助气矿厂完成增压管线300米的检测工作；负责好组里的常规事务，重点做好每月的4次打击非法传销的排查工作。

谢泽恒，8组组长，走访村民35户，做好记录，帮助解决实际问题；处理好组里的日常事务，特别是2012年的万元增收工作；联系好村组工作，落实各项政策；准时参加村里的会议和活动，不缺席和早退，认真学习和传达会议精神；带头增收。

朱明成，9组组长，每月走访群众30户；及时参加村两委会议，并落实交办的任务；做好各项政策的传达和宣传工作；协调本组1500公路硬化工作；负责好组里的常规事务，发展好种植业，带头和带动致富。

（四）小组长生活访谈①

潘成江，万年村第一村民小组小组长，1974年生人，初中文化程度。与其他同龄村民最大的不同在于，他主要在村附近工地上开货车，没有到外省市打过工。到访谈时为止，去过最远的地方是重庆市区。他爷爷是重庆忠县人，后迁移到梁平县万年村。他母亲是屏锦镇人，父亲出生在万年村，是退休工人，2012年每月有4000多元的退休工资；母亲参加了农村养老社会保险，2012年每月领80元养老金。有两个哥哥，1个姐姐。大哥结婚后独自成家，姐姐出嫁外地，二哥一家和父母吃住在一起。

包括爱人和三个孩子在内全家5口人，大儿子15岁，二儿子8岁，小女儿4岁。他爱人是屏锦镇另外一个村的，小学文化程度。经别人介绍认识后，感觉还不错，相处一段时间后结了婚。刚结婚

---

① 2014年3月25日，地点在万年村千担坝。

时，有一个磨合期，为一些家庭琐事争吵，逐渐互相适应后就很少吵架了。在谈到生育观念时，他说有两个儿子，但还是想要一个女儿。一对夫妻有一儿一女是最好的，因为年老后，有个女儿，还可以到她家去走动走动。如果只有儿子，就只能在一个地方生活，久了就会觉得没意思。养儿子可以防老，所以儿女双全是最好的了，有更多的亲人和朋友。

图6-6 万年村第一村民小组组长

谈到家庭经济方面，他说，家里五口人中只有两人有耕地承包权。全家有耕地3亩，人均耕地0.6亩。原来在村附近的一个采矿厂用农用车运输矿，这个工作干了近20年，每月能挣6000元。那时候把自己的地转租给一亲戚家耕种。随着年龄增大，自己也有一些积蓄，正好赶上国家鼓励耕地流转，就与人合伙在万年村承包了80亩耕地，用于种植果树。开车运输矿的收入相对还是不低的，但开车的风险较大，一旦出现交通事故，极可能把自己所有的家当全赔进去。经营果园的风险相对较小，收益时间长，国家支持力度大，还有一些财政补贴（重庆市对微型企业经营主有2万—3万元补贴，果园也算政策补贴范围内）。果树第2年开始挂果，第3年就可以进入盛产期，只要技术好，可以保证20年的收益。果树技术和市场信息主要来自于互联网（百度）搜索以及咨询各种专业技术人员。根据当地气候环境来选择果树品种。在第一年，试种过一亩桃树，后来发现当地的水土条件不适合种植这个品种，后来改成了其他果树。

承包耕地涉及万年村第1、第5和第7三个村民小组的村民，平整地、修路、修水渠等基础设施建设投资了20万元。承包租金为每年每亩350公斤稻谷，价格按当年国家最低收购价计。这种方式随稻谷市场价格而变动，耕地承租双方都容易接受。每年耕地承包费需6万元，10月份与耕地转出方结清。耕地转包合同由村民委员会、流出方和流入方三方共同签订。在第一年成立这个家庭农场（果园）时，由于要连片耕作，个别农户不愿意将耕地转包出来，但通过村支部和村委会领导出面协调，加上合理的租金，最后也都同意了。合同第一期签订承包期13年。

今后在果园经营效益良好时，如果有村民提出将流出的土地经营权收回他该如何办？谈到这个问题时，他说他一点都不担心。现在是法治社会，签订了合同，就按合同办事。此外，耕地转入和转出方都是乡里乡村的，也不会太难协调，而且村里、镇里领导还会帮助作相关人员的协调工作。

万年村1组有100多户，400多人。村民居住在7个相对集中的居民点。小组里各种姓氏的人都有，没有特别的大家族。2006年搞新农村建设时，居民点向公路两边集中，院子在减少。作为万年村第1村民小组长，也没有太多工作可作，一年约需30个工作日。一个月补贴100元，一年只有1200元。很多有能力的人都外出务工经商去了，他们对当村民小组长的愿望并不强烈。2012年选举村民小组长时，由村里提名两个人，他最后当选。刚当选为村民小组长时，有很多组里的人他都不认识。实行家庭联产承包责任制后，原来的生产小组成员各家干各家的事，互相交往就很少了。而且居住也分散，一些新出生的或是从外地出嫁到小组里的人互相不认识是普遍现象。当了一段时间村民小组长后，基本能认识村民小组里的人。

自 2012 年当村民小组长后，还没有召开过一次村民小组大会，因为小组里没有什么事需要召开这样的全体大会。如果有什么事，比如村民选举大会，他就骑摩托车到各家各户进行口头通知，30分钟就可通知完，然后大家就在村民小组一个较宽的地坝上议一议就可以了。原来生产队里有一块承包给附近农户的小鱼塘，早些年承包出去的，现在继续执行就行了。承包期 10 年，一年租金 100元，交到村民小组统一使用。村里其他一些村民小组因修建天然气管道、水渠等，或是引进企业占用了小组里的公共土地，所以村民小组组长常召集开村民小组全体大会。

作为村民小组长，他一年主要的工作任务有：（1）协助农村合作医疗收费。2012 年每人参保费标准为 60 元，需到农户家里收取后交到村民委员会，由村民委员会将费用上交到镇的相关部门。小组社员都愿意交，在收费时如果个别农户没钱，他就先垫支一下，过几天农民再还给他，这种情况只发生在极个别的贫困户中。每年收一次，约需 5 天时间。（2）参加村里的各种会议。比如屏锦镇党委、政府有工作安排，或是传达中央、市、县各上级部门的文件精神等。现在每家每户都有电视，很多人还有电脑、手机可上互联网，能够了解到中央的各项政策，因此就不组织村民小组成员进行专门的学习。（3）协助村里的计划生育、丧葬等工作。计划生育工作具有强制性，一般说来，只要交钱就能生。比如，他自己，2007年生第二个孩子，罚款了 1.8 万元；2009 年生老三，罚款了 3 万元。2014 年的罚款标准是二胎 2.9 万元，三胎 4 万元。罚款标准根据当地农民的收入水平，不管孩子上不上户口，都要交罚款。丧葬在政策上提倡火葬，反对土葬。早些年是只能火葬，尸体埋了都要挖起来，还要上交罚款。后来群众意见太大，政策就改变了，可以土葬。外面有专门从事丧葬服务的生意人，从穿衣到看地到埋，都可请到专业人员。穿衣、看地各环节的价格由市场定，一般分几个档次。现在仪式简化了，客人由主人根据各家情况自己请，村民小组里的人一般都会去参加葬礼。

谈到对村民小组工作的看法或打算时，目前他对村民小组工作还没有什么具体打算，因为村民小组不比他的家庭。小组长什么事都不能做主，只是起一中间联络人的作用，对任何事都没有决策权。村民各有各的门路，家家户户都不指望靠自家那点耕地过生活，所以村民对土地没有什么依恋的，对村民小组里的事也不关心。组里不少社员都愿意将土地流转出去，在外地打工经商，有时他就帮助村民进行土地流转。

现在村里的交通条件还不是特别好，如果交通条件改善了，他想在村里搞一农家乐。谈到这，这位小组长双眼一亮，似乎美好的幸福生活正在向他招手。

二　村委会的运行方式

（一）村委会工作制度

1. 建立村委会干部值班制度。村委会干部坚持轮流值班，处理村务工作。值班人员要坚守岗位，坚持交接班，若因故不能值班的，必须事先向村主任请假。节假日和重大活动期间要增派值班人员，并组织治安防范人员在各交通要道和主要地段进行巡逻。

2. 坚持每月召开一次村委会干部参加的村务办公会，研究处理重要村务工作。对急需处理的村务工作，村委会应及时开会研究处理。

3. 健全民主生活制度，坚持每半年和年终召开一次村委会组成人员民主生活会，认真开展批评与自我批评。

4. 健全村干部岗位责任制，明确干部岗位职责。实行任期目标管理制度，按照年初确定的目标任务，年终进行考核评比，对完成目标任务成绩突出者，给予适当奖励。

5. 坚持联系村民小组的工作制度，村委会成员要负责联系一至两个村民小组的工作，帮助研究解决工作中的具体问题，并负责联系帮助一至两户贫困户脱贫致富。

（二）村民会议制度

村民会议是全村最高决策机构。村民会议由村民委员会召集，一般每年举行一次。因特殊情况需要或有 1/10 以上村民提议应当召集村民会议，村民会议主要决定涉及全体村民利益的重大事项。召开村民会议，应有本村 18 周岁以上村民过半数参加，或者本村 2/3 以上的户代表参加。所作决定应经到会人员的过半数通过。

1. 必须经村民会议讨论决定的事项：（1）依法制定和修改村民自治章程、村规民约；　（2）罢免和补选村民委员会成员；（3）撤销变更村民代表会议和村民委员会不适当的决议、决定，授权村民代表会议讨论决定的有关事项；（4）涉及村民利益的其他重大事项，即村民代表会议不便作出决定的事项和执行难度较大的事项。

2. 村民会议程序。村民会议按民主集中制原则，分会前准备与会议讨论决定两步进行，会前由党支部、村委会将需提交村民会议讨论决定的事项共同协商统一思想，交村民代表广泛征求村民意见，再由村委会提交村民会议讨论决定。

3. 村民会议决策原则。（1）符合党的政策和国家法律法规；（2）保证完成上级交办的任务；（3）符合多数村民的利益；（4）少数服从多数；（5）形成决定任何人不得擅自改变。

（三）村民代表会议①

万年村村民代表会议由村民代表、村民委员会成员、村民小组组长和住村的各级人大代表组成。村民代表的人数原则上每 10 户选一名代表，最少不得低于 30 人。村民代表会议每年不得少于 3

① 《村民委员会组织法》规定，村民代表会议由村民委员会召集。村民代表会议每季度召开一次。有 1/5 以上的村民代表提议，应当召集村民代表会议。村民代表会议有 2/3 以上的组成人员参加方可召开，所作决定应当经到会人员的过半数同意。

次，因工作需要可随时召开，每次会议参加人数必须达到2/3以上方可召开。村民代表会议由村民委员会负责召集、主持。议题可由村民委员会提出，也可由10名以上代表联名提出。会前应提前向代表发出通知，告之议题，以便代表征求村民意见。召开村民代表会议时，一般先由村委会主任提出本次会议要讨论的议题及解决问题的设想、方案，供代表讨论审议，在代表充分讨论审议的基础上，最后作出相关决议、决定。村民代表会议在行使决定和否决权时，需与会代表的2/3以上通过。做好每次会议记录、文书整理和归档工作。

图6-7　村民代表会议记录

村民代表会议代表应在村选举委员会的指导下，由村民民主选举产生，其职权是：（1）审查、批准村经济和社会发展规划、村委会年度计划；（2）审议村委会工作情况，监督和评议村民委员会的工作；（3）听取和审议村财务收支情况的报告；（4）讨论决定涉及全村村民利益的政策措施和重大工作安排；（5）决定村务监督小组组成人员名单，听取和审议村务监督小组的工作报告；（6）组织和监督实施村务公开工作，组织和领导村务民主管理活动；（7）讨论村民自治章程（草案）、村规民约（草案）及其修改意见审议通过试行方案并监督实施；（8）需要由村民代表会议决定的其他事项。

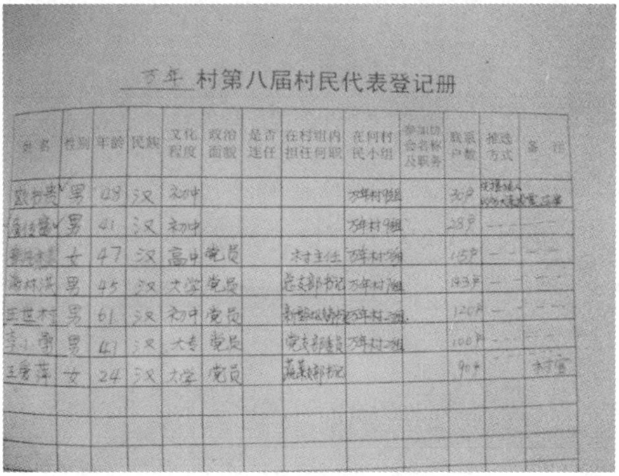

图6-8　万年村第八届村民代表部分人员

（四）村务公开

《中华人民共和国村民委员会组织法》第三十条规定村民委员会实行村务公开制度。第三十二条规定村应当建立村务监督委员会或者其他形式的村务监督机构，负责村民民主理财，监督村务公开等制度的落实，其成员由村民会议或者村民代表会议在村民中推选产生，其中应有具备财会、管理知识的人员。村民委员会成员及其近亲属不得担任村务监督机构成员。村务监督机构成员向村民会议和村民代表会议负责，可以列席村民委员会会议。

万年村村委会根据《组织法》的要求，通过村务公开栏、监督小组、理财小组适时公开村务。

村务公开监督小组选举，通过村民会议或村民代表会议，在村民代表中推选5—9名热爱集体、公道正派、具备财会知识的人组

图6-9 定期的村务公开

成村务公开监督小组，村干部及其配偶、直系亲属不得作为成员。村民理财小组由村民会议或村民代表会议在村务公开监督小组成员中推选3名成员组成，名单及时向全体村民公布。

万年村村务公开和民主管理制度

第一条 村务公开和民主管理，必须坚持党的领导、依法办事，不断扩大农村基层民主和保证群众选举权、知情权、决策权、参与权、监督权、受益权的原则。

第二条 凡属涉及村民切身利益、村民普遍关心的政务、事务、财务及其他重大事项，都要及时向村民公开，重点是财务公开。

第三条 村务公开的内容

一、政务类。政府有关解决"三农"问题的政策和措施，涉及农民利益的政策，如计划生育、农村税费、征用土地和宅基地审批、征兵政策等。

二、村务类。村民会议或村民代表会议的决定及实施情况，村委会任期目标，村干部年度工作及民主评议情况，土地承包经营权流转，农村税费改革和粮食直补政策落实情况，新型农村合作医疗政策。

三、财务类。村财务收支详情，国家投入的扶贫、农业开发资金使用情况，优抚、救灾救济、征地补助、退耕还林等款物发放情况，村土地、集体企业和财产的承包、租赁情况，农民承担费用和筹资筹劳情况，水、电等费用收缴情况，境内外团体、个人捐赠款物使用情况等。

四、服务类。为村民提供的各类生产、生活服务内容。

村务公开的内容必须全面、真实、准确、具体，把财务公开作为公开的重点。

第四条 村务公开的程序。村民委员会根据本村实际，依法提出公开的具体方案，村务公开监督小组对方案进行审查、补充和完善，村党组织和村民委员会联席会议讨论确定，村民委员会通过村务公开栏等形式及时公布。

第五条 村务公开的形式。设立专门的公开栏，还可根据实际，采取有线广播、有线电视、发放公开单、召集村民会议或村民代表会议等方式，对村务进行公开。

第六条 村务公开的时间。每年1月、4月、7月、10月的15日为村务公开日。一般村务每季度公开一次，重大村务即时公开。

第七条 村民代表会议根据工作要求设立村务公开监督小组和民主理财小组。村务公开监督小组是村民代表会议行使监督权的组织载体，负责对村务公开的内容逐项进行审核审查；民主理财小组是村民代表会议对村级财务实施监督的责任载体，行使村级财务收支审核审查权。

第八条 村民代表会议、村务公开监督小组、民主理财小组，必须认真履行职责。其成员不能履行职责，严重失职，多数村民不满意的，可按程序予以撤换。

第九条 设立村务公开意见箱，听取群众意见，接受群众监督。

第十条 建立村务公开日和村务公开接待日，对村民提出的质疑或质询，有关当事人必须进行解释或解答。村民有权对村务公开中存在的问题提出意见、建议和批评，有权委托村务公开监督小组重新审核有关账目、凭证。多数村民不满意的事项，必须纠正，并重新公开，直至群众满意为止。

第十一条　村民委员会不及时公布应当公布的事项或公布的事项不真实的，村民有权向镇或县级人民政府及其主管部门反映，有关政府机关和部门应当负责调查核实，责令公布；经查证确有违纪违法行为的，应追究有关人员的责任。

第十二条　保证村民享有真正的民主选举权，村民委员会依法由村民直接选举产生，村民有权依照法定程序罢免村民委员会成员。

第十三条　坚持和完善村民会议、村民代表会议制度，明确规定村民代表会议的人员组成及其条件、职责、权利，规范村民代表会议的活动方式、活动程序和活动时间，制定议事规则和议事程序。

第十四条　村民代表会议要认真履行村级事务决策、管理、监督职能，定期或不定期向村民通报监督情况。

第十五条　坚持和完善《村民自治章程》《村规民约》，保证村民的民主管理权。

第十六条　严格执行财务管理的有关规定，健全单独建账、独立核算民主理财的财务管理体制。

第十七条　建立和完善民主恳谈会制度。结合实际，不拘形式和地点，定期和不定期举行民主恳谈会。要提前预告民主恳谈会的时间、地点、主题、参加人员，引导村民围绕主题进行，并运用好民主恳谈会的结果。

第十八条　对涉及群众切身利益的重大问题，兴办公益事业，必须采取多种形式，广泛听取群众意见，实行"一事一议"，由多数村民说了算。要明确其适用范围、议事程序、组织实施，加强组织、引导和监督管理。

第十九条　建立健全民主评议村干部制度。每年结合年终工作总结，村民会议或村民代表会议对村民委员会班子及其成员的工作进行民主评议和民主测评。评议时，村民委员会班子成员要作述职报告，由评议者评出等次。对连续两次被评为不称职的，要按规定进行调整或罢免。

第二十条　坚持和完善村民委员会，定期向村民会议或村民代表会议报告工作，村干部任期责任，定期审计和离任审计制度，加强对干部监督约束。

第二十一条　各地对村务公开和民主管理工作要齐抓共管，纪检、监察、民政、农业等部门要在党组织的统一领导下密切配合，加强具体指导和督促检查，确保村务公开和民主管理工作落到实处。

三　村委会的选举①

（一）选举制度

村委会选举严格按照《重庆市村民委员会选举办法》执行。村委会的选举由村民会议或村民代表会议选举产生的村民选举委员会主持。村委会主任、副主任、委员由选民直接无记名投票选举产生。采取先确定候选人选举方式的，候选人必须由过半数的选民无记名投票提名，按得票多少为序和差额原则确定，当高职位不能确定为候选人时，高职位的得票数可下加到低职位，采取不先确定候选人的选举方式的竞选。竞选人应在选举日的十日前在村民选举委员会登记报名，并在村选举委员会组织的选举大会上发表竞争演讲和回答选民的提问，正式选举应以村为单位召开选举大会，全体选

---

①《村民委员会组织法》第十一条规定，村民委员会主任、副主任和委员，由村民直接选举产生。任何组织或者个人不得指定、委派或者撤换村民委员会成员。村民委员会每届任期三年，届满应当及时举行换届选举。村民委员会成员可以连选连任。

民的过半数参加投票，选举有效。竞选人或其他人获得参加投票的选民的过半数的选票，始得当选。村委会由主任、副主任和委员共3—7人组成，每届任期三年。对不称职的成员，经1/5的选民联名书面向村委会提出，并说明理由，村委会在30日内召开村民会议表决罢免要求。罢免村委会成员必须经本村过半数的选民通过。

村民小组长和村民代表选举。村民小组长的选举实行不先确定候选人的方式进行，由本组选民直接提名候选人，无记名投票的方式产生。获得赞成票多的当选。村民代表由村民小组召开会议，按照村民委员会核定的名额进行推选，得票多的当选。村民代表人数一般按5至15户推选1名代表，但总数不得少于30人。村民小组长和村民代表的任期与村委会任期相同。

（二）2004—2010年三届村委会选举情况

表6-9提供了自2004年到2010年三届村委会选举情况。由于大量村民外出，实际参选人数只占到有选举权人数的45%。但村主任的得票数都超过了实际参选人数的一半以上，符合选举制度的规定。三届都没有设秘密划票间，书记与主任不是由一人承担，没有搞大会唱票选举，设有民主理财小组，投票时不存在发钱贿选现象，设有流动投票点。

表6-9　　　　2004年以来万年村村委会选举情况

年份	有选举权人数（人）	实际参选人数（人）	村主任得票数（票）	是否设有秘密划票间	书记与主任是否一肩挑	是否搞大会唱票选举	是否有民主理财小组	投票是否发钱	是否流动投票
2004	1630	710	630	否	否	否	有	否	是
2007	1790	795	650	否	否	否	有	否	是
2010	1810	806	560	否	否	否	有	否	是

四　村党委和村委会的关系

中国共产党自成立伊始，就高度重视农村工作，通过党组织建设不断加强对农村的控制力，有效地将分散的农民群众组织起来。在创建根据地时期，首先建立稳固的军事控制。一旦部队站稳脚跟，党就着手把新占领的地区转变为根据地。接着建立一个新的地方政权机构。这一机构通过普选产生，包括建立一个村一级或更高一级的协商和执行委员会。为维护自己的政权，党通过鼓励党员参加选举，确保执行委员会成员中的多数能执行党支部的指示，然后削减地方权势人物的财富和权力，改变当地穷人的命运。在根据地内执行三个原则性文件：减租、减息、实行合理负担和统一累进税。在8年抗日战争时期，共产党和农民建立密切联系，获得农民的支持，保障根据地内农民群众生活有序。

可以说，通过加强农村基层党组织建设，发挥党员在农村中的战斗堡垒作用，是中国共产党自成立以来，在革命和建设年代积累的最为宝贵的经验之一，在当今的农村工作中，应始终坚持。《中国共产党章程》第三十二条指出，街道、乡、镇党的基层委员会和村、社区党组织，领导本地区的工作，支持和保证行政组织、经济组织和群众自治组织充分行使职权。《组织法》第四条规定，中国共产党在农村的基层组织，按照中国共产党章程开展工作，发挥领导核心作用，领导和支持村委会行使职权；依照宪法和法律，支持和保障村民开展自治活动、直接行使民主权利。因此，村党委在村级组织中起领导作用的边界界定是非常清晰的，不容怀疑。

村（居）干部"双述双评"考核办法（试行）

为进一步激发村（居）两委干部干事创业的热情和动力，密切党群、干群联系，切实增强基层组织的创造力，凝聚力和战斗力。经镇党委研究决定，特制定本办法。

第一条 "双述双评"是指村（居）两委"三职"干部①既向镇党委述职又向党员、群众述职，既接受组织评价又接受群众评议。"双述双评"工作每年开展一次，时间为每年 12 月。

第二条 "双述双评"采用"村述民评、村述镇评"的方式进行。村述民评，即村（居）两委"三职"干部分别向全村（社区）党员、村（居）民代表、小组长以上干部述职，与会人员采取无记名投票方式对述职人员进行评议。评议后，由村（居）民代表计票、监票，当场宣布评议结果。村述镇评，即村（居）两委"三职"干部向镇班子成员、中层干部、驻村干部述职，与会人员对述职人员进行无记名投票评议。

第三条 "双述双评"的主要步骤分为动员、述职、评议、整改四个阶段，由镇党委组织实施，村（属）两委"三职"干部积极配合并做好述职准备。村述民评会议由村（社区）支部书记召集，镇党委主持；村述镇评会议由镇党委负责组织，时间为村述民评会之后。"双述双评"结束后，镇党委召开会议，根据两级评议结果对村（居）两委班子及成员档次进行集体研究认定，在村（社区）公开栏内向群众公布，接受群众监督。

第四条 "双述双评"的述评内容。村（居）两委班子围绕"五个好"基层党组织创建目标要求，以班子自身建设、党员队伍建设、制度建设以及农业结构调整、信访稳定、落实县、镇中心工作等内容进行述评，突出发展农村经济、增加农民收入等内容。村（居）两委干部重点在思想品质、个人素质、团结协调，完成任务、致富带富、为民意识、廉洁自律等方面进行述评。党员和群众对照村（居）班子及干部的述职，通过看其日常管理工作思路、评议其工作思路是否符合村（居）实际；看其解决热、难、重点问题的实效，评议其解决问题的能力；看其执行政策法规的情况，评议其公

---

① 村"三职干部"指村党支部书记、村民委员会主任及村文书（会计）。

道正派的作风；看其联系服务群众的表现，评议其执政为民的功德；看其推动发展带动创业的能力，评议其改变村（居）面貌的实绩。通过无记名票决核查村（居）干部群众满意度，用数字量化对比核查村（居）干部综合本领和领导能力。

第五条 "双述双评"结果的评定。村（居）两委班子设定好、中、差三个档次，村（居）两委"三职"干部设定优秀、称职、不称职三个档次。测评结果将村（社区）进行排序，"好"票最多的为优秀班子，"差"票最多的为后进班子。村（居）、"两委"干部"优秀"票数前三名者为优秀村（居）干部，"不称职"票数前三名的为不称职村（居）干部。

第六条 "双述双评"考核结果的运用。实行"双述双评"结果"三卡告勉"制，并与干部任用挂钩，与误工报酬挂钩。对确定为先进班子和优秀村（居）干部的，在全镇和推荐上级表彰的各项评优评先活动中有优先资格。优秀村（居）干部年终误工报酬多发600元。对确定为后进班子和不称职的村（居）干部在全镇大会上说明情况，由考评组进行通报批评，并"三卡告勉"。即对评定档次为不称职的有一般性问题的村（居）干部发"提醒谈话通知卡"，由镇党委对其提醒谈话。对不称职村（居）干部当年黄牌警告，对连续两年被评为不称职村（居）干部的，劝其自动辞职。对评定档次为不称职，且有违纪苗头的村（居）干部发"警示告知卡"，在村"两委"会内通报，误工补贴按原标准下降10%；对不称职票数达到60%以上，且有轻微违反党纪政纪的村（居）干部，发"限期整改督促卡"，由镇党委对其诚勉谈话，限期整改，误工补贴按原标准下降20%，半年内不见成效的劝其辞职，劝而不辞的将撤销其职务或按照有关程序进行罢免。

第七条 办法未尽事项由乡镇党委负责解释。

第八条 本办法从2009年6月起施行。

2011 年万年村两委会工作总结

2011 年，万年村在（屏锦镇）镇党委、政府的坚强领导下，在全村广大党员、群众的紧密配合下，村两委团结一致，带领群众开拓进取、排难前进，各项工作取得了阶段性成果，较好地完成了年初制订的工作计划，实现了基层组织进一步加强、集体经济进一步壮大、基础设施建设进一步巩固、人民群众的安全感进一步增强的目标。

一 加强党的基层组织建设

（一）村级组织换届工作圆满成功

2012 年年初，正是万年村合并后的第一次村两委换届选举，作为合并村，村两委班子调整面较大，配足配齐两委班子任务艰巨，意义重大。为此，本着"贯彻党委意图，尊重群众意愿"的原则，采取"两推一选"的办法开展村级换届选举工作。通过大家的共同努力，使得此次换届工作人心稳定，秩序井然，换届工作取得圆满成功。

（二）认真抓好党员发展工作

年初拟订党员发展计划，严格按照"坚持标准、保证质量、改善结构、慎重发展"的方针，积极将年轻有文化的致富能手及优秀分子吸收入党。2011 年村预备党员转正 2 名，2 名入党积极分子发展为预备党员，为组织增添了新鲜血液。

（三）以实现"五个好"村党支部为目标，切实加强村党组织建设

村支两委认真对照"五个好"村党支部标准，开展自查自纠工作。一是进一步加强班子建设，坚持解放思想、实事求是、与时俱进、开拓创新，做到依法办事。深入贯彻民主集中制原则，维护班

子团结。二是进一步抓好党员队伍建设，大力开展评优评先活动。教育激发广大党员发挥先锋模范作用，营造积极向上的良好氛围，推动各项工作的顺利开展。三是规范和完善各项制度。建立干部目标管理考核制度、学习制度等，使工作运行规范，服务优质高效。四是进一步抓好经济发展工作，年初拟订工作要点和经济发展工作思路，围绕农业、社会事业等方面抓好落实，为村经济发展注入新的活力。五是按照"三个代表"要求，维护群众利益，丰富他们的物质文化生活，让群众满意。

二 狠抓计划生育各项工作

随着农村税费改革的深入，村级工作已发生很大变化，计划生育工作逐渐成为村级工作的主旋律。2012 年，在计划生育工作方面，主要做了以下几项工作：

一是深入宣传教育，营造良好的计生氛围。始终做到坚持以群众需求为导向，大力开展人口与计划生育知识宣传，着力建设科学、文明、健康的生育文化。利用春节和农忙季节外出务工人员返乡集中期，开展集中性的宣传教育活动，抓住重点人群的教育管理，通过面对面辅导，在广场学校开办讲座等途径，帮助他们了解、掌握计划生育方面的政策、法规。对特殊人群加强计划生育政策宣传，对未婚重点青年男女加强法律法规宣传，并倡导晚婚晚育。

二是狠抓两检到位率。村现有育龄妇女 685 人，参检育妇 365 人。村两委一班人分片包干，落实到人，确保按时按质完成，使得全年两检率均达 100%。

三是狠抓未婚男女青年和隐性婚育的管理排查。大量人员的外出务工，对促进本地经济发展的同时，也给计划生育工作带来了挑战。抓好计划生育工作，首要任务就是抓好流动人口的生育管理。村里对全村 18 周岁以上的未婚男青年和 15 周岁以上的未婚女青年登记造册，并与育龄群众和重点未婚男女青年签订了计划生育合同。同时层层落实责任，谁包片谁负责，全年共排查出 21 对隐性婚育，及时采取了相关措施，使符合政策的隐性婚姻公开化、合法化，对不符合政策的隐性婚育坚决落实引流产措施。

四是及时落实到期手术和清理手术欠账。全村共落实 32 人到期手术，清理了 14 例的手术欠账。与此同时，本着实事求是的原则开展了计划生育奖励扶助这项民心工程，全村共有 12 人享受到了奖励扶助政策，使计划生育的惠民政策落到实处。

三 努力做好各项中心工作

村级工作千头万绪，在做好镇党委、政府布置的中心工作的同时，努力做好其他常规工作。2012 年初，在对群众做了大量思想工作的基础上，动员了 435 人参加农村户籍制度改革。另外，借助普法的东风，加大村级各类矛盾的排查，及时调解。全年成功调解各类纠纷 42 起，确保了一方平安，全村无一例刑事案件发生。

2011 年度，村两委虽然较好地完成了各项工作任务，但与上级领导的要求和全村广大群众的期望还有很多不足。村两委将始终与乡党委、政府保持高度一致，做到目标同向、思想同心、行动同步，并结合村情实际，创造性地开展工作，努力完成镇党委、政府交办的各项工作，力争在新的一年取得更大的进步，各项工作再上一个新的台阶，以更加出色的成绩实践全心全意为人民服务的宗旨。

中共万年村支部委员会

万年村村民委员会

二〇一二年一月

第七章

幸福与农业现代化

农民以农为生，他们的生活和农业生产活动天然地联系在一起。唐代文学家李绅所作的《悯农二首》最能体现农民的幸福与农业的关系。这两首流转甚广、妇孺皆知的诗，一是说农民从事农业劳动的辛苦：锄禾日当午，汗滴禾下土。谁知盘中餐，粒粒皆辛苦！一是说社会分配不公，农民常劳而无收：春种一粒粟，秋收万颗子。四海无闲田，农夫犹饿死！在传统的农耕社会，科技水平低下，农民占了社会的大多数，他们只能依靠自己的身体和畜力在烈日炎炎下从事农业劳动，个中艰难，无以言表。更让人难以接受的，他们耗尽了自己的生命，将所有的田地种上粮食，但他们自己却常忍饥挨饿，受尽歧视、凌辱、压迫和剥削。历史的车轮行进到今天，他们仍然被扣上"农民意识"的大帽子，被当作落后的代表。幸运的是，中国共产党自始至终以反压迫、反剥削，实现人类的最终解放为奋斗目标，通过科技和制度创新，不断改造传统农业，特别是农业机械的大范围应用，不仅可以直接减轻农民从事农业劳动的时间和强度，提高他们的生活质量，还可以让农民能够走出田野，寻找非农就业的机会。此外，通过免征农业税、加大对农业生产的财政支持力度等系列强农惠农政策，可以增加农民的收入，改善他们的生活。农业生产方式的转变和农业现代化进程，直接影响到农民幸福生活的实现。

第一节　村农业生产现状

作为我国50多万村庄中的一个，万年村农业生产方式和现代化进程受整个中国农业现代化进程的影响，特别是农业基本经营制度变化，更是国家大的政策框架下的结果，处处留下时代的烙印。

一　农业经营制度变革

（一）新中国成立前夕

没有查到新中国成立前万年村耕地的所有权结构，根据屏锦镇志记载，土地改革前，屏锦镇耕地74997亩，人口44373人，农户数量11394户（见表7-1）。

表7-1　　　　　　　　　屏锦镇土改前各阶级耕地占有情况

阶级	土改前占有耕地（亩）	人口（人）	人均耕地面积（亩）	户数（户）	户均人口（人）	人口比例（%）	耕地占有比例（%）
总计	74997	44373	1.69	11394	3.89	100	100
雇农	33	1406	0.02	288	4.88	3.17	0.04
贫农	13376	28348	0.47	7803	3.63	63.92	17.84
中农	11506	10561	1.09	2332	4.53	23.81	15.34
小土地出租	2251	772	2.92	262	2.95	1.74	3.00
富农	5379	936	5.75	214	4.37	2.11	7.17
地主	42452	2324	18.27	495	4.69	5.24	56.60

从人均耕地面积看，土改前屏锦镇人地矛盾就非常突出，全镇人均耕地面积只有1.69亩，因为那时粮食单产水平低，按亩产粮食200公斤计，土改前全镇人均粮食产量338公斤（假定所有的耕地都用于粮食生产，实际粮食占有量要低得多）。不仅如此，由于

耕地占有在农村各阶级间分配不均，造成贫富差异大。土改前，全镇总人口中，地主有 495 户 2324 人，占有耕地面积 42452 亩，人均耕地面积 18.27 亩。地主占有全镇人口的 5.24%，却占有耕地面积的 56.6%；而 288 户 1406 位雇农，人均耕地面积 0.02 亩，7803 户 28348 位贫农，人均耕地面积 0.47 亩。占总人口的 67% 的贫雇农，只占有总耕地面积的 18%。

土改前佃农租田要有担保人，并与耕地所有方立三方签字合约。租金有押银租（货币租）和押粮租（实物租）两种。租种耕地需要先预付押金，产粮 250 公斤一亩的水田，需先压租 50 公斤，亩租金一般占到常年亩产量的 70%—80%。灾年欠租，地主在押金中扣，而正常年景地主加租、加押或退佃另租他人也是常有的事，此外各种繁重的苛捐杂税以及盗匪猖獗，那些占有极少耕地的贫、雇农，由于没有非农就业机会，生活难与为继。在如此情况下，重新分配土地的意愿自然强烈，共产党领导的土改运动自然会燎原。

新中国成立后，经过土地改革，将没收、征收地主、富农及小土地出租的土地分给了无地、少地的贫雇农耕种，地主也分一份地。镇里按雇农人均耕地 2.61 亩，贫农 1.80 亩，中农 1.38 亩，富农和小土地出租者 1.89 亩，地主 1.38 亩的方式重新分配土地。[①]

（二）新中国成立后到 1978 年以前

20 世纪 50 年代初期，农民分到土地后，各户之间劳动力有差异，于是政府推动在农村建立互助组。互助组刚成立时，土地还是归农民所有，收支归农户自我支配，农户之间互助互利，人力、畜力调剂使用，组内制定有用工票证、定期结算、人工换工互补，畜力按协议补偿现金或折算成人工补偿。

1954 年，中共梁平县委开始在万年村的平坝地区试点建立初

---

① 贫富差异巨大的结果是社会革命。下层承受不了上层的"剥削"，革命的权利就产生了。假设共产党不革命，与国民党不内战，农民也许不会受那么多苦，但历史的发展有其内在的演化取向，是不能假设的。

级农业生产合作社。在毛泽东《关于农业合作化问题》的报告后，初级农业社从 1954 年农户入户率的 63% 迅速提高到 94%，只有极个别的农户没有参加初级农业生产合作社。除容许入社农户留 5% 的自留地外，要求农民的土地全部纳入合作社统一管理。1957 年，实现高级农业生产合作社，除 5% 的自留地和房前屋后少量竹林归社员经营使用，土地、耕牛农具则全部纳入合作社，全部收归为集体所有。

1958 年 8 月，中共中央《关于在农村建立人民公社问题的决议》下达后，屏锦公社统一领导，包括社员的自留地在内所有的生产资料无偿收归到人民公社。紧接着就是粮食大减产。1961 年全公社粮食总产量比 1957 年减少了 67%，人民生活极度困难，不少生产队出现了饿死人的现象。1961 年夏初，公社已无粮食供给社员，公社的公共食堂只好撤销，剩余少量粮食分给社员独户开伙，并重给社员划了少量的自留地和饲料地，社员房前屋后的零星竹木分配给社员所有，容许社员在不影响集体生产的前提下经营一些家庭副业。

1962 年冬，屏锦公社开始实行"三级所有，队为基础"的核算体制改革：将土地、劳力、耕牛、农具分配到生产队，由生产队统一组织开展农业生产和按劳分配农产品。实行定额管理、按件记分、多劳多得的劳动管理制度，农业生产得到迅速恢复和发展。1966 年粮食总产量大大超过了 1957 年农业公社成立以前的水平，但很快"文化大革命"开始了，又是长达 10 年的时间，农业生产随之起起落落，1976 年全公社粮食总产量比 1966 年还低 14%。农民只能忍饥挨饿，哪来幸福可言？

（三）1978 年后[1]

1978 年，按照中共中央《关于加快农业发展若干问题的决定》

---

[1] 《梁平县县志》，第 295 页。

和《关于进一步加强和完善农业生产责任制的几个问题》的指示精神，梁平县开始了推行以家庭联产承包责任制为中心的农村经济体制改革。1979 年，梁平县实行"五定一奖"责任制的生产队 5462个，划分作业组 15413 个，初步改变吃"大锅饭"的现象，农业生产开始恢复，农民生活又有一线生机。1981 年，全县继续推行家庭联产承包责任制，给农民划分自留地和园场，发放林权证，逐步开放集贸市场。1983 年年底，梁平县全部推行包干到户的生产责任制，改变了三级所有，队为基础的人民公社体制。这一年，以生产队建立农业生产合作社，以村建立合联社，并实行合作社集体经营与家庭经营相结合的双层经营体制，坚持土地属于合作社集体所有。农民分户承包的土地，只有使用权，而无所有权。到 1986 年，梁平县 6200 个生产队全部实施家庭联产承包责任制，原来的生产大队改为村，生产小队改为村民小组。村代表集体拥有土地所有权，然后将土地承包给农民自主耕种，实现土地所有权与经营权分离。农民经营土地所得，除交够国家征购和集体提留外，其余归他们自己支配。在这种经营制度下，农民的生产积极性得到极大提高，农产品产量逐年增加，农民的生计逐年改善。在农村土地承包经营中，县、镇（乡）政府的职能也随之变化，政府不再控制农民的生产经营活动，而是进行政策制定和引导。针对一些农户经营规模小的缺点，各级政府积极引导农民实行产业化经营，鼓励部分农民特别因有家庭成员外出打工经商而造成劳动力短缺的家庭有偿或无偿转让出承包的土地，以支持种田能手租赁使用，形成一定规模，发展特色农产品专业合作社。

万年村的土地承包过程与全县基本一样，经历了两次大调整。在 1984 年全村进行了第一轮土地承包期调整，当时万年村没有与临近的七桥镇凤鹤村合并，全村村民承包耕地面积 2230 亩。之后几年，随着各家各户婚嫁、人口出生和死亡，农民家庭人均耕地面积差异变大，一些人地矛盾突出的农民家庭生活受到很大的负面影响，这些村民就要求调整承包地。万年村在屏锦区委的指导下，根据"大稳定、小调整"的原则，在家庭联产承包经营的基础上，实行"两田"制（责任田和机动田）或是"三田制"（口粮田、责任田、机动田）的办法对承包耕地实行一年一度的小调整。但承包耕地调整过于频繁，不利于农业的稳定投入，于是在1991年，万年村实行定期小调整政策。直到2001年，万年村才根据1997年第二轮承包期土地调整政策将全村的耕地重新承包给村民，之后开始实行"增人不增地、减人不减地"的政策。除了少数因国家建设用地、没有生活保障的农户，经批准后才可以在小范围内调整承包地给他们。

依照中央精神，1984年梁平县第一轮土地承包实行承包期15年不变政策。第二轮土地承包从1997年开始，土地承包期再延长30年不变。1992年梁平县对"荒山、荒坡、荒滩、荒水"的集体土地采取拍卖、协议等方式转让和出租，但使用权最长不超过50年。2001年，全县对农民土地承包经营权进行登记，编制了土地归户清册，填制了土地账，颁发了土地经营权证书，明确了承包户的权利和义务，并签订了30年的土地承包合同，承包期为1997年10月1日至2027年9月30日。

二 农业生产经营特点

2011年，万年村土地面积4350亩，其中耕地面积2260.6亩，灌溉水田1750亩。全村主要农作物有水稻、小麦、玉米、油菜和豆子。水稻和小麦的生长期6个月左右，是最主要的秋熟和夏熟粮食作物。2011年万年村水稻种植面积1259亩，占了全村主要农作物种植面积的68.8%；小麦种植面积200亩，占全村主要农作物种植面积的10.9%；玉米和豆子种植面积各136亩，占全村主要农作物种植面积的7.4%；油菜100亩，占全村主要农作物种植面积的5.5%。根据万年村村委会提供的数据（见表7-2），2011年万年村主要农产品的市场销售价（Farmer's gate prices）、当地主要农产品平均单产和亩均物质投入成本（不包括自己的劳动力投入）计算，2011 年万年村种植水稻亩均纯收益 950 元，种植玉米亩均纯收益 690 元；种植油菜亩均纯收益 400 元；种植豆子亩均纯收益 880 元；种植小麦亩均纯收益 550 元。如果按劳动力计算（表 7 - 2 第 7 列除以第 3 列），日均劳动力工资：种植水稻 63.3 元、种植玉米 34.5 元、种植油菜 20；种植豆子 58.7 元；种植小麦 36.7 元。同年，即使是在万年村的劳动力市场上，农忙季节雇用一个农业劳动力，需要 150—200 元；在一个非农业劳动力市场上，最低也需要 100 元。从劳动力日工资角度看，这种小规模农业经营模式必然会陷入困境，就是谁会、谁愿意来种粮的问题。

表 7 - 2　　　　　　　　2011 年主要农作物种植情况①

主要农作物	当年种植面积（亩）	亩均劳动投入（人天/亩）	亩均其他投入（元/亩）	单产（公斤/亩）	当年市场均价（元/公斤）	亩均纯收益（元/亩）	耕作周期（起止日期）
1. 水稻	1259	15	350	500	2.6	950	3.15—8.25
2. 玉米	136	20	150	350	2.4	690	3.1—7.30
3. 油菜	100	20	350	150	5	400	9.15—4.30
4. 豆子	136	15	120	200	5	880	5.15—10.30
5. 小麦	200	15	350	300	3	550	10.15—4.30

用样本户的生产数据作进一步分析，万年村农业生产呈现以下特点：

（一）规模经营小，用工收益低

样本户 42 户，其中有 10 户农户将耕地全部流转出去了。32 户农户主要种植水稻。2010 年户均水稻种植面积 2.7 亩，户均水稻产

---

① 2006 年始，中国全面取消农业税，并逐年增加农业财政补贴。在税费减免以前，农民种田的负担确实很重。根据以前凤鹤村会计的记录，2004 年度应纳农业税标准是，肖××，田土 2.325 亩，产量 660 公斤，税率 6%，合 92.05 元，附加税 18.41 元，小计 110.46 元，另还有各种名目的费用。

量 1312.6 公斤；2011 年的情况也是如此，户均种植面积没有发生变化，户均产量略有提高，为 1322.3 公斤。玉米生产经营规模更小，样本户中 2010 年有 17 户种植玉米，户均规模 0.5 亩，户均产量不到 250 公斤；2011 年玉米种植户减少，一些产量低的玉米地退出种植，户均面积略有增长，户均产量增长了近 30 公斤。万年村离屏锦镇距离近，发展蔬菜种植是一个有利条件，万年村规划加快蔬菜和水果种植。样本户中，2010 年蔬菜种植户有 25 户，平均种植面积 2.5 亩；2011 年 20 户，平均种植面积 3.1 亩，超过了最为主要的口粮——水稻的户均种植规模。在这样人多耕地少的区域，蔬菜种植占据了相当重要的位置。样本户中，没有种粮大户。2011 年，全村水稻种植面积规模最大的 8.6 亩，玉米 1.5 亩，土豆 0.2 亩，水果 0.2 亩、油菜 3 亩、花生 0.2 亩，红薯 0.2 亩。只有一户蔬菜种植大户，种植面积达到了 35 亩。种植面积最少的农户，一户水稻种植面积只有 0.6 亩，玉米 0.1 亩，土豆 0.1 亩，蔬菜 0.05 亩，花生 0.1 亩，红薯 0.1 亩，不但如此，这家的地还被分为好几块。

表 7-3　　　　　　**样本户 2010 年和 2011 年农作物种植**

规模（户、亩、公斤）

品种	2010 年			2011 年		
	种植户数	户均面积	户均产量	种植户数	户均面积	户均产量
水稻	32	2.7	1312.6	32	2.7	1322.3
玉米	17	0.5	249.1	12	0.6	277.9
土豆	3	0.2	83.3	3	0.2	83.3
蔬菜	25	2.5	—	20	3.1	—
水果	2	0.2	255.0	1	0.2	360.0
油菜	2	1.8	245.0	3	1.3	193.3
花生	2	0.2	11.5	2	0.2	6.5
红薯	4	0.3	347.5	1	0.1	40.0

客观资源禀赋条件阻碍着农业的科技进步，使得千年肩挑背扛的传统农业难于转型。这些地区，只能通过工业化、城镇化转移农村中大量的剩余劳动力，培育新型农业经营主体，适度扩大经营规模，发展现代农业。

样本户主要作物水稻、玉米、油菜的生产、成本和收益情况方面：

（1）水稻。水稻是万年村最为主要的农作物，只要家里有水田的，都会种植。42户农户中，32户种植了水稻，平均种植2.7亩，其中有11户在耕地这个环节，租用了别人家的机械。按照2011年的市场价格，每亩机耕价格100元；水稻播种只有一家租用了播种机，每亩机播价格80元，其他都是用传统的人工插秧办法；在水稻收割环节，有11户租用了别人的机械，2011年每亩机收价格100元。由于集约化种植程度和使用机械的程度特别是在耕地和收割环节不同，种植水稻每家的用工有较大的差异。机械化程度高的亩均用工5个；机械程度低的亩均用工30个；全村种植水稻亩均用工15个。2011年，一亩水稻需用种子1公斤，支出50元；化肥支出80—100元；农药支出40元；其他如灌溉等支出20元。合计一亩水稻平均成本300元，亩均净收益1000元。以工日计算，日工资70元。

（2）玉米。玉米是当地重要的粮食和饲料作物。由于近年来农户基本不散养鸡、鸭、猪等传统家禽和家畜，万年村玉米种植面积下降。42户样本户中有17户种植了玉米，平均种植面积只有0.5亩。种植方式基本是传统的农业生产方式。因种子改良，玉米单产水平提高较快。2011年平均单产350—400公斤；亩均用工30个；亩均用种0.5公斤，支出30元；亩均肥料支出100元；农药支出20元；2011年一亩玉米平均成本150元，总收益850元；亩均净收益700元，但用工多，以工日计算，日工资不到25元。

（3）油菜。只有3户种植了少量的油菜籽，主要原因是用工量大，单产低，亩均只有 100 公斤；一亩地需用工 20 个；化肥支出 100 元；一亩油菜籽净收益只有 400 元。以工日计算，日工资只有 20 元。

小规模农业经营方式的问题是种植成本高，限制了农业技术进步，特别是机械化率的提高。传统的小农经营方式不仅农业劳动日工资低，而且劳动强度大，影响到农民的身体健康和生活质量。以水稻为例，一亩水稻单产 500 公斤，在万年村是一个中等偏上的单产水平。按 2012 年的水稻收购价 2.4 元/公斤①计，一亩水稻总收入 1200 元。根据调查，一亩水稻从耕地、播种、插秧、打药、灌溉、施肥、收割、晾晒、储存、脱壳，如果全部用人工，需要 40 个工。现代农业与传统农业的本质区别之一，是市场化与自给自足的差别。传统农业下农民从事农业生产的主要目的是自给自足，而不是参与市场交换而得到较高的利润和收入。依靠传统农业为生的农民，在全球化的大背景下，很难使自己的生活不潦倒，民生不艰难。因为，用于支撑农民传统农业生产方式的其他产品，如农药、化肥、种子、机械、房屋……都需要通过市场购买才能获得。种植水稻全部用人工，日均收入 25 元，按 10 个小时一个工日计算，每小时种植水稻的劳动只能换回一瓶矿泉水，这还没有计算固定资产折旧。

如果计算资本收益率，种植水稻的资本收益率还是很高的。将种植水稻的固定生产成本和流动生产成本计算在内，一亩水稻的投资收益率可以达到 200%。从这个意义上说，水稻种植又是有很高投资回报率的产业。只要具有一定的种植规模，资本可以非常容易实现对劳动的替代。目前在中国的黑龙江等平原区已有较大面积的

---

① 为保护农民种粮积极性，进一步促进粮食生产发展，经国务院批准，国务院决定从 2012 年新粮上市起适当提高主产区生产稻谷最低收购价格。每 50 公斤早籼稻、中晚籼稻、粳稻最低收购价格分别提高到 120 元、125 元、140 元，比 2011 年分别提高 18 元、18 元、12 元。

种粮大户、家庭农场和公司＋农户等经营形式出现，道理就在于此。解决谁来种粮的问题，不是来自于农业系统自身，而是来自于农业系统之外。从根本上着力于解决经济系统中的结构性差异，解决制约农民扩大就业空间、增加收入水平、提升消费能力的制度，反过来才能解决谁去种粮的问题。可是，中国经济社会运行几千年，对农民的制度性歧视总是幽灵一般时隐时现。[1]

（二）畜牧业规模养殖的比例大

家家散养猪、鸡、鸭、鹅的传统小农经济受到人工成本上升的影响，正在向大规模养殖变化。比如养猪业，样本户中仅殷小勇一家一年就养猪800头，而42户中，另外只有两家分别养了2头和3头，农户猪肉消费已不再是自给自足的饲养方式，而是通过市场交易来完成。比如养鸭，42户中，散养几只的只有3户，而其中一户在2011年就养了1000只；样本户中没有养鸡大户，但只有10户家里养了不到10只鸡。散养鸡的基本上是户主60岁以上的老年人家庭，户主40岁以下的农户基本不再养鸡。可见，万年村的畜牧业在向专业化、市场化和规模化方向发展。

（三）传统农耕技术占主体

反映农业生产现代化程度的一个重要指标是机械化率，可用固定资本（资本有机构成率）、劳动生产率、科学技术进步率等来反映。42户样本户除了极个别家庭有播种机、插秧机等机械外，大多数家庭还是在用手工进行农业生产。主要的原因也是人均耕地面积少，还有大量的剩余劳动力，劳动力的边际成本低，用机械的成本高，出现了劳动力对机械的替代。从样本户看，除了种养殖大户和农业机械员家庭外，与小规模经营相对应的，农户家里基本没有

---

[1]　农民权利的获得，到底是依赖革命还是改革？社会组织制度如何能形成一种及时的查错、纠错机制，使社会组织制度不断地调整自身机能，在演化中适应变化了的外在环境而不是流血去得到应有的权利？金观涛和刘青峰著的《开放中的变迁，再论中国社会超稳定结构》似乎触及了问题的本质。

大的耕作机器。农业现代化的一个重要方面是集约化，资源短缺地区的农业技术变迁是资源节约型的，如种子、农药、化肥等技术的使用，大多数农户还在沿用传统的农业耕作技术和耕作方式。

图 7 - 1　中国千年的传统农业生产方式

（四）粮食消费市场化程度提高

耕地流转后，种植粮食作物的耕地向非粮食作物种植转变。样本户中，有 12 户在 2012 年出售了水稻，其中出售最多的是从村里其他村民流转入了 3 亩水稻田的一户，因他家里有人常年在外地打工，不在家里消费粮食，因此有较多的粮食节余。2011 年这一户出售稻谷 2000 公斤，单价 2.6 元，现金收入 5200 元；出售玉米 300 公斤，单价 2.4 元/公斤，现金收入 720 元；出售油菜籽 200 公斤，单价 6 元/公斤，现金收入 1200 元。这是村里从事种植业中现金收入最高的传统种植农户。从现金收入来源说，种植业能为农户增收的贡献极为有限。村里耕地向部分规模农业大户集中，42 户中只有 22 户家里粮食自给略有结余，其他 20 户自家生产的粮食不能满足消费，有 10 户农户没有从事农业生产，粮食全部需要到市场上去购买。市场化的发展，农村人口对粮食市场的依赖程度在增加，粮食市场化率逐年提高，国家对于保障粮食总量供给的任务也在加重。

第二节　村农业发展思路与前景

在中国工业化、城镇化的大背景下，万年村农业发展在立足资源优势和村情的基础上，着力解决农业劳动力成本高、生产效益低和生产手段落后的问题。通过土地流转、培育新型农业经营主体，小农户占全村农业微观经营主体的局面正在向多种经营主体并存的方式转变。2012 年全村租出、包出或转出耕地的农户大约有 150 户，其中流转耕地用于粮食种植的面积大约 90 亩，流转土地租金每亩 845—1040 元。通过土地流转，形成经营规模在 6—10 亩耕地的有 10 户，合计 70 亩；经营耕地面积在 11—20 亩的有 2 户，合计 50 亩；经营规模在 21—40 亩耕地的有 3 户，合计 120 亩；经营耕地面积 40 亩以上的有 6 户，合计 1130 亩。虽然村里有很多外出劳动力，但通过土地流转，村里没有出现闲置或是抛荒耕地。

一　发展的总体思路

万年村党支部和村委会在立足全村资源条件下，确立了"种植业、养殖业、加工业、现代化生态农业"的发展思路，创建了"一站两会四社"和"一园三片三业"的发展模式。

"一站"就是土地流转中心服务站，通过"公司 + 农户"的流转方式使土地流转步入正轨，加强土地流转的规范化管理，促进土地流转向大户集中的进度。2012 年全村流转土地 1360 亩。"两会"就是种养殖业协会和劳动输出协会。2012 年种养殖业协会有示范户 36 户，会员 86 人。劳动输出协会先后输出剩余劳动力 680 人，其中当地就业 380 人，外出务工 300 人。"四社"就是鼓励千担蔬菜专业合作社法人刘发举，万年村水产养殖专业合作社法人杨德纯，屏锦镇养猪专业合作社法人殷广勇，屏锦镇农机专业合作社法人严本恒大力发展专业合作社。通过建立合作社学习技术、扩大生产规模、找市场，让农业发展走上生态化、标准化、品牌化路子。如占地 340 亩的重庆市信友水产养殖有限公司，年销售收入可达 1500 万元。

"一园三片三业"的发展模式。"一园"就是依托万年村凤嘴梁良好的环境优势，占地 90 亩的品字山农机科技有限公司和占地 350 亩的花椒基地相结合，采取"猪—沼—果"的生产经营方式，在万年村发展成一个生态示范园。"三片"，一是千亩高产水稻片；二是 500 亩稻鳅养殖片；三是 260 亩蔬菜示范片。"三业"，包括养鱼、家禽和家畜、炮筒加工业。以万年村养鱼专业合作社"重庆市信友水产养殖有限公司"为龙头打造 500 亩长江中上游鱼鳅种苗生产基地，发展养鱼大户 50 户；以何贤平的恒丰家禽公司为龙头发展出栏规模 1000 只以上养殖大户 50 户；以严家和养鸭养鹅养殖为示范户，发展养鸭养鹅大户 20 户；以"谭永春"的种猪场为龙头企业，殷广勇、张存勇为示范户，发展生猪养殖大户 30 户；以现有炮筒加工大户 12 户为示范户，带动 100 户炮筒加工农户实现增收。

二 新型农业经营主体的建构

2012 年以前，"新型农业经营主体"只是在部分理论研究和政策文章中提及。2012 年以后，新型农业经营主体出现在地方和中央的官方文件中。新型农业经营主体是相对于传统的小规模、自给半自给农户家庭经营提出的，具有经营规模较大、劳动生产率较高、商品化程度高的特征。新型农业经营主体是在建设有中国特色农业现代化道路的背景下提出的。[1] 新型经营主体定义为：具有相对较大的经营规模、较好的物质装备条件和经营管理水平，劳动生产、资源利用和土地产出率较高、以商品化生产为主要目标的农业

---

① 宋洪远：《培育新型农业经营主体发展适度规模经营》，《中国农村金融论坛季度报告》。

经营组织。新型农业经营主体的特征主要表现在以下四个方面：
（1）以市场化为导向；（2）以专业化为手段；（3）以规模化为基
础；（4）以集约化为标志。传统农户缺乏资金、技术、主要依靠劳
动投入提高土地产出率。新型农业经营主体发挥资金、技术、装
备、人才优势，有效集成利用各类生产要素，增加生产经营投入、
生产技术水平高，具有现代经营管理意识，大幅度提高土地产出
率、劳动生产率和资源利用率。

现有文献中，一般将新型经营主体分为专业大户、家庭农场、
农民合作社、农业产业龙头企业和农业经营性服务组织五类。专业
大户是指那些种植或养殖生产规模明显大于当地传统农户的专业化
农户。家庭农场是指土地经营规模较大、土地流转关系稳定、集约
化水平和管理水平较高的农户。专业大户和家庭农场属于家庭经
营。农民合作社是指农民在家庭承包经营的基础上按照自愿联合、
民主管理的原则组织起来的一种互助性生产经营组织。农业产业化
龙头企业是通过订单合同、合作等方式带动农户进入市场，实行产
加销、贸工农一体化的农产品加工或流通企业。龙头企业相对于其
他经营主体来说，更具有雄厚的经济实力、先进的生产技术和现代
化的经营管理人才，能够与大市场对接。经营性农业服务组织指在
产前、产中和产后各环节为农业生产提供专业化、市场化服务的经
济组织，包括专业服务公司、专业服务队、农民经纪人等。经营农
业服务组织为小规模农户提供农机作业、病虫害防治、技术指导、
产品购销、储藏运输服务等，解决单个农户办不好的事，降低农业
经营成本。

三 新型农业经营主体访谈

近年来，万年村通过土地流转方式，将各家各户分散经营的耕
地适度向专业种植户、合作社、养殖大户、农业公司等多种新型农
业经营主体集中，解决小规模农业增收难的问题。

（一）蔬菜种植专业户

1. 户籍在万年村的专业户

编号为 25 的农户是万年村支持发展的蔬菜种植大户，也是千担蔬菜专业合作社法人（刘发举），村里的目标是通过刘发举蔬菜种植业的发展，带动村里形成一定特色的蔬菜种植基地。除了供给屏锦镇和梁平县县城蔬菜市场，还向周边人口相对集中的县城和农产品市集供应各类蔬菜。刘发举一家 5 人，三代同堂。答卷人妻子陈子美，50 岁。父亲已 85 岁，两个儿子，未婚。大儿子大学毕业后在重庆市工作，二儿子初中毕业后在重庆市打工。

刘发举一家从村里承包耕地 2.5 亩。2007 年始，因种植大棚蔬菜，向村里其他农户租入水田 17.5 亩，家里开始规模种植蔬菜 20 亩。在土地流转时，村委会召开了村民代表大会，讨论和形成耕地流转补偿方案。2012 年每亩耕地租金 1050 元，租金高于水稻亩均净收益。这对于耕地流出方来说，通过流转耕地承包经营权提高了收益，而耕地流入方通过扩大生产经营规模，在不改变耕地农业生产用途情况下，种植市场效益更高的蔬菜，也增加了效益，实现了双赢。

2012 年，刘发举一家经营的 20 亩蔬菜地中有 0.5 亩大棚蔬菜，其余为大田蔬菜。年产各类蔬菜约 8 万公斤，因为蔬菜品种不同，价格差异较大。在农忙季节需雇用 2 位临时工，每个工人大概需要工作一个月时间。每天农业用工的工资在负责三餐后，支付 50 元现金。每亩蔬菜地需用工 20 个（工作 10 小时计一个工），购买种子需 160 元，肥料支出 120 元，农药支出 150 元。平均说来，一亩蔬菜地年纯收益约 2500 元，20 亩蔬菜地年均收入约 5 万元。如果按亩用工 20 个计，20 亩需用工 400 个，每个工的日工资为 125 元。这与当地外出务工人员的工资水平相当。通过农业的适度规模经营，提高了单位用工收益和就业时间，农业经营者收入与外出务工人员收入相当，通过市场的力量解决了谁来种地的问题，对于保障农业的稳定发展具有重要意义。因蔬菜市场价格波动性大，种植大户所承担的市场风险比小规模经营农户要大很多，这需要政府和社会向他们提供更多的市场信息和技术服务。

2. 外地户籍在万年村的专业户①

田明波，1986年生人，老家在梁平县的回龙镇。包括他父母、爱人和小孩家里有5口人。父母时年50岁，小孩7岁。他是单独家庭，自己不愿意再生小孩，觉得养孩子的经济负担太重，性别上也不再重男轻女，反而更喜欢女孩。他认为如果把一个孩子培养成材，比多养几个孩子还要好，因此虽然他爱人愿意养两个小孩，但到2014年还没有计划再生。

父亲初中毕业，母亲小学毕业。父母文化程度不高，影响了他自己对学业的追求。2002年初中毕业后，没有继续读书。2002年下半年去一家商店当了半年的店员后回到老家回龙镇读了半年的普通高中，2003—2004年两年时间到重庆东方职业学校读职高，学了两年的机床专业。他说他读书时的理科成绩还是不错的，要是能重新选择，他会选择再去读大专，所以现在他特别重视孩子的教育，愿意让自己的小孩多学习各种知识。小孩在万年村小学读小学一年级，记忆力很好，很多事说一遍就能记得住。因为孩子的教育问题，还常与爱人发生争执。他爱人初中文化，四川广安市人。2006年在深圳打工，经亲戚介绍认识后结婚。他认为对男孩子要严格教育，培养他的独立生存能力，比如孩子要早学会自己穿衣，自己承担他能承担的任务，因为现代社会需要人们具有独立生存的能力，要有担当和责任意识，但他爱人并不完全理解他的看法，对孩子有些过度宠爱。

他母亲在老家回龙镇种自家的承包地3.8亩，也照看老家的房子，农忙季节他们就回家帮忙种。从万年村到他老家有13公里路

---

① 根据2014年4月笔者与田明波的访谈资料整理。

程，开车半小时就能到。

2010 年起到 2012 年，他在梁平县回龙镇一个种植藕的家庭农场当雇工，帮农场主管理农场，学会了种植藕的技术，特别是认识了一些养鸡场场主，他们能提供生产藕必要的鸡粪。经一位养鸡场农场主的介绍，2013 年到万年村转入耕地 248 亩。选择到万年村，主要是：（1）交通条件好；（2）水源好；（3）土地肥力适合种植藕。投资方式是典型的家族合伙式，由他家（包括他父母在内）和他一个叔叔两家合伙。第一年总投资超过 50 万元，其中承包地押金 6 万元，另外投了 45 万元。50 万元中，自有资金 10 万元，他叔叔按 3% 的年息借他 15 万元；他叔叔自己投 25 万元，这样两家各占 50% 的股份。他和他爱人在万年村经营管理，计算工资。他每月 3000 元，他爱人每月 2000 元。因他父亲原来也在一个种植藕的家庭农场帮别人种植藕，所以精通藕的种植技术。今后在这个农场里，他父亲负责生产；他负责运输；他叔叔负责市场销售。

现在他家在万年村租了一套房子，用于居住和存放生产工具，一年房租 3000 元。

流入万年村的耕地承包经营权，共签了 14 年合同，由耕地转入、转出方和万年村委会签订三方合同。如有一些农户不愿意流转耕地承包经营权，由万年村村委会协调解决矛盾。一亩耕地经营权的租金为 350 公斤稻谷，价格为当年国家稻谷最低收购价，每年 9 月底结算清转包费。如果遇到当年藕市场行情不好，不能及时交清转包费，由万年村委会协调，可以适当延缓。在签订承租合同时，先交 6 万元保证金，由万年村委会代管，一直到合同终止后才能退回。在签订合同时，对所有农户耕地进行确权登记。自己修建的少量生产性用房为临时用地，在租赁期结束后要全部复垦。

藕的种植成本主要有：

（1）人工成本。施底肥，雇 3 个人，每人每天 80—85 元，管中午饭（10 元标准），每人要劳动 10 天。主要是从梁平县回龙镇找 50—60 岁的农村妇女。这些妇女干农活有经验，也容易找。男性用工贵，大多数在外地干非农活，不容易找。万年村里有很多炮筒加工厂，村里劳动力相对不足，人工成本高于回龙镇。拔草必须用人工，一年需要雇 8—9 个人，每人需工作 10 天。主要请农村妇女，干活仔细些，防止损伤藕。80 元一天，管午饭（10 元标准），老婆负责做饭。挖藕，按重量（斤）付人工费。在每年的 6—7 月必须用人工挖藕，7—8 月间可以用机器——由专业的挖藕服务社负责。每挖一斤藕的人工费 0.35—0.4 元，一天一人能挖 175 公斤①。机器一天平均能挖 900 公斤。第一年一亩地藕的平均产量约 1500 公斤，第二、第三年后增加到 2400 公斤，第四年会下降到 1500 公斤，第五年后须轮换成其他农作物，第六年才能重新种植藕。

（2）平整地、挖田和修路。如果不轮作，耕地的肥力不够，蔬菜的根不长，只能吸收耕地表层的养分，五年后产量会下降很多，因此种植五年需轮作，每五年需平整一次地，一次一亩地 100 元。每台机器一天平整 15—18 亩地，机主一天可以收入上千元。挖田时租用小型施工挖土机，每亩地 70 元，一年需花费 1.8 万元。需将有机肥（鸡粪）、化肥运入到田里，以及将藕从田里运出来，修 300 米左右的路，需要 1.5 万元。

（3）肥料。用有机肥，正常年份一亩 300—500 包（第一年为了增肥力，一亩会用 800 包），一包 20 公斤，每包一元，一亩地需 400 元。一亩地另用钾肥、尿素和复合肥 500 公斤，需 300 元。

（4）水费。免交水资源费，但在天旱时，需要从 1 公里以外的水库抽水。每亩地需灌水 200 方，每方 0.5 元，一年的水费就需 3 万—4 万元。

（5）农药。主要是虫害，需在 5 月份打少量的杀虫剂，一亩地

---

① 一人一天能挣 100—150 元，这个水平与外出务工人员的工资也基本相当。市场的力量将不同劳动力市场上的劳动力工资拉向市场均衡点。

一年需 10 元。

藕的销售，因农场刚开始，还没有大量产藕，也没有网上销售。第一年产量预计 1500 公斤，主要是蔬菜商到藕场来买，一公斤 3 元（2013 年屏锦镇市场批发价 3.5 元/公斤）。如果发展顺利，计划扩大 600 亩，最终目标是形成 1000 亩的种植规模。市场定位在临近的成口县农产品批发市场。计划买一辆大货车，将藕运到成口县市场上，进而推销到重庆、四川省及全国其他市场。

展望未来，小伙子说，努力创业到 50 岁后，就回老家回龙镇，找一个清闲地方养老。

（二）养殖大户①

殷广勇，出生在河南省一个农民家庭，家里的贫困使他很小就辍学到广东打工。在打工期间摆过地摊，进过工厂，但都只能解决温饱问题。1999 年幸运地结识了一个改变他一生的女人——他的妻子谭安燕，因此与屏锦镇结了缘。2000 年回梁平县结婚时就发现当地农村经济发展迅速，那时就打算有了资金积累后回梁平县发展。

2007 年年底揣着多年辛苦积攒的 10 多万元，回到屏锦镇万年村，听闻政府正大力发展生猪养殖业，就决定办一个养猪场。得知他这些想法后，万年村委会主动帮助解决用地问题，屏锦镇农业技术服务中心提供技术支持。在大家的支持与帮助下，以万年村作为创业基地，养殖场很快建成了。看着一排排的猪舍，全家很是欢喜，但是接下来却傻了眼。建完猪舍后，剩下的钱连买崽猪都不够了，更何况还要买饲料和支付其他经营费用。除了找亲朋筹集资金

---

① 殷广勇自述资料编辑。2012 年 10 月笔者与他进行了深度访谈。他认为，养猪业波动周期为三年。2008 年市场销售好，但 2009 年和 2010 年开始走低。在市场销售不好时，他认为只能提前出栏，尽量减少存栏将不健康的猪淘汰，发展后备母猪。在谈到对养猪的补助政策时，他希望国家的专项补助资金能真正用到农户手里。梁平县是全国 388 个生猪大县之一，国家每年有 500 万元的专项资金，但资金没用到需要的地方上，有关系的人会上很多新项目。在养猪业处于低谷时，国家不要盲目出台奖励政策，这可能会加大生猪的市场波动。

外，在屏锦镇农商行的支持下贷款几万元，猪场才如期运行了。

在硬件设施建成后，其他养殖技术也至关重要。他就长期吃住在养猪场里，买回各种专业书籍学习，上网查相关资料，定期到屏锦镇农技服务中心学习。为了节约养殖成本，自己想办法配置各种饲料，学习防疫防病技术，还学会了给猪打针……在一次次的实验摸索中，逐渐掌握了饲料配方技术，基本能够独立解决养猪过程中的各种技术问题，变成了养猪能手。经过五年的发展，养猪场从开始的20头种猪扩到2012年的种母猪80多头，年出栏肉猪1800头，年总收入300万元和年盈利80多万元的规模。

2010年，为实现标准化建设，对以前的圈舍进行改建，增加了母猪限位栏100个，现代化产床50套，保育圈舍20个。为了达到养猪场零污染排放的标准，2011年新增了500平方米的发酵床，可容纳300头猪；养猪场周围环境容量大，远离场镇，有能源需求，周边有足够土地能够建设容纳全部沼液、沼渣以及干粪，通过增加建设沼气池、沼液存贮池、干粪发酵池、排水沟、排污沟、管网化排污管道，配套专用排污泵，改进养猪场设施，按照一头生猪配一亩土地的比例，与周边菜园、农田、农户的沼气池等土地结合，实现粪污资源化利用，达到猪—沼—果—蔬菜—农田循环模式。

猪场养殖的最终目标是向老百姓的餐桌上输送一道菜肴，因此一定要确保猪场猪肉产品的质量。为了保证产品质量，养猪场从饲养源头抓起，坚决不使用有问题饲料，不在饲料中添加任何添加剂，做好猪场卫生与猪病防治工作，加强对病猪、死猪的管理，按照国家标准对病猪死猪进行消毒深埋，不让病猪、死猪流向老百姓餐桌。

在生产过程中，制订消毒计划和程序，明确消毒药物的使用浓度、方法，明确消毒工作的管理者和执行人，落实好消毒工作责任。定期对圈舍、道路、环境进行消毒；定期向消毒池内投放消毒

图 7 - 2　养猪专业户殷广勇

剂，保持有效浓度，做好临产前产房、产栏及临产猪的消毒工作。强化圈舍消毒，包括对发病或死亡猪的消毒，在出现个别猪发生一般性疫病或突然死亡时，应立即处理。出栏后，对全场或空舍的单元、饲养用具等进行全方位的彻底清洗和消毒。或在周围地区发生国家规定的一、二类疫病流行初期，或在本场发生国家规定的一、二类疫病流行平息后，解除封锁前对全场进行彻底清洗和消毒。严格按程序进行清扫、高压水冲洗、清洗、熏蒸消毒或干燥（或火焰）消毒、喷洒消毒剂。保持环境卫生整洁，消灭老鼠、除杂草，填水坑，防蚊、防蝇，消灭疫病传播媒介。

（三）专业合作社①

梁平县屏锦镇养猪专业合作社为了适应市场需要，增强市场抗风险能力，在梁平县及屏锦镇镇政府和其他生猪养殖户的协助下，于 2009 年 3 月成立。合作社位于梁平县屏锦镇万年村 4 组，毗邻 318 国道，距离渝宜高速 19 公里，交通便利。

屏锦镇养猪专业合作社在殷广勇理事长的带领下，在短短一年

---

①　资料来自于殷广勇。据笔者了解，合作社的运行可能没有如文字描述的那样顺利，这在当前中国农业合作社运行和发展过程中具有很大的普遍性。据调查，真正按农业合作社章程正常运行的合作社不到全国登记合作社总数的 20%。政府通过财政补助推动形成的合作社，在市场运行过程中受到了严峻挑战。

多的时间内发展了社员 126 户，其中年肉猪出栏量达到 100—300 头规模的有 56 户，年肉猪出栏量在 300—500 头规模的有 32 户，年肉猪出栏量在 500 头以上的有 28 户。合作社社员均具备多年的养殖经验，现合作社有能繁育母猪 2380 头，后备母猪 620 头，种公猪 68 头。有人工授精站一个，合作社饲料采购门市两间，合作社社员带动全镇 800 多生猪养殖户，年出栏生猪 4 万余头，出栏仔猪 1 万多头，已成为梁平县生猪养殖重镇。

目前合作社主要生产生猪的品种有杜洛克、美系、法系、台系的大白猪、大约克、托佩克、洋二杂、内外三元猪。屏锦养猪专业合作社整合了从仔猪到生猪、从饲料到兽药的各种优质资源，使传统养殖业走上更加专业化、科学化的道路，得到了屏锦镇镇政府和社会各界人士的认可，已实现了饲料、兽药、原材料、疫苗、生猪、仔猪的统购统销，有效地解决了社员生产过程中遇到的各种技术和市场问题。合作社自成立以来一直信守诺言，遵照成立之初的规章办事，受到社员及社会的普遍称赞。

合作社在发展过程中不断提高办社水平，重点对社员进行法律制度、品种改良和市场营销知识培训。合作社组成疾病防疫组，定期聘请大型兽药厂、饲料厂及兽医师授课，制订出一整套防疫和保健方案。每月社员根据不同的季节，对生猪进行一次检查，提高生猪的免疫力。从仔猪出生到出栏严格按照规定用药和停药，向市场提供合格的放心肉。通过培训，提高了社员文化和饲养技术水平，培养了一批技术骨干，达到了镇有一批骨干、村有一批能手、户户有个好技术的目标，为发展社员带动农户发展生猪养殖，实现农业增效，农民增收作出努力。积极搭建信息平台，做好产品宣传推广，努力打造地方生猪品牌，屏锦养猪合作社的发展促进了当地生猪产业发展，也带动了全县养殖业发展。

（四）品之山农牧科技有限公司①

梁平县品之山农牧科技有限公司是致力于构建种养结合，以生产、技术研究和服务为一体的农业科技公司，是县农业产业化龙头企业。公司中坚队伍主要由党员和退役军人组成，实现了年轻化、专业化和知识化，是一支富有活力的创业团队。

品之山农牧科技有限公司的两大业务分别是养猪、粮食种植和加工。养猪业的生产基地位于屏锦镇万年村现代农业园区内；全公司有配套种养基地3000亩，种猪场及配套设施场地6000平方米，可常年存栏生猪3000头，年出栏优质种猪和肉猪10000余头。种猪和种猪精液在屏锦镇市场占有率超过了85%，年改良生猪40万头，在整个渝东北地区，公司在养猪业都占有重要地位；种植基地将全面机械化作业，粮食及农副产物实现年产量3200吨，年产生物饲料1.2万吨。

图7-3 品之山农牧科技有限公司

---

① 资料由该公司提供。2012年10月笔者实地参观了养猪场，与猪场管理人员进行了座谈。在笔者参观访问时，公司董事长不在，访问的是一名雇用的管理人员。据他介绍，2012年养猪场有30多名工人。2009年，梁平县作为全国的产猪大县，要求建一个标准化的养猪场，基础设施由国家投资。万年村紧临屏锦镇，根据要求成立了一个占地500亩的现代农业园区，用于发展养猪场和一个花椒种植园。在万年村委会的支持下，品之山农牧科技有限公司投资800万元用1年时间建设成了以种猪养殖为主体的养殖场。管理人员说公司有严格的管理制度，2012年的工资为基本工资3000元另加效益提成。

品之山农牧科技有限公司与当地农民构成的养猪生产合作组织，致力于种猪扩繁选育、人工授精和相关技术推广和服务。以品之山农牧科技有限公司为龙头的康利养猪专业合作社年上市生猪20多万头，创造产值3.6亿元。公司积极探索高效循环农业新模式，在当地建立起了猪—粮—草生产体系；并在21个乡镇建立了商业化生猪人工授精服务点。公司正努力打造从土地到餐桌的全产业生产链；与此同时，运用移动信息技术及通信平台，构建程序化管控、物联化操作、网络化经营、数字化质监、移动式管理体系，着眼于建设一个"数字化开心农场"。

耕地流转合同

1999年、2006年、2009年、2010年、2012年在万年村展开了较大规模的征地和耕地流转活动，附上各类承包合同，供参阅。

一 集体农地承包合同

甲方：屏锦镇万年村村民委员会

乙方：某某

甲方将地点在万年村7组徐家明房前本村一口鱼塘，承包给8组村民×××名下，达成如下协议：

1. 每年承包费850元。

2. 承包期限10年。从2007年11月1日起至2017年11月1日止。天灾水旱（损失）一律由乙方负责，甲方不负任何责任。

3. 乙方承包期内，甲方不向乙方收取任何（其他）费用及特产税。

4. 交款方式。从承包期起每年提前预交一年承包费。

5. 乙方在承包期内，保证本村村民种植水稻田的灌溉用水，村民灌溉用水时必须保证承包方养鱼水位不得低于1米。

6. 从承包期开始乙方不承担以往承包人的一切费用。

以上各条相互遵照执行，任何一方不得反悔，签字生效。

甲方：　　　　　　　　　　　　　　乙方：

2007 年 8 月 4 日

二　农户耕地自愿流转合同

甲方（户主签字）王××

乙方（法人签字）杨××

根据《中共中央关于进一步加强对农村承包土地流转管理的通知》精神，遵照《重庆市农村合作经济组织承包合同条例》，经双方协商，自愿达成如下协议：

1. 甲方自愿将承包耕地稻田 0.23 亩的承包经营权转让给乙方进行养殖、种植，转让期限 25 年。

2. 乙方按协议付给甲方每亩稻谷 325 公斤。以现金支付，每公斤稻谷 1.00 元。若市场价高于每公斤 1.00 元，按市场价付款，交甲方村委会统一结算给每户。

3. 由甲方承担农业税费，乙方承担每亩稻田生产水费即每亩折合稻谷 7.5 公斤，每公斤价格按 1.00 元计。若稻谷市场价高于每公斤 1.00 元，乙方按市场价付款给甲方。稻田生产用水费由甲方村委会统一上缴屏锦镇人民政府。

4. 违约责任。违约方负责赔偿另一方的直接经济损失。

5. 此合同一式四份，甲乙双方各一份。（万年）村和（甲方）所在的村民小组各一份，此合同签字之日生效。

甲方签字：（户代表）王××　　乙方签字：（法人）杨××

2002 年 11 月 28 日

三　土地租赁合同

甲方：万年村 4 组和 5 组村民

乙方：屈××

根据《土地管理法》及《农村土地承包法》的有关规定，经双方共同商定，达成如下协议，特立此合同：

1. 甲方将位于万年村 4 组的承包地出租给乙方使用，总面积 488.325 平方丈（旱地面积 181.04 平方丈，水田面积 306.28 平方丈），其四至界线为：东至水沟；南至河边；西至卢元才田坎；北至严一寿包产田（其中 5 组占地 22.75 平方丈）；

2. 按照《农村土地承包法》使用期三十年不变的原则，租赁期为 2008 年 2 月 25 日起到 2027 年 2 月 29 日终止。

3. 租金标准为一亩地稻谷 350 公斤/年。付款方式按当年的市场价格以人民币支付，在每年的 10 月 10 日前付清当年的租赁费用。

4. 乙方租赁甲方土地后，有权进行各种合法的经营活动，甲方无权干涉。

5. 本合同从承包期开始之日起生效，承包期内如果承包户户主去世，其家庭成员有承包继承权。本合同不因甲方承包人的变更而变更。合同执行期间，任何一方不得擅自变更解除合同。合同如有未尽事宜，应由甲乙双方共同协商出补充规定，补充规定与本合同具有同等效力。

6. 如乙方租赁期满后不再租赁，乙方必须复耕租赁的面积，由甲方验收合格为止。

7. 本合同未尽事宜，双方另行协商。

8. 合同如发生争议应协商解决，如协商不成，由梁平县仲裁委员会或梁平县人民法院进行管辖。

9. 本合同一式四份，甲乙双方各一份，屏锦镇人民政府、（万年）村委会各备案一份。

甲方（签字）　　　乙方（签字）

在场人：村支书等

2008 年 2 月 25 日

屏锦镇万年村社区畜禽养殖协会章程

第一章 总则

第一条 协会名称，屏锦镇万年村社区畜禽养殖协会

第二条 协会由万年村的畜禽养殖大户及愿意从事畜禽养殖的农户按自愿的原则组成。

第三条 协会的宗旨，为会员提供及时的畜禽养殖市场信息和技术支持，探索畜禽产品加工方式及营销渠道，谋求经济效益的最大化。

第四条 协会任务，以市场需求为导向，以村内的自然资源为依托，形成畜禽产品的规模养殖，带动有条件农户从事养殖业，打造梁平县畜禽养殖基地。

第五条 协会的住所设在屏锦镇万年村公共服务中心。

第二章 会员

第六条 会员资格，申请加入本会的会员应具备下列条件：

（一）水产养殖达到 10 亩以上的养殖户，包括水库、溪河、池塘；

（二）年养殖达到 5000 只以上家禽的养殖户；

（三）从事生猪、山羊等养殖业，并有一定规模的农户；

（四）愿为畜禽养殖提供技术信息的农村工作者。

第七条 会员的权利：

（一）享有参与选举权和被选举权；

（二）享有协会引进的新技术优先使用权；

（三）享有要求本协会为其提供产前、产中、产后等有关服务的权利；

（四）享受优先参加协会组织的技术培训、经验交流、参加考察活动。

第八条　会员的义务：

（一）遵守本《章程》；

（二）执行协会决议，维护协会的合法权益，完成协会所委托的工作；

（三）积极参加协会开展的新品种、新技术的推广应用和产品营销等活动；

（四）按时定期缴纳会费，会员每年缴纳会费100元。

第九条　会员入会自愿，退会自由。入会会员需由本人提出申请，会员大会通过。会员退会由会员本人提出申请，会长会议批准并在会员大会上通报。

第三章　会员大会

第十条　会员大会是本协会的最高权力机关，每届任期三年。每年度会员大会在次年第一季度召开，经三分之一以上的会员提议可召开临时会员大会。会员大会由会长召集召开主持。会长因故不能履行职务，可委托副会长主持。

第十一条　会员大会行使下列职权：

（一）决定本协会的发展规划和年度工作计划；

（二）选举和变更会长，副会长并对其授权；

（三）审议批准本协会的财务预算、决算，利润分配和弥补亏损方案；

（四）对本协会增加或者减少入会会员和注册资本金做出决议；

（五）对本协会合并、分清、变更组织形式、解释和清算等事项做出决议；

（六）修改本协会章程。

第十二条　会员大会实行一人一票制，即每个人享有一个表决权。

第十三条　会员大会须有 2/3 以上的会员出席方能召开，其决议须经到会会员半数以上表决通过方能生效。

第四章　会长和副会长

第十四条　本协会由会员大会选举产生会长、副会长组成协会事务会，负责本协会的日常工作。会长、副会长任期三年，可连选连任。

第十五条　本协会会长 1 名，副会长 2 名。会长是本协会的法定代表人，主持本协会的日常工作，副会长协助会长工作。会长因故不能履行职务，可委托 1 名副会长主持工作。

第五章　财务管理

第十六条　本协会的资金来源：

（一）协会为会员企业争取政府扶持资金收取的服务费；

（二）协会专项投资所募集的股本；

（三）协会的投资收益；

（四）会费收入；

（五）其他合法来源。

第十七条　本协会财务管理按照制定的财务管理制度执行。

第六章　附则

第十八条　本章程经会员大会通过，即生效。

第十九条　本章程未尽事宜，依照有关法律法规和政策文件办理。

第二十条　本章程由会长会议负责解释。

第三节 中国农业现代化道路

自工业革命以来，中国科学技术大大落后于西方列强，饱受欺凌，实现国家现代化和农业现代化是近代以来中国人的百年期盼。以农立国的旧中国，由于农业人口比重大，以人力和畜力为特点的小规模农业难以支撑中国经济的发展，广大农民陷入了贫困之中，生活艰难。前两节分析了万年村农业发展历程、现状和思路，这一节从更大的视角讨论中国农业现代化路程，这是农民幸福梦的重要组成部分。

一 农业现代化理论

（一）农业现代化的概念

中文里，"现代"与"传统"相对应。"传统"是指"世代相传的精神、制度、风俗、艺术等"。现代是指现在的、当前的时代。"化"是变的意思。现代农业或是农业现代化，就是要将落后的中国农业发展成为具有世界先进水平的农业。不管是 20 世纪 50 年代毛泽东等第一代党和国家领导人在实现"四个现代化"背景下提出的农业现代化，还是以胡锦涛等新一代党和国家领导人在科学发展观背景下提出的"具有中国特色的农业现代化"①，都将中国农业的发展立足于中国农业所面临的实际环境中，结合世界农业发展的

---

① 党的十七大报告在阐述如何统筹城乡发展、推进社会主义新农村建设时强调指出，要走中国特色农业现代化道路。那么，应怎样理解中国特色农业现代化道路呢？实现农业现代化在我国也并不是一个新提法，早在 20 世纪 70 年代就提出了农业现代化的目标。但对什么是农业现代化、其基本内涵是什么等问题的认识，却随着实践的发展而不断深化。实现我国农业现代化，总的思路和措施是：用现代物质条件装备农业，用现代科学技术改造农业，用现代产业体系提升农业，用现代经营形式推进农业，用现代发展理念引领农业，用培育新型农民发展农业，提高农业水利化、机械化和信息化水平，提高土地产出率、资源利用率和农业劳动生产率，提高农业素质、效益和竞争力。正如万年村农业发展的实际情况一样，依照自愿有偿原则，健全土地承包经营权流转市场，使耕地向农村种田能手和专业大户集中，逐步实现多种形式的土地适度规模经营。

最新技术，把中国农业建设成开放的、有竞争力的产业体系。此外，"现代化"也常泛指近代工业兴起以后的社会，以区分传统农业社会，因而"现代化"表示由传统农业社会向现代工业社会的转变过程。"农业现代化"指以直接经验和手工工具为基础的传统农业向以现代实验科学和工业技术装备的农业的转变。

（二）农业现代化与现代农业

农业现代化之所以在发展中国家提出而发达国家没有这个概念，这是因为发达国家已经利用市场和政府的力量将现代农业率先发展起来并成为了发展中国家追求和赶超的目标。对于先行者而言，他们的面前并没有什么"摹本"，所以也就不存在"化"，即"变成……的样子"的问题。

1. 农业现代化与现代农业有相关性，但不是一回事，其理论内涵和提出的背景不同。现代农业是一个世界性概念，具有普适性特点，反映的世界农业发展的历史性阶段。主要的特征是现代科技的大范围应用，相对于传统农业的传统生产手段而言。从社会发展的阶段性看，是现代社会与传统社会下农业的产业形态差异。农业现代化是一个具有中国本土特征的概念，是在以毛泽东等为代表的革命先辈，在看到近代中国与西方发达国家发展水平存在巨大差异下，力求变革，以追赶西方发达国家的背景下提出的。所以，农业现代化建设主要的参照系是发达国家的农业发展水平。从这个意义上讲，中国农业现代化建设的成功，是中国现代化建设的成功，也是中国追赶西方发达国家，实现中华民族伟大复兴的成功。

2. 农业现代化是一个动态的概念，在不同的历史时期有不同的精神本质和内涵，其建设也是一个永无止境的过程。中国农业现代化建设的本质是要有符合中国国情的农业发展道路、发展模式及政策体系。在全球化的今天，中国农业现代化的核心应是在立足自身的资源禀赋特点，充分发挥比较优势，建立具有世界竞争力的农业产业体系。因此，评价一个地区的农业现代化水平，根本的指标应是这个地区的农业是否有市场竞争力。没有市场竞争力的农业，不管其机械化水平有多高，经营规模有多大，投入再多，都不可能实现农业现代化。

3. 从世界的、历史的角度看待农业发展过程，工业化农业或工厂化农业是人类的一个梦想，是人类渴望征服自然的伟大实践。农业是人类诞生以来最为古老的产业，是人类生存所必须依赖的产业，基本的特点是产品获得需要光、热、水、土等自然资源的支撑，不同于工业产品的本质在于人类不能完全控制产品的质量、标准、规模等。现代科技的发展使人类期望如同生产工业产品一样生产农产品的梦想向前迈出一大步，虽然"石油农业"的实践出现了大量的问题，但不能因此否定工厂化农业的伟大实践。新问题的出现，需要的是重新认识科技问题本身。

4. 生态农业、有机农业、可持续农业、后现代农业等概念，是人类在与自然互动过程中提出的，是对现代科技发展方向的反思，但没有表明现代社会的发展——从农业发展来说，就是现代农业的历史进程已经结束。评价农业的效率，应从能量转化入手，这样才能比较生态农业与工业化农业的效率。从中国传统的"天人合一"的发展观看，和谐农业才是农业发展的最高阶段。其目标是要追求人与人的和谐、人与自然的和谐。也许共产主义社会下的农业，就是和谐农业。那时人们以劳动为荣，农民不再是落后的代表。农民在"各尽所能，按需分配"的共产主义制度下，全面自由发展，农业劳动是农民生活的一部分，他们将农业劳动作为自己事业发展的需要，不再是简单地、谋食地、低人一等地劳役，在劳动中感受事业的成功和幸福。

（三）改造传统农业的理论探索

马克思和恩格斯在他们的经典著作中有许多关于传统农业和传统社会中小农生产方式的论述。马克思和恩格斯认为小农生产方式阻碍了生产力的发展，因此不可避免地要走向灭亡。在谈到法国的小农生产方式时，马克思说："小农人数众多，他们的生活条件相同，但是彼此间并没有发生多种多样的关系。他们的生产方式不是使他们互相交往，而是使他们互相隔离。这种隔离状态由于法国的交通不便和农民的贫困而更为加强了。他们进行生产的地盘，即小块土地，不容许在耕作时进行分工，应用科学，因而也就没有多种多样的发展，没有各种不同的才能，没有丰富的社会关系。每一个农户差不多都是自给自足的，都是直接生产自己的大部分消费品，因而他们取得生活资料多半是靠与自然交换，而不是靠与社会交往。一小块土地，一个农民和一个家庭；旁边是另一小块土地，另一个农民和另一个家庭。一批这样的单位就形成一个村子；一批这样的村子就形成一个省。这样，法国国民的广大群众，便是由一些同名数简单相加而形成的，就像一袋马铃薯是由袋中的一个个马铃薯汇集而成的那样。"[①] 马克思和恩格斯认为，自给自足的小农生产的分散性、孤立性、小规模生产阻碍了现代机器设备和农艺学的应用，只有大规模生产的基础上才有高效率农业生产的可能。小农生产方式决定了小农的贫困性，因此，无产阶级在取得政权后，必须要有步骤地对小农进行社会主义改造。新中国成立后，中国共产党在这种理论的指导下，对包括万年村在内的传统农业生产方式进行了合作社、人民公社的社会主义改造，其中有很多经验教训需要认真总结。

在 20 世纪 60 年代，包括中国在内的许多社会主义国家的粮食和农业生产效率低下，面临严重的农产品短缺、农民生活极端困难的局面，很多发展经济学家开始重新认识和研究发展中国家的农业生产活动。新古典经济学家舒尔茨在他的《改造传统农业》一书中，将传统农业定义为完全以农民世代使用的生产要素为基础的农业形态。传统农业的特征表现在：（1）农业生产技术长期保持不

---

① 马克思：《路易·波拿巴的雾月十八日》（1851 年 12 月中旬至 1852 年 3 月 25 日），《马克思和恩格斯文集》第 2 卷，人民出版社 2009 年版，第 566—569 页。

变；（2）农民没有增加使用传统生产要素的动力；（3）传统生产要素的供给和需求处于长期均衡状态。舒尔茨定义的传统农业是一种农业生产方式长期没有发生改变，基本维持简单再生产和长期停滞的状态。他认为传统农业中的农民对市场价格能够做出迅速反应，但资本投资收入流低，需要引进现代的生产要素，从而使农业成为经济增长的源泉。引进新的生产要素需要建立一套适于传统农业改造的制度，核心是要建立以经济激励为核心的市场方式，通过农产品和生产要素的价格变动来刺激农民。传统农业改造的关键不是规模问题，而是要素的均衡问题。在改造传统农业时，必须根据产品和要素价格来配置资源。一种命令体制，无论它是通过大农场还是小农场经营，都必然是低效率的。舒尔茨特别认为，用农业的期货价格来应对农产品价格波动对资源配置的不利影响是一种合乎逻辑而又切实可行的改善。

万年村的家庭联产承包制改革，与同时代的其他村子一样，经历了一个放权的过程。就过去 30 多年的农业发展而言，主要的变化就是允许农产品的市场交易，放开国家对农产品市场价格的管制，恢复农产品集贸市场。政府除了对粮食市场的管制和干预力度较大外，其他农产品基本实现了由市场定价。在农产品市场得到广泛发展的同时，农业生产要素市场——土地、资本和劳动力市场也得到了大力发展，特别是农村劳动力向非农产业和城市的大量流动，大大减少了农村的剩余劳动力，增加了农民的就业机会和发展空间，极大地提高了农民收入，反过来又增加了农业的资本积累和投入，推动着农业现代化向前发展。

二　世界农业发展阶段及发达国家农业现代化模式

（一）世界农业发展的历史阶段[①]

农业生产的形成和发展在世界各地经历了不同的阶段，其基本

---

① 资料来源于中华农业文化网。

特点是由几个农业起源中心，通过引种和农耕方法的传播，沿着不同的路线向世界各地扩散，并与各地的自然和社会经济条件相结合，逐步发展成为各具特色的农业生产类型。世界农业发展史，就其主要特征而言，大体可分为原始农业、传统农业和现代农业三个时期，但不同地区的发展由于历史、地理等条件的不同而有所差异。

1. 原始农业时期

农业的出现和发展在人类漫长的历史过程中不超过 10000 年。经过长期的采集、渔猎生活，人类逐步熟悉了植物和动物的生活习性，在公元前 8000 年左右的旧石器时代晚期和新石器时代开始驯养繁殖动物和种植谷物，人类进入了原始农业阶段，西亚、北非、中国、印度及中美洲等地都发展了农业生产。采集及渔猎活动在原始农业阶段的初期占较大比重，随着劳动工具和生产技术进步，原始种植业和畜牧业所占比重逐渐上升，采集及渔猎业所占比重日趋下降。为满足不断增长的人口对食物的需求，以及家畜驯养导致饲料的不足，原始农业在地域上不断拓展，生产技术也有所进步。如西亚地区在公元前 6000—公元前 5000 年出现了简陋的灌溉农业，公元前 5000 年在埃及尼罗河流域产生了灌溉农业，公元前 2500 年印度普遍种植稻麦。历时达六七千年的原始农业经历了刀耕和锄耕两个时期，它的突出成就就是驯化了野生动植物。

2. 传统农业时期

这一时期使用铁、木农具，利用人力、畜力、水力、风力和自然肥料，主要凭借直接经验从事生产活动，通过积累经验的方式传承应用农业技术。传统农业开始使用铁犁牛耕，便于深耕细作，农业生产出现了一次飞跃。在土地利用方式上，欧洲国家为了便于农牧结合和恢复地力，实行休闲、轮作制以及放牧地的二圃制①和三

---

① 二圃制就是把所有耕地分成两部分，轮流耕作，一年有一半的耕地处于休耕状态。在欧洲盛行于公元 9 世纪前。刘景华：《近代欧洲早期农业革命考察》，《史学集刊》2011 年第 2 期。

圃制①；中国在废除撂荒制后实行土地连种制，精耕细作，种植业和养畜业进一步分离。古代东西方农业虽有些不同，但在整个国民经济中，农业都是最主要的经济部门。18 世纪中期，随着资本主义在西方的兴起，传统农业开始向现代农业过渡；包括日本在内的东方国家，却是在较晚的时候才开始其转变过程。

3. 现代农业时期

通常意义上，现代农业是工业革命后，用工业技术、信息技术装备的，以市场配置资源的农业生产形态。由于技术发展的阶段性，西方经历过近代和现代两个时期。近代时期始于工业革命之后，止于 20 世纪初，是从传统农业向严格意义上的现代农业转变的过渡阶段。这时除了利用手工农具、畜力农具并施用有机肥外，部分地区开始从三圃制过渡到四圃轮栽式农业。② 严格意义上的现代农业阶段，是在 20 世纪初采用了动力机械和人工合成化肥以后开始的，到 20 世纪中期，一些工业发达国家先后完成这一转变。这时农业着重依赖的是机械、化肥、农药和水利灌溉等技术，并由工业部门提供大量的物质能源。现代农业劳动生产率大幅度提高，对农业劳动力的需求逐年减少，但投放在单位面积上的能量逐年增加。化肥、农药过量施用和灌溉农业造成地下水资源的过度开发利用已成为现代农业急需解决的迫切问题。因此，农业现代化正处于

---

① 中世纪欧洲国家盛行的一种谷物种植制度。那时，由于生产技术的进步，特别是有轮重型犁的推广普及，大规模的土地开发活动增加了大量的耕地，8 世纪后，三圃制盛行于地势平坦、气候湿润阴凉、土质黏重的中欧和西欧等地。它把耕地分为面积大体相等的休闲地、春播地、秋（冬）播地三个耕区。作物也在各区轮作，春播作物或大麦或燕麦或豆类，秋（冬）播作物或小麦或黑麦。耕地和作物分别依次逐年轮换，三年一个循环。这块地在第一年春天种下春播作物，当年收获后又于秋天种下秋播作物，第二年秋天收获后翻耕过来进入休耕状态，整个第三年都处在休耕状态，直到第四年再种春播作物。这样，实际上整个三年中有一半时间（第一年春天至第二年秋天）地里生长着作物，或者说，三年中共收获春播作物（大麦或燕麦）和秋播作物（小麦或黑麦）各一次。另一半时间（第二年秋天至第四年春天）空闲着。

② 在四圃制下，每年有四分之三的土地种植农作物，只有四分之一的耕地处于休耕状态。

向更高水平发展的时期，当代农业发展需要协调经济、技术和自然三者的关系，使农业生产符合生物生长规律，充分利用自然资源，保持和改善农业生态平衡。

（二）发达国家农业现代化模式

人少地多的国家，农业现代化需要首先改革生产工具，通过发明、创造新式农业工具以克服农业劳动力的不足；而人多地少的国家，农业现代化首先需充分利用土地资源，提高单产，以促进农业发展。①

以资本集约型作为农业现代化模式的国家，以美国和苏联最为典型。美国实行了农具改良、创造和发明农业机具，实行农业机械化的农业现代化模式。1793 年惠特尼发明轧棉机是农业使用机械的开始。1831 年发明了刈草机，铁犁代替木犁。1850 年，马拉农具已普遍使用，美国农业进入半机械化时期。1895 年蒸汽机开始在农业上做固定动力。1892 年出现内燃机拖拉机，1900 年出现汽油拖拉机。1925 年，内燃机成为农业上的主要动力。1940 年，耕地、耙地、播种和收获等生产环节已实现了机械化。1930 年到1933 年，苏联在斯大林格勒、哈尔科夫、切利亚宾斯克等地建立大型拖拉机厂，为农业机械化的迅速发展奠定了基础。当时，机械动力占农业总动力的 77.7%，畜力占 22.3%。到第二次世界大战前，休闲地翻耕机械化程度已达 83%，秋翻地机械化率达 71%，谷物播种和收获分别达到 56% 和 43%。第二次世界大战后，苏联又加快了农业机械化的步伐，到 1953 年基本上实现了主要田间作业的机械化。耕地机械化程度提高到 98%，谷物播种和收获分别达到 89% 和 78%，机械动力占农业总动力的 91.7%，畜力下降为 8.3%。

以劳动集约型作为农业现代化模式的国家以日本、荷兰最为典

① 在 20 世纪 70 年代速水佑次郎和弗农·拉坦提出了诱致性技术变迁和诱致性制度变迁假说。

型。日本是一个山地多、耕地少、土地贫瘠、资源匮乏，而劳动力资源丰富的国家，每个劳动力只占有 11 亩耕地。日本农业曾有"多劳多肥农业"之称。直到 1955 年国民经济高速发展以前，日本的农业技术主要是节约土地和资本、发展多投劳动的技术体系，其中心是品种改良、施肥和栽培技术的改进、简单工具和畜力的使用等。荷兰人多地少，地块分散，地势低洼，农田排水面积约占农用地总面积的 70%。人均耕地 0.9 亩，但平均每个劳动力耕作耕地 38 亩。荷兰十分重视施用化肥，也很重视良种，第二次世界大战后开始了农业机械化进程。

三　新中国成立后中国农业现代化道路探索

新中国成立初期，党的老一辈领导人毛泽东、周恩来就提出要实现农业现代化，直到习近平等新领导集体提出的工业化、城镇化、信息化和农业现代化"四化"同步发展，到 2020 年中国实现全面小康建设的奋斗目标，可见，农业现代化是我国经济发展的重要目标之一，对于提高广大农民的生活质量具有重要意义。[①] 回顾各个时期我国农业现代化建设的方针、政策，有利于全面地认识万年村农业发展方向和现代化道路。

（一）以毛泽东为核心的第一代领导时期

以毛泽东为代表的中国共产党人革命奋斗的目标就是要将中国建设成为一个社会主义现代化国家，从而彻底改变中国农业、农村和农民的落后面貌。1949 年 3 月的七届二中全会报告指出："占国民经济总产值 90% 的分散的个体农业经济和工业经济，是可能和必

[①] 正如刘德喜所说，毛泽东关于农业现代化的思想首先是一种理想，是毛泽东力求使中国尽快走向强盛，尽快赶上英美苏等发达国家的一种美好愿望和迫切心情。毛泽东关于农业现代化的思想反映了那个时代全党和全国人民的思想水平。在中国农业经济发展水平不高，苏联农业又始终很不理想，缺乏健康实践经验的条件下，毛泽东关于农业现代化的思想很难有大的突破，也在一定程度上反映了那个时代全党和全国人民的奋斗目标。刘德喜：《毛泽东农业现代化思想述论》，《中国农业现代化》编辑委员会：《中国农业现代化之路》（上卷），中共中央党校出版社 1995 年版，第 57—63 页。

须谨慎地、逐步地而又积极地引导它们向着现代化和集体化方向发展的"。在毛泽东看来,建立新型的社会主义制度,调整生产关系是中国实现农业现代化最重要的条件。新中国成立初期,国家实行工业化和农业社会主义改造同时并举的方针,但优先发展工业特别是重工业是更为急迫的任务。1958 年全面"大跃进"开始了"赶英超美"的历史时期,农业生产在全国范围内出现巨大困难。1964年 12 月,周恩来根据毛泽东的提议在三届人大政府工作报告中指出"要在不太长的历史时期内把我国建设成为一个具有现代农业、现代工业、现代国防和现代科学技术的社会主义强国",以农业现代化为首要目标的"四个现代化"成为中国社会主义建设的根本任务。周恩来在 1963 年 8 月 9 日与来华访问的索马里总统舍马克谈话时,说农业现代化为:(1)机械化,包括耕种、收获、排灌、运输和加工;(2)化肥化,当时农业生产主要依靠人畜粪肥、绿肥和河泥,但不能有效地增加农产品供给;(3)水利化,那时全国有一亿三千万公顷耕地,其中有灌溉设施的面积不到50%,农业很大程度上还得靠天吃饭;(4)电气化。水利化、机械化需电力保证,农村许多地方还没有通电。

在毛泽东看来,中国要实现农业机械化,得走农业合作化的道路,并把中国实现农业机械化作为巩固我国以"工农联盟"为基础的社会主义国家的政治基础来看待。直到"文化大革命"结束,"1980 年实现农业机械化"都是全党和全国人民的奋斗目标。通过发展农业技术、提高农民素质和领导干部科学管理水平等措施来提高农业现代化水平,是这一代领导人的共识,但是,在如何创建农业生产的基本经营制度,如何发挥农民的生产积极性方面,毛泽东和刘少奇等领导人有较大分歧。总体上看,刘少奇认为要"创造我们的中国经验。我们不能照抄美国,也不能照抄苏联,我们有我们中国的特殊情况。要使中国的农业过关,使农民走社会主义道路,而且能够发展生产，就要创造中国的经验"。① 在 1962 年 7 月，刘少奇说："我看实行责任制，一户包一块，或者一个组包一片，那是完全可以的。问题是如何使责任制跟产量联系起来"。这些认识和实践为 20 世纪 80 年代全国广泛开展的农业和农村改革奠定了一定的基础。②

（二）以邓小平为核心的第二代领导时期③

农业现代化问题的理论和实践，是邓小平建设有中国特色社会主义理论的重要组成部分。十一届三中全会后，邓小平等新的领导集体对如何探索一条符合中国国情的农业现代化道路，加快农业生产发展作了许多论述。邓小平关于如何实现中国农业现代化的基本指导思想，就是不仅要看到和学习世界各国农业现代化的经验，而且更要看到中国的实际情况，走具有中国特色的社会主义农业现代化道路。

20 世纪 80 年代，国家对前一时期农业生产经营制度进行了重大调整，实行家庭联产承包制，极大地调动了农民的生产积极性，促进了农业生产的大发展。农业生产改革成功后，工业和城市经济体制改革相继进行，特别是乡镇企业的发展，为农民提供了非农就业机会，整个经济步入良性轨道。在经济发展较快，外出农民多的地方，就可以发展农业适度规模经营。如何加强农业的基础地位，实现农业现代化，邓小平提出了"农业的发展一靠政策，二靠科技的思想"。大力发展农村商品经济，是农业生产力发展的客观要求，也是实现农业现代化战略目标的重要途径。邓小平认为发展中国农村商品经济是巩固社会主义有计划的商品经济的一项重要措施，事

---

① 刘少奇：《加强基层领导，改进工作作风》（1962 年 7 月 28 日），《刘少奇选集》下卷，第 462—463 页。

② 张文和：《刘少奇农业现代化思想述论》，《中国农业现代化之路》（上卷），第 78—82 页。

③ 王建华：《邓小平农业现代化思想述论》，《中国农业现代化之路》（上卷），第 88—89 页。

关农业现代化的实现。发展农业要讲经济效益，要因地制宜，多种经营。

（三）以江泽民为核心的第三代领导时期

以江泽民为核心的第三代领导集体时期，中国工业化进程已进入中期阶段，如何平衡工业化与农业发展之间的关系是中央农业工作的主线。1990 年 6 月 19 日江泽民在农村工作座谈会上的讲话指出，"我们需要从经济上和政治上，从目前和长远，从社会主义现代化建设的全局，从农村工作和农业在现代化建设中的战略地位，从把农业搞上去这个任务的极端艰巨性、复杂性等方面，来加深认识农村工作和农业的重要性"[1]。在 1993 年 10 月 19 日，江泽民提出，农业在国家宏观调控中是需要加以保护的产业。因我国农业还处在传统农业向现代化农业转变过程中，处在由计划经济体制向社会主义市场经济体制转变的过渡期，更应受到国家的保护，明确地提出了农业是需要国家保护的弱质产业。[2]

应该说，农业政策的制定及发展，在这个时期逐步走向正常化、常态化和规范化。在经营制度方面，强调稳定和完善以家庭联产承包责任制为主、统分结合的双层经营体制是党在农村的基本政策，必须长期坚持。1996 年江泽民在农业大省河南省发表了关于农业和农村工作的讲话，再次强调了农业的重要性。"我国是一个农业大国，有十几亿人口，这样的基本国情决定了我国的农业尤其是粮食生产，在经济发展的任何阶段，都决不能削弱，而只能加强。要高度重视农业生产，始终保持粮食产量的稳定增长。"[3] 1998 年 10 月，江泽民在考察江浙沪两省一市时，在昆山市发表了《沿海发达地区要率先实现农业现代化》的讲话，据此，农业部政

---

[1] 江泽民：《在农村工作座谈会上的讲话》（1990 年 6 月 19 日），《十三大以来重要文献选编》（中），第 1159 页。

[2] 江泽民：《全面加强农业基础地位，促进农业和农村经济上新台阶，中共中央在京召开农村工作会议》，1993 年 10 月 19 日。

[3] 江泽民：《在河南考察农业和农村工作时的讲话》（1996 年 6 月 4 日）。

策法规司①主持召开了一系列关于在我国沿海地区率先实现农业现代化的研讨会。应该说，这些讨论，代表了党和国家、当时的理论与学术界对未来一段时期中国农业现代化道路的认识水平，为2000年后全国各地特别是沿海经济发达地区开展农业现代化的实践铺平了道路。中国农业现代化从第一代领导人的一种理想向现实转变。

（四）以胡锦涛为总书记的第四代领导时期

随着中国工业化、城镇化的加快发展，工农关系、城乡关系发生了很大变化，农业在国民经济中所占的份额持续下降，大量的农业劳动力向非农产业转移，国家财政收支结构出现了全新变化，这一时期，党和国家领导人更加重视农业、农村和农民即所谓的"三农"问题，从农业支持工业向工业反哺农业、农村支持城镇向城乡统筹、从对农民的多取向对农民的多给的发展战略转变。中央连续10年的"一号文件"专门讨论农业、农村和农民问题，中国农业发展出现了根本性变化。农业现代化水平大幅度提高，从农业劳动生产率、土地生产率和科技贡献率看，农业发展取得了显著进步，特别是沿海经济发达区、粮食生产核心区、农业产业区域功能区等的建设，农业的专业化生产、区域化布局和商品化生产业态初步形成。正是国家经济全面发展，各项新技术应用于农业生产、加工各个领域，农产品供给持续增加，农民的生活水平不断提高，全面建设小康社会的幸福梦才有可能早日实现。

最后，温习一下共产党革命时期流行于闽南的红色歌谣，内容是陈述农民耕作之苦与受剥削之惨状，以及民众革命意识的觉醒。

农民苦

傅伯翠

朝晨起来做到暗，

---

① 刘坚主编：《探索有中国特色的农业现代化道路——沿海发达地区加快实现农业现代化的理论与实践》，中国农业出版社2001年版。

衣食都不足饱暖，
苦生活何日得了？
　哎哟哎哟，
苦生活何日得了？
六月割禾真辛苦，
点点汗滴禾下土，
田主们快活收租，
　哎哟哎哟，
田主们快活收租，
田主收租真太过，
把我谷种抢去了，
到明年不知怎么样？
　哎哟哎哟
到明年不知怎样？
无钱拿米活家小，
儿女无知偏要叫，
爹娘呀我肚饥了！
　哎哟哎哟，
爹娘呀我肚饥了！
土地革命真真好，
抗租抗税不还债，
反动派杀个干净！
　哎哟哎哟，
反动派杀个干净！
工农兵士联起来，
结个团结共奋斗，
叫一声自由平等！
　哎哟哎哟，

叫一声自由平等！

国民党是反革命，

帮助土豪和劣绅，

都压迫工农士兵！

哎哟哎哟，

都压迫工农士兵，

不停得犁耙不停锄，

贪官污吏不停铲，

今天借明天捐款，

哎哟哎哟，

今天借明天捐款，

孙文说话要革命，

帮助工人和农民，

工农兵大家起来！

哎哟哎哟，

工农兵大家起来！

第八章

幸福的规划与展望

时间总是白驹过隙，从调研课题立项到现在，时间又过去了三年。记得 2014 年 4 月在万年村进行第二次调研活动时，村委会的同志问笔者调查报告完成得如何，笔者说正在写作中，并计划将书名定为《万年村的幸福》。听完后，那位干部点燃一支香烟，神情幽幽地回应道："廖老师，您能不能将书名改为《万年村的幸福梦》。"笔者理解这位村干部的心情。2006 年万年村被推荐为重庆市的新农村建设示范村，在过去 8 年的时间里，全体村民在各级部门的领导下，按照 2006 年新农村建设的总体规划，经过几年的艰苦建设，村容村貌发生了较大变化，村民的生产生活水平有了较大幅度的提高。但总体看，与发达国家和发达地区的农民比，与城镇居民比，万年村的村民生活水平还较低。部分村民生活困难，上不起学、看不起病、老了没人管的现象还存在着。村民追求幸福的梦想还远不是完成时，而是正在进行时。一度风靡全国的新农村建设政策，如 T 台上的流行色一样，很快地被其他新的流行元素所取代。2013 年，农业部牵头的 1100 个"美丽乡村"建设示范村项目如火如荼地开展了起来，这次梁平县选择了合兴镇的龙滩村为试点村。农业部在相关文件中明确指出，美丽乡村建设要整合资源力度，优先向美丽乡村创建试点倾斜。沼气建设、农民培训、农技推广、农村清洁工程等方面的资金要集中投放，形成合力，为美丽乡村提供新的项目支撑。新的"造星"项目上马了，作为新农村建设中曾经的一颗星，万年村犹如失宠的明星，来自县级各部门的投入明显下降。原来村里规划的目标只是部分得到了实现，特别是村里规划的产业项目，在市场激烈震荡下，还存在很大的风险。虽然多次到村里访谈调查，但对村里的资源优势和发展思路，还是得甘当小学生。真正理解万年村的，是当地的干部和村民。三年来，笔者在村里交流言谈过的有 70 多岁的老人、十来岁的孩子，有村里外出务工经商人员、养殖大户、村两委干部、村民小组长、退伍转业军人、党员以及很多普通村民，与他们的交谈，让笔者受益良多。村民的幸福，与全天下 7 亿农民的幸福梦一样，只能靠他们自己去实现。社会和政府所要做的，除了提供资金、技术、信息之外，保持政策的稳定性和连续性至关重要。看过万年村的"十一五"规划，笔者觉得很多内容还没有过时，特别是其产业发展思路，如何提高竞争力，是保证村经济发展、农民增收的根本。村民的幸福，就是在不瞎折腾的总原则下，沿着这条路继续往前走。所以，最后这一章将万年村在新农村建设时做过的规划报告重新编辑整理，作为本书的结束，为万年村幸福生活的过去、现在和将来变动趋向留下一点点痕迹。

第一节 规划背景和目标

一 规划背景

2005 年 10 月，中国共产党十六届五中全会通过了《十一五规划纲要建议》，提出要按照"生产发展、生活宽裕、乡风文明、村容整洁、管理民主"的要求，扎实推进社会主义新农村建设。在全国新农村建设的大背景下，中共梁平县县委和县人民政府、屏锦镇党委和镇政府及各相关部门对"梁平县屏锦镇万年村村级规划"的工作十分重视。屏锦镇镇政府由此成立了新农村建设领导小组，并委托梁平县城镇规划设计室承担"梁平县屏锦镇万年村村级规划"项目的设计工作。屏锦镇镇政府多次组织县、镇、村三级领导和相关单位就规划思想、指导原则、产业结构调整、村落建设、党的建设等重要问题讨论研究。规划内容包括村落改造和环境整治，水、电、气、路等基础设施建设，村产业体系建构，教育、医疗、养老等社会事业发展，村党委、村委会等组织建设，以培育新型农民为目标的村民培训等内容。

二 规划目标

结合万年村社会经济现状，把握全村发展总体趋势，统筹安排村域基础设施和社会服务设施，合理利用土地资源、自然资源及生态环境资源，以建设适合万年村资源禀赋条件、符合可持续发展规律的村域经济、文化和组织体系。

村规划的目标定位在：逐步改善万年村村容村貌，提升人居环境，提高村民居住环境；实现人畜分离、改厕入户、疏通沟渠，重点建设污水处理、垃圾回收及转运处理、清洁饮水、村道硬化工程；综合规划村内居住点，使"有新房无新村"的杂乱局面得到有效控制；培育有竞争力的产业体系，作为增加村民收入的基本支撑点；加强村民综合技能培训，提倡文明新风，丰富村民的精神文化生活，提高村民整体素质，促进万年村社会和谐和村民幸福指数的提高。

第二节 规划年基本情况

作为一村来说，与一个国家尺度上的发展规划不同，基础设施和产业变化保持更长的稳定性。虽然是"十一五"时期编制的村发展规划，其实很多发展项目更是一个中长期的目标和方案。2006年 3 月万年村总人口 3734 人，总户数 1168 户，劳动力人口已经全部脱盲，其中受过高等教育的 21 人；受过高中教育的 410 人，占全村人口的 11%；受过初中教育的 1500 人，占全村人口的 40%；受过小学教育的 1630 人，占全村人口的 43.7%，农民的文化素质总体还很低，这是村发展规划首先要关注的基本村情。

一　基础设施

（一）路

全村公路总长度 11 公里，其中主村道：（1）万年路（渝江路—云屏路）2.5 公里，道路车行道宽 5.5 米，两旁均有边沟 0.5 米，人行道 4—5 米，水泥路面，日均交通流量 150 辆，最大机动车流量为 200 辆/日；（2）万龙路（万年路—湖洋路）0.7 公里，两旁均有边沟 0.5 米，无人行道，水泥路面，道路车行道宽 5.5 米，日均车流量为 50 辆，最大车流量为 70 辆/日。次村道到各村民小组居住的院子共有 7 公里，碎石路面。村现状道路虽然基础设施不完善，但路面质量较好、路基基本平整。

（二）生活饮用水

万年村全村无集中供水设施，供给水源由屏锦镇供水主管道接入，自来水用户占全村总户数的 30%，其余农户均自行打井取水，水质差。自来水用户存在供水量不足、水资源浪费的现象。村内排水系统为雨污合流制，污水和雨水就近排入水体。整个规划区内排水设施不足，排水系统不完善。随着万年村的发展，污水量的增加，污水处理不够及时，将严重污染水体，影响村内水系的水质与景观。

（三）电和气

万年村由屏锦镇电网供电，全村 1168 户村民通电率达到了100%，但供电半径较长，线路电力损耗较大，架空电力线走向凌

乱，呈枝状供电，可靠性差，影响全村景观和用电安全。全村电话
（含移动电话在内）普及率达到了 95%，有线电视入户率达到了
60%。村内居民生活燃料为电和液化气。有天然气储气站一座，有
两条输气主干管道穿越村域。第九村民小组有储配气站一座，规划
区内有输气主干管道两根，管径为 D150 毫米。

二　居住点

全村 1168 户村民中，楼房用户建筑面积达到了 9.3 万平方米，
占总数的 65%，平房用户建筑面积 3.1 万平方米，占总数的 35%，
人均住房面积 30.5 平方米。村中旱厕居多，人畜粪便部分经由沼
气池处理，沼气池占全村用户的 15%。雨水在量大时不能及时排
出，形成内涝，路面时有积水现象，影响村民出行。

万年村居民点普遍存在配套设施不完善，畜卫不分、畜厨不
分，风格不统一的情况。有七个主要村民居住点：（1）谢家湾院
子。285 户 919 人，地处第七、第八村民小组。谢家湾院子区域最
大院子仅有 8 户人家，大多数村民是分散的三两户为一院的居住方
式。这一片区农宅空间分布散，人均宅基地面积大，利用率低，土
地资源浪费。（2）几个同谢家院子情况类似的片区集中的院落有陆
家院子，容纳 372 人 100 户，地处第四村民小组；谭家院子容纳
343 人 83 户，地处第五村民小组；徐家院子，容纳人口为 390 人
120 户，地处第九村民小组；王家院子，容纳 106 户 420 人。
（3）严家院子，地处第三村民小组，有 690 人，院子相对集中。在
20 世纪 90 年代，严家花院子住户新建了一批建筑，但是由于规划
意识欠缺，导致后来修建的房屋均存在采光条件较差，环境污染严
重等问题。（4）万年路居民点，沿万年路两侧修建房屋，有 145 户
600 人。

三　社会服务设施

万年村文化教育事业有一定基础。幼儿园两所，教师员工 3

人，幼托人数 75 人。万年村现有卫生室 3 个，乡村医生 3 人，已有 67% 的群众参加了新型农村合作医疗保险，基本实现了人人享有初级卫生保健服务。目前村委会与村幼儿园合用一幢建筑。餐厅及旅舍十处。全村无一所公厕，无垃圾集中堆放点，垃圾露天堆放且无清运管理。村委会办公地点一处，会议室一处（村委会内）。

四 产业体系

万年村作为内陆地区的镇边村，经济发展没有大型的工业和第三产业作为支柱产业，外出务工是当地大多数农民的现实选择。从村内经济结构看，通过土地流转，发展了具有一定经营规模的养殖业。作为梁平县重要的粮食生产基地及国家商品粮生产基地，粮食特别是水稻种植还占很大比重。部分村民发展了火炮筒加工厂，增加了收入。

万年村地势平坦、水源丰富且邻近屏锦镇中心，人均拥有 0.57 亩能排能灌的基本农田。种植业以优质水稻种植为主，占地 1300 亩；蔬菜种植为辅，占地 100 亩。蔬菜种植的种类较少，一般为季节性蔬菜，对于有一定科学技术含量的反季节蔬菜品种拥有量较少，农民的科学种植技术水平较差，产量不高且质量不佳。养殖业中有两个规模较大、年出栏 5000 只的养鸡场，四个养猪场及五个规模养鱼场，一个面积达到 340 亩的对虾养殖基地。养殖模式单一，没有很好地利用养殖业的发展来带动第三产业的发展。

加工业方面以火炮筒加工业为主，有一定规模。在第二村民小组的年产值 50 万元的预制厂及烟花爆竹厂 1 个，火炮原材料加工企业（家庭作坊式火炮筒子加工等）7 个。火炮原材料加工企业分散，管理不便，预制厂的粉尘污染、噪声污染，对村民的人身安全、身体健康存在一定威胁。

第三产业方面，全村有十家餐厅、旅舍及九个个体运输户。餐厅、旅舍主要由村民依靠自己的现有居住房屋开发，运输业的竞争能力较弱，第三产业发展较滞后。

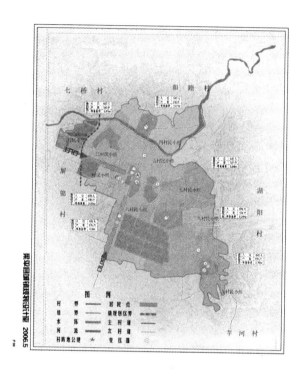

图 8 - 1   屏锦镇万年村村级规划   总平面

第三节   规划内容

2006 年村里制定了新农村发展规划后，就基本没有再制定新的规划内容。我们调查时间从 2012 年始，村里已完成了部分规划内容建设，其他的还需要进一步发展。

一 基础设施建设

（一）道路

规划通村公路和主要生产、生活道路硬化（含石板路）。全村规划道路分为主村道、次村道和入户道路三级。规划主村道：车行道宽 5.5 米，水泥路面，设 2.5 米宽边沟和人行道，总长 10.1 公里。次村道：车行道宽 3.5 米，水泥路面，设 0.5 米边沟，无人行道，总长 11.63 公里。入户道路：路宽 1.5 米，青石板路面，总长 6 公里。

（1）对万年路人行道实施改造，增加排水沟盖板、增设路灯；两旁布置绿化（2006 年完成）。（2）万龙路路面拓宽及人行道、边沟增设（2006 年完成）。（3）改造虾场处机耕路三条，路面拓宽，增设人行道及路灯、绿化（2006 年完成）。（4）改建 1 号机耕路，按主村道标准改造（2006 年完成）。（5）将机耕道改造成主村道（2007 年完成）。（6）完成所有新增主村道建设（2008 年完成）。（7）完成所有入户道改建及新建工程（2006—2008 年完成）。主村道两旁水沟深度为 0.7 米，水沟宽度为 0.5 米，水沟均由浆砌卵石修砌，路面设置为双向坡，路面横坡最小 1%，人行道坡度为 1.5%，道路绿化树种为小叶榕树，道路为土方基层，砂砾石垫层，水泥稳定砼石层。次村道宽 3.5 米，路面完全硬化，两旁设排水沟，排水沟深度为 0.5 米，宽度为 0.5 米，采用浆砌卵石修砌。次村道尽量减少尽端路或断头路，或在尽端路上设有不少于 6 米 × 6 米的回转区。在各居住片区内设置室外临时停车位，在万年路虾场处、第四村民小组、第九村民小组设置固定停车场。

（二）供排水

供水。万年村毗邻屏锦镇，规划从屏锦镇供水主管道接入供给水源。根据人均日用水 70 升的标准，采用 D100 毫米供水主管，管网主干管沿主村道布置，进入各居民点。居民点内沿道路铺设供水管道，管线形式采用枝状系统，使供水的可靠性、供水水质更能得到保障。另保留村民现有的自设取水水井作为生活用水和畜禽用水水源。在 2008 年年底农户安装使用自来水率达到 100%。消防给水采用低压制，由村内给水系统统一供给。室外消火栓不大于 120 米间距沿道路设置，村内各水体及河流均为消防备用水源。

排水。雨水工程规划区内地形平坦，雨水顺应地势就近排放，雨水经汇集后，排入相近道路边沟，经由道路边沟排入就近水体。污水工程，2006 年完成 550 户的新建和改造沼气池。村民生活废、污水通过 D100PVC 塑料管统一收集至沼气池处理后经排污管进入沿河污水主管道；禽畜粪便排入沼气池处理后用于农业灌溉。工业污水的排放，原则上继续执行我国"三同时"① 和"谁污染谁治理"的政策，采取分散和集中相结合的处理方式。工业废水经企业自行处理，达到国家《污水综合排放标准》（GB8978—96）后排入接纳水体。同时要求各工业企业必须改进工艺，开展综合利用，尽可能减少废水排放量，尽可能降低废水中污染物质浓度。

（三）电和气

全村增设 3 组 110kV 变压器，电力线沿万年路、万龙路和重要景观区域采用入地电缆，其余均采用架空电力线。改造完善供电设施，减少损耗，增加用电安全。至 2008 年全村入户电话普及率达到 100%，有线电视入户率达到 100%。规划增设邮政所 1 个，邮政所与其他公共建筑合建，不另占用地。根据村性质、规模、住宅电话快速发展的特性，村内电信电缆一律采用地下管道铺设，进入各居民点。村内电视系统由 CATV 网覆盖，CATV 电缆不单独占用管线走廊，CATV 电缆与电信电缆同管铺设，但不共用管孔。村道路上的电信主管道，应留 1—2 个管孔供 CATV 电缆和其他弱电线路专用。村民以天然气和沼气为生活主要能源。规划至 2008 年全村民用燃气达到 200 户，由储气站供气，管径为 D150 毫米，配气管网沿主村道布置进入各居民点。燃气输气管网采用低压一级输配管网。村内电力电缆为明沟，覆土最浅在地平面，其次为给水管、燃气管，埋深 0.8 米左右，电信排管埋深 1.0—1.2 米，雨水管埋深大于 1.8 米，污水管埋深在 2.5 米左右。

---

① 根据我国《环境保护法》第 41 条规定："建设项目中防治污染的设施，必须与主体工程同时设计、同时施工、同时投产使用。"

在新增居民点集中设置村行政中心（村两委办公室）、医疗卫生站（村卫生室）、村百货商店、村文化活动室、"五保家园"及活动场地，在其他6个保留改造、扩建居民点设置医疗点和村民活动室及百货商店。做到既提高农民的物质生活水平，又充实农民的精神生活。保留改造和扩建原万年村小学及幼儿园，公厕和垃圾收集点按服务半径要求集中设置。居民点垃圾收集点按服务半径不大于70米、占地不小于10平方米的原则设置，并由专人清运管理，运至屏锦镇垃圾处理场集中处理。果皮箱在生活性主干道上每25—50米设置1个，交通性干道每50—80米设置1个，一般道路每80—100米设置1个。

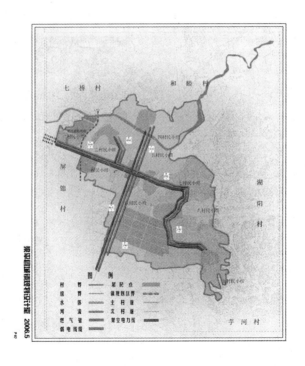

图 8 - 2　屏锦镇万年村村级规划　电力、电讯、燃气系统

二 居住点整治

根据村庄村落建设布局散、规模小、建设乱的具体情况，规划期末万年村村域体系的等级规模结构为"中心居住点—基层居住点"两个层次。以较大院落为基础，以现有道路为依托，规划保留改造谢家湾居住点，严家花院子居住点、谭家大院子居住点、徐家院子居住点、陆家院子居住点及万年路居住点，并再新发展一个康居村民点七。

中心居住点—康居村民点七及康居村民点六。康居村民点七是本次规划新增居民点，规划人口420人，居民点建设用地3.33公顷，将村公共行政、文化，医疗，商业中心布局在此村民点。康居村民点六在保留改造万年路沿街建筑的基础上新增加40户180人。基层居住点：康居村民点一、二、三、四、五，总人口约为3314人，上述居民点均以大量保留改造原建筑，新增少量建筑的原则，包括中心居住点、基层居住点在内的农村居民点体系建设，占地25.5公顷。

针对谢家湾、严家花院子、谭家大院子、徐家院子、陆家院子农宅的空间分布情况，拆除建筑质量较差的土房，对可保留建筑实施立面改造，引导后期需要修建的楼房集中修建。对于严家院子这样有一定历史文化价值的院子，逐步改造或拆除其20世纪90年代修建的建筑，恢复原来民居风格原貌。对万年路居民点，对其外观风格不统一的立面根据规划要求式样和色彩进行改造，拆除那些建筑质量较差的平房，畜、卫不分和畜、厨不分的实施改圈、改厨、改厕的"三改"工程。

康居村民点一，由严家花院子保留改造。规划人口620人，用地规模3.97公顷。康居村民点二，由陆家院子保留改造。规划人口540人，用地规模3.51公顷。康居村民点三，由谭家院子保留改造。规划人口430人，用地规模2.58公顷。康居村民点四，由谢家湾保留改造。规划人口 655 人，用地规模 5.24 公顷。康居村民点五，由徐家院子保留改造。规划人口 420 人，用地规模 2.70公顷。康居村民点六，由万年路保留改造。规划人口 700 人，用地规模 4.2 公顷。康居村民点七为新建居民点。规划人口 420 人，用地规模 3.33 公顷。

三　村环境和景观建设

万年村村民的幸福生活，需要有一个美丽的人居环境和景观，以强化自然山水绿化体系，建设以公共绿地为重点的绿地系统，科学的空间格局，以村中心、各居民点内建设一定的开放空间（如广场、绿地）相结合，丰富全村景观。居民点建筑高度一般控制在三层范围内，以保障村域干道景观形象，严格控制建筑物超过规划红线。

（一）绿地景观

公共绿地，包括点式绿化和线式绿化两类。规划在村内集居民点设置公共绿地广场，沿七洞河两岸建设公共绿地；在 420 亩虾场、50 亩渔场间穿插布置景观绿地；沿主村道建设绿化带，绿化树种采用小叶榕。生产防护绿地方面，在穿越村内的两条天然气管道两侧设置防护绿化带，宽度以 2001 年 8 月 2 日公布的《石油天然气管道保护条例》（国务院第 313 号令）为准，即以中心线两侧各 5 米的范围内严禁任何单位和个人从事包括移动、拆除、损坏管道设施和为保护管道安全而设置的标志、标识，以及取土、挖塘、修渠、盖房等危及管道设施安全的活动。在管道中心线两侧各 50米范围内严禁爆破、开山和修筑大型建筑物工程。在管道中心线两侧各 50—500 米范围内进行爆破的，应当事先征得管道企业同意，在采取安全保护措施后方可进行。

（二）环境保护

到 2008 年村域环境质量得到明显改善，主要指标达到国家规定标准，基本上实现环境清洁、优美、生态良性循环的和谐社会。村域常年主导风向为东北风向，村内大气质量应符合国家《大气环境质量标准 GB3095—82》二级标准，工业企业排放废气及烟尘应进行大气环境质量影响评价，按环境容量控制排放总量，采取消烟除尘以达到排放要求；通过普及民用燃气等清洁能源以消除空气的面源污染，保障全村环境质量。工业企业积极提高水的重复利用及废弃物的综合利用，排放的工业废水应满足《污水综合排放标准 GB8978—88》后才能排放入水体。按照村内建设用地规划结构及功能区布局要求，严格执行国家《城市区域环境噪声标准 GB3096—93》。对交通噪声的治理可采取交通管治措施，对生活居住、行政办公、文化教育等区域的主要道路控制鸣笛；控制车辆尾气排放量，减少汽车噪声和尾气污染。

（三）灾害防治

防洪。根据国家《城市防洪过程设计规范》，各居民点按 20 年一遇洪水标准设防。设防方式采用滨河路路堤结合，修建沿河防洪堤，同时完善排水沟渠，建设挡土墙，防止洪水、滑坡、泥石流等自然灾害。

人防规划应遵循"平战结合，因地制宜，注重实效"的基本原则，人防工程在充分利用地形的基础上，结合公共绿地、交通要道和地下通道作为疏散干道系。

抗震规划应根据中华人民共和国国家标准 GB50011—2001 规范，万年村为非抗震设防区。城镇生命线工程（如给排水、供电、通讯、道路、桥梁、堤坝等）及重点公共建筑则应设防。

地质灾害防治方面。万年村建筑均应以岩心较为完整与均匀的中等风化基岩或承载力更强的基岩为持力层。本着安全、效率的土地利用原则，以国家和地方法规为准则，地段有在建建筑的，应加强位移观测，并及时采取防治与补救措施；任何设计活动包括建筑单体设计必须提供设计用地的详细地质勘察报告，并进行建设工程

可行性研究，在设计地段必须符合相关地质灾害防治的文件规范和
建设掩蔽工程规定，并确保有效防止地质灾害的前提下才能开工
建设。

消防规划应遵循"预防为主，防消结合"的方针，根据村内功
能分区、建筑物重要性、人员密度和服务半径、消防出动速度和距
离，合理确定消防责任区的划分和等级。坚持全社会参与消防事业
的规划与建设，普及消防教育，强化消防观念，增强消防意识。消
防通道主要依靠村内道路系统，各居民点设消防室。建立一套高效
统一、反应灵敏、实用方便、操作简单、便于维护，可满足将来发
展扩容和升级需要的公安通信指挥系统。

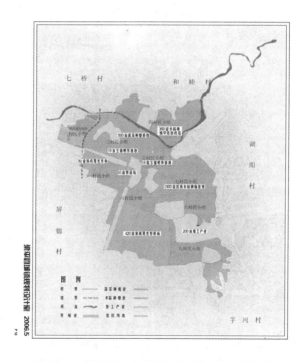

图 8 - 3 屏锦镇万年村村级规划 产业结构布置

四 产业体系发展

有竞争力的产业体系，是保证村民增收和村庄可持续发展的根本所在。规划人均保有 0.57 亩能排能灌的基本农田；以 80% 的农民有较稳定的增收来源为目标，到 2008 年农民家庭人均纯收入达到 4300 元。农业机械化程度每年增长 2%。种植业、养殖业、烟花爆竹加工业和建材业成为农民增收的支柱产业。将万年村建设成为水稻优质高产示范区、生态养殖示范区、庭院生态经济观光区、无公害蔬菜生产基地、烟花爆竹生产基地。

优质水稻，以科技兴农为主线，由政府提供技术指导，发展优质稻生产基地 1500 亩（含 300 亩中低田改造项目），提高农业生产效率，实行农业机械化耕作，加快农业机械化水平。引进一批反季节大棚蔬菜，建立大棚蔬菜种植基地，规划面积 500 亩，并新增一批无公害蔬菜。先由部分先进农户进行试点种植，收到成效后再在相应的村民小组扩大种植面积。培育种植大户 10 户，建立蔬菜产业合作经济组织，到 2008 年产值达到 500 万元。养殖业以发展观光农业为方向，在现有的养殖业基础上，发展有特色的水产养殖、新兴水产业，发展集科普、休闲、娱乐为一体的休闲垂钓农家乐。对于观光农业，可优先鼓励农民自主开发，也要引进外来资金共同开发，把万年村建成庭院生态经济示范区及水禽生产基地。力争通过发展 420 亩养虾场、50 亩渔场和规模化生猪、家禽生产，2008 年产值达到 1000 万元。

烟花爆竹及建材加工业，发展烟花爆竹生产 1—2 家龙头企业，组建以加工经营火炮筒子为主的烟花爆竹原材料经销公司，以"公司＋农户"的经营模式，带动农户加工火炮筒子。对火炮厂进行统一管理，严防安全险情的出现，保障村民的人身安全。将原有预制厂搬离第二村民小组，进入第九村民小组加工业集中区域，严格控制预制厂的粉尘污染。引进高科技新型石膏厂等企业。对所有引进的企业都要严格把关，不让污染严重的、损害农民自身利益的企业进驻。建设 200 亩加工业区，引进烟花爆竹厂、新型石膏板厂、预制构件厂，力争到 2007 年年产值达到 2000 万元，到 2008 年发展各类加工业 10 家，年产值达到 3000 万元。

图 8 - 4　炮筒加工车间

其他如餐饮服务业，结合虾场、鱼场、菜园、田园的开发，促进休闲观光业和生态庭院经济的发展，带动餐饮、旅社等商贸经济的发展。积极组织劳务输出，到 2008 年外出和本地务工、经商办企业人数达到 1000 人以上，占劳动力总数的 50%。成立劳务输出服务公司，加强对务工人员的技术培训，鼓励外出务工人员回村经商、办企业。

五　党建和基层组织建设

显著提高村组干部队伍整体素质，党员队伍结构明显改善，党员干部带头致富、带领群众共同致富的能力进一步增强。全面加强以党组织为核心的村级其他组织配套建设，有效保障群众民主权利，充分发挥党组织的号召力、凝聚力、战斗力，村党组织达到重庆市"五好"村党组织建设目标。

切实抓好集办公、会议、教育培训、文体娱乐、医疗卫生、农经商贸六大功能为一体的村级公共服务中心建设。村级公共服务中心为一楼一场，即综合楼一栋，标准篮球场一块。综合楼包括两委办公室（含档案管理），多功能活动室（包括党员活动、远程教育、会议、文化活动、图书阅览、各种培训等），卫生（计生）室，小商品超市，农资用房，卫生间共计建筑面积 2000 平方米，标准篮球场 420 平方米。

干部队伍建设方面，选好配强"两委"班子成员，村"两委"班子成员中 45 周岁以下的要达 60%，具有高中（中专）以上学历的要达 90%，其中至少 1 人达到大专及以上学历。村民小组干部平均年龄控制在 48 周岁以下，文化程度均达高中（中专）以上学历。村组干部每人掌握 1—2 门实用技术。要加大党员发展工作力度，努力把能人培养成党员，把党员培养成能人。创新组织设置，进一步规范党员教育管理，进一步发挥无职党员的作用。村"两委"班子要和谐，村级公益事业实行"一事一议"的民主决策，开设村务公开栏，实行党务、村务、政务、财务"四公开"，村民对村"两委"班子的满意率要达到 90% 以上。

六　新型农民培育

新型农民是那些有独立的社会地位和职业，有平等的发展机会，有获得更多社会资源的能力和与其他阶层一道共享改革开放发展成果的新一代农民。他们在推动自身富裕和农村现代化中有强烈的进取心，为创造财富而渴求现代科技、智力开发和政策支持，具有很好的创新精神。他们能自主选择职业和劳动方式，能自主支配自己的劳动对象和劳动成果，能自主选择进入市场经济参与市场竞争，能自主参与农村基层政权组织，拥有民主管理和自我管理的权利。他们具有很好的创造性，表现为在改变自己命运和建设社会主义新农村乃至农业现代化中所体现的创新精神、创业意识、创造性劳动和不断地提升与实现自身价值的能力。

2006 年成立万年村农民学校，利用屏锦镇中学和万年村小学的学校资源，请相关部门教师、专家、学者对农民进行技能和道德观培训，夜校、职工学校对农民进行实用技术培训。大力加强农村新文化建设，培养推进新农村建设的新型农民，注重开展对包括进城务工人员在内的农民劳动技能培训和文化素质培养，培育有文化、懂技术的新型农民，加大农村义务教育设施建设，改造危房，建设农村技术学校，改善农村办学条件。

七 社会事业发展

（一）教育设施规划

农村教育水平低下是困扰城乡协调发展的一个重大问题，万年村只有 21 人具有大中专教育程度，而 1630 人只有小学文化教育程度，占了全部劳动力人口的大多数，村民文化水平有待提高。因此首先要按学校布局规划建好村小学，加大万年村小学的硬件设施投入，增设学生活动设施，配备学生实验室、阅览室等，改善农村办学条件；加大教育投资，引进调配师资力量，提高教育水平。提高九年义务教育质量，使未继续升学的中学生培训率达到80%。建设农村技术学校，使村中更多农民接受新的知识。

（二）农村卫生规划

进一步开展新型农村合作医疗制度，资助医疗救助对象缴纳个人应负担的全部或部分费用，使他们也能够参加合作医疗，享受合作医疗待遇。因患大病经合作医疗补助后个人负担医疗费用过高影响到家庭基本生活的，再给予适当的医疗救助。对尚未参加新型农村合作医疗的农户，对因患大病个人负担费用难以承担，影响家庭基本生活的，给予适当医疗救助。国家规定的特种传染病救治费用，按有关规定给予补助。加强全村卫生知识普及和健康教育，宣传《重庆市爱国卫生条例》，送医下乡，不断解决全村看病难的问题。新建卫生室一个，规划到 2006 年，农村新型合作医疗参保率达到 70% 以上；到 2007 年，农村新型合作医疗参保率达到 75% 以上；在 2008 年，实现农村新型合作医疗参保率达到 90% 以上。建立并逐步健全农村养老保险和最低生活保障制度，对"五保户"集中供养率达到 100% 以上；村计划生育率达到 95% 以上。

（三）文化建设规划

巩固农村文化阵地，开展丰富多彩的文化活动，丰富农民的文化生活，满足农民日益增长的文化生活需求，促进社会主义精神文明建设。规划进一步搞好现有的农家文化，鼓励文艺团体送文化下村，关心和重视农村的文化生活。联合教育、科技、卫生和共青团、妇联等部门，在村开展综合性的文化活动，让农民与农民之间有交流的平台。重视文化扶贫，加大扶持力度，推进村文化事业的发展，逐步解决村中农民文化生活贫乏的问题。积极开展农民读书活动，倡导农民读书，传播科学知识，实施"科技兴农"。进一步加强村里电影放映工作，大力扶持电影放映的硬件设施建设，大力发展流动性的汽车图书馆，在村里开设书刊流动服务点，通过政府支持发动社会各界捐书，支持农民成立群众性的读书组织。

（四）社会治安综合治理

以村治保会建设为依托，以住户型民警联系点为载体，在村各康居居住点设立警民联系点，建立适合农村特点的治安联防队和护院队，加强社会治安的综合治理。制定有特色的村规民约，力争无重大刑事案件发生、力争无重大安全事故发生和无群体性事件出现，村民治安状况满意率达到 95% 以上，形成保障社会稳定的长效机制。

第四节　经济发展展望

对于处在目前发展阶段的万年村来说，进一步发展经济和增加收入，仍是广大村民幸福生活的基础。很多村民刚刚解决温饱，还没有完全实现小康，没有经济的持续发展，生活水平的逐年提高，就很难保持村民幸福感的稳定增长。重庆市政府提出了万元增收计划，村里也制定了相应的实施办法。这些经济发展的政策措施符合实际，切实可行。为确保农户万元增收任务的全面完成，万年村两委（党委和村委）成立了农户万元增收工程工作组。村支书任组长，村主任和驻村组长为副组长，各村小组长为工作人员，具体落实农户万元增收任务，并结合各自的工作任务制定考核办法和奖惩措施。

一 2010—2012 年三年户增万元工程

以突出发展水产、家禽、生猪养殖、特色种植、炮筒加工等优势产业为保障，以大力发展林禽养殖、林下养蚕、林地种植、林果产业、林业旅游等林下经济为突破口，突出发展特色产业，巩固壮大传统产业，创新万元增收工程支撑体系，实现农村发展、农业增效、农民增收目标。到 2012 年年末，农户户均纯收入由 2009 年的 1.68 万元增加到 2.98 万元、户均增收 1.3 万元，其中 95% 以上有劳动能力的农户要实现万元增收目标，即农民家庭人均纯收入年均增长 20%，年增加 1000 元以上，在 2012 年达到 9500 元以上的目标。

农户万元增收工程按年度实施，整体推进的思路，2010 年实施步骤如下：第一阶段（2010 年 2—4 月）。宣传发动，村召开动员大会，通过印发资料、集中宣讲和入户宣传等途径深入宣传各项惠农政策及农民增收致富典型，做到家喻户晓、人人皆知，营造强大舆论氛围，充分调动农民增收致富的积极性。第二阶段（2010 年 4 月）。调查摸底，在搞好宣传活动的基础上，组织全体党员干部，全力以赴，深入到农户家中，摸清各户情况，包括家庭人口、劳动力、耕地和林地面积、2009 年的收入情况及发展意愿等，做到心中有数，为制订增收方案奠定基础，同时填写农户万元增收说明，内容包含户主、人口、耕地和林地面积、2009 年收入水平、2010—2012 年的增收途径、增收金额，并张贴到农户醒目位置，接受群众和社会的监督，同时，村要建立台账，了解掌握本村农户增收工程进展情况。第三阶段（2010 年 5 月）。制订方案，遵循政府引导、农民为主体、因地制宜、因户施策、市场运作、大户带动、科学开发、保护生态的原则，制订增收方案、建立家庭增收台账，户户制订增收计划。第四阶段（2010 年 5—12 月）。工程实施，按照梁平县政府制订的增收规划、锦屏镇镇政府的增收方案、万年村农户增收计划，采取具体措施，实施农户增收项目，实现农户万元增收工程的年度目标。

二 村民增收思路

因地制宜、因户施策，形成一村一品、一户一特色，按照发展特色产业和种养殖业的原则，以项目为抓手，以产业为支撑，依托万年村凤嘴岭良好的地理优势，着力打建 3000 亩梁平县现代生态循环农业示范园，新成立一批专业合作社，形成一批庭院经济示范户，规划一批农家乐，培养一批农业产业经纪人，以带动万年村农户万元增收工作。

（一）基本原则

一是以农民为主体，政府为引导，政府制定好政策，投入一定的启动资金，广泛宣传动员，调动农民积极性和主动性，克服"等、靠、要"思想，自力更生，勤劳致富。发扬大干、苦干和实干精神，促进农民致富奔小康。二是因地制宜，因户施策，发挥比较优势，突出区位特色，宜农则农，宜林则林，宜牧则牧，形成一村一品、一户一特色，根据村资源禀赋条件发展有市场竞争力的产业，按户制订增收方案，做到规划落实到户，增收项目到户，工作指导到户，培训服务到户。三是按市场经济规律办事，发展农业专业合作社和种粮养殖大户，通过大户带动，产业延伸到户，开拓全国市场，确保产品市场流通顺畅。四是科学开发，大力推广实用科技，推行高产、优质、高效、生态、安全生产，根据资源环境承载能力，做到开发与保护并重，促进环境友好和可持续发展。

（二）农业发展设想

按建设"一园三片四业"的思路，大力发展村域经济。"一园"，指通过土地流转，建设3000亩现代生态循环示范园，增加农户收入，使村民成为田园工人。"三片"，一是打造1500亩水稻示范片，以种植专业合作社和农机专业合作社为带动，发展水产养殖推广片，带动100户以上农户增收，发展稻田养鱼鳅1000亩，带动100户以上农民增收。二是蔬菜种植片。以千担蔬菜专业合作社为龙头，发展600亩蔬菜种植，以大户带动100户以上的农户增收。三是向日葵种植片。以万年村第9组朱洪平的"飞龙炒货厂"为龙头，发展向日葵种植面积200亩。"四业"包括：（1）水禽产业。培养出栏1000只以上的养鸭示范户50户；发展出栏鹅500只以上的养鹅示范户；以万年村养鱼专业合作社为龙头打造500亩长江中上游鱼鳅种苗基地，发展养鱼大户100户。（2）养猪业。抓住梁平县建设全国生猪调出大县的机遇，农户分散养殖和规模户集中养殖相结合，做大做强生猪产业；大力推行"猪—沼—菜（果）"模式，形成生态循环养殖方式；成立万年村养猪专业合作社，以品之山现代种猪场为龙头企业，发展生猪产业；培育出栏生猪3000头大户1户；出栏生猪300头以上大户5户；新发展50户养猪专业大户。（3）林下经济。培养养鸡、鸭、鹅10000只以上的大户10户，林间空地养蜂模式（精品果园350亩）50群以上的大户10户。（4）建果园农家乐2户。

（三）培育加工业

发展壮大村炮筒加工业，以大户带动100户以上农户增收。为更详细了解万年村内炮筒加工业发展现状，2014年4月笔者与一位从事炮筒加工业的个体工商户进行了座谈。这是万年村小作坊式加工业的典型，但对于一定时期内增加农民收入会起到重要作用，现将资料整理如下。

某某，男，1968 年万年村人，初中文化。1986 年参军，一年后参加越南自卫战，当时只有 19 岁。在部队上工作了 3 年，打完越战后，1990 年从部队转业回到万年村，国家每月给他一些生活补助。转业回万年村后，经人介绍于 1990 年下半年结了婚，之后的 17 年间（1990—2007 年）在广东省海丰县打工，那时每月能挣600—1000 元。外出打工时，两个儿子由父母照看。近年来父母身体不好，孩子开始读初中了，需要人管理，没办法就只能从广东回到万年村老家从事农业生产，并在村周围打些零工。2009 年投资 2万元从事炮筒加工。炮筒销售给村里的鞭炮加工厂。

一条炮筒成本 20 元，销售给厂里每条加价 1.3—1.5 元，每天雇用 16 个人加工生产，其中男性 10 人；女性 6 人。他们都是村里的青壮年，最小的 35 岁，最大的 44 岁。每天能加工 200 条左右。因鞭炮主要在节日期间使用，因此在夏天需停工，一年实际只有 6个月才能开工生产。雇工人员工资实行计件制，干活快的一年能挣1.5 万元，干活慢的一年能挣 7000 元。他作为个体工商户（需在工商管理部门注册登记），一个月平均能挣 2000 元，加上种植业和其他收入，一家 4 口人家庭年收入在 3 万元左右。

因为是转业退伍军人，加上上前线打过仗，立过功，国家每月有一些补贴，在税收上有些优惠政策，这位退伍军人的生活在村里还算较好。曾经的战友每年"八一"建军节时会集会，特别是原来一个团里的战友，在梁平县就有 100 多人。集会时，每人集资 200元作为活动经费。他个人觉得战友之间的感情高过同学之间的感情。在部队生活时，战友都是年轻人，只身一人离开家乡，大家在部队里相互照顾，因此战友之间的感情很深厚。退伍后，如果战友家里有困难，比如父母过世这样的事，大家都会互相帮助。

三　村集体经济发展

（一）村集体经济现状

万年村还是一个以农业为支柱性产业的内陆村庄，村集体几乎处于"空壳"状态，村集体经济非常薄弱。除了每年屏锦镇政府拨付给村里一些工作经费外，村集体几乎没有其他任何收入来源。2012 年开始，信友养殖公司每年向村委会缴纳 2 万元的管理费，加之出租鱼塘和"幸福家园"房屋共计 1850 元（2011 年开始）的租金，这就是村里的年收入。而村里的支出主要是用于参加村里各种会议人员的误工补助。

（二）发展思路①

对于万年村的发展方向，作为万年村的一名村官，也有很多思考。万年村作为一个重庆市市级新农村建设示范村，一个重庆市市级党建示范点，这些年万年村的发展取得了有目共睹的成绩，但是，光环背后矛盾凸显。在基层组织建设年组织满意度测评过程中，党员和群众代表给万年村"两委"的评分是 72 分，全镇排名倒数第二。党员和群众更是怨声载道，普遍反映干部工作方式简单，官僚思想严重，班子不团结，发展思想守旧等问题。这些问题的存在，不仅严重破坏了党群和干群之间的关系，更严重阻碍了万年村的进一步发展。万年村的未来在哪里？下一步该怎么办？在洪成刚看来：

1. 要加强领导班子建设。凝聚力出战斗力，这是放之四海而皆准的道理，对一个"重量级"的村来讲，班子的凝聚力更为重要。而要带好一个班子，核心又在村支部书记这个"班长"身上。目前的万年村，班子凝聚力很弱，成员之间分歧很大，当务之急也是长远之计在于优化班子，这是问题的根本和核心。

---

① 由万年村村官洪成刚提供。

2. 要全力提升干群素质。干部群众的素质关系到整个村子的"气氛"。万年村村干部中，个别人私心很重，同时"官老爷"作风严重；一些群众更是以个人利益为中心，安于守旧，不支持不配合村"两委"的工作，仇官仇富心态明显。这些低劣素质的存在，严重阻碍整个村的发展。可以说，种种问题的本源还在于干部素质低下，所以，提升干部素质，这是村"两委"当前和以后工作的重点之一。

3. 要突破发展思维窠臼。万年村是农业大村，目前正处于转型时期，需要的是从传统农业转型到现代效益农业，而在这个过程中，干部首先就要突破发展思维窠臼。干部解放了思想，群众才会跟着响应。万年村现在是靠流转土地支撑产业发展，在土地流转过程中也是困难重重，最大的问题就是一些群众不愿意流转土地，甚至发动其他群众阻碍土地流转。

4. 要拓宽增收渠道。发展，最现实地讲，还是需要资金。多年来万年村都是靠上级各部门的项目资金来维持发展，村集体几乎没有收入。但随着政府工作重心的转移，万年村的发展面临着前所未有的困难。仅靠"输血"不是长久之计，关键还是要靠自身"造血"。万年村具备很丰富的"收入资源"，比如向村辖企业收取一定的管理费，集中到一起，就是一笔很大的收入；把村里闲置的办公房利用起来，出租出去兴办企业等，这些都是增加集体收入的途径。集体有了收入来源，干部才有发展经济的动力和抓手，整个村的工作才会呈现出更加欣欣向荣的局面。

附 录 一

农民生活满意度和主观幸福感调查问卷

1. 你父亲受教育程度：_____；你母亲受教育程度：_____。

2. 如果有陌生人莫名其妙地责怪你，你会：_____

（1）不理他，干自己的事；（2）心情不快但不表现出来；（3）立即表现出不快；（4）责备对方；（5）与对方解释沟通；（6）其他（请注明）

3. 请你对你的生活满意度打分（用 10 分计，1 分代表最低，10 分代表最高）。

内容	满意度	内容	满意度
生活总体		婚姻	
文化		社会地位	
收入		健康	
就业		村环境	
住房		村干部	
家庭			

对"生活总体"一项如打 3 分以下或 8 分以上，请说明原因：

4. 为了获得幸福生活，请你对以下各项的重要性打分（用 10 分计，1 分代表最低，10 分代表最高）。

内容	重要性	内容	重要性
收入		空闲	
文化程度		当干部	
工作		宗教信仰	
夫妻关系		运气	
家庭		人品	
有儿子		朋友	
寿命		晚年生活	

请说明你认为对于幸福生活最重要的三个方面：

1.	2.	3.

5. 请对你的幸福状况打分（用 10 分计，1 分代表最低，10 分代表最高）。

1	2	3	4	5	6	7	8	9	10

6. 与 5 年前相比，你的生活变得如何？

（1）好多了；（2）好一些；（3）差不多；（4）变差了；

（5）差多了

7. 你觉得5年后你的生活会变得怎么样?

(1) 好得多; 　(2) 好一些; 　(3) 差不多; 　(4) 变差了;

(5) 差得多; (6) 不好说

8. 如果条件许可,你最愿意在什么地方居住?

(1) 本村;(2) 镇里;(3) 县城;(4) 地级市;(5) 省城;

(6) 北上广; (7) 哪儿都一样

9. 你昨天心情怎样?

(1) 非常高兴;(2) 高兴;(3) 一般;(4) 不高兴;(5) 非常不高兴

10. 你今天心情怎样?

(1) 非常高兴;(2) 高兴;(3) 一般;(4) 不高兴;(5) 非常不高兴

11. 与你的亲朋好友比,你觉得你过得如何?

(1) 非常好; 　(2) 好一些; 　(3) 差不多; 　(4) 差一些;

(5) 差很多

[说明原因]

12. 与你村里人比,你觉得你过得如何?

(1) 非常好; 　(2) 好一些; 　(3) 差不多; 　(4) 差一些;

(5) 差很多

[说明原因]

13. 与城里的人比,你觉得你过得如何?

(1) 非常好; 　(2) 好一些; 　(3) 差不多; 　(4) 差一些;

(5) 差很多

[说明原因]

14. 到今天为止,最值得你自豪的事是什么?

[说明]

15. 到今天为止,你觉得最遗憾的事是什么?

[说明]

16. 你最大的心愿是什么？

［说明］

17. 现在生活中最让你心烦的事是什么？

［说明］

18. 2011 年全家纯收入：_____元

19. 你觉得你们家 2011 年的收入：_____

（1）非常高；（2）较高；（3）一般；（4）较低；（5）非常低

20. 你家 2012 年的收入与去年相比，预计会：_____

（1）多得多；（2）多一些；（3）差不多；（4）少一些；

（5）少很多

21. 你对家庭收入的期望：

你们家年收入达到_____万元你觉得就很满意了；

你们家年收入达到_____万元你觉得就非常知足了；

你们家年收入低于_____万元你觉得日子就过得紧了；

你们家年收入低于_____万元你觉得日子就没法过了。

附 录 二

样本户基本情况

编号	受访人姓名	受访人年龄（岁）	家庭常住人口（人）	2011年家庭人均纯收入（元）	生活满意度	幸福感
01	殷广勇	34	4	26095	7	10
02	密小莉	42	2	9995	4	5
03	张忠万	68	6	2552	5	8
04	杨梅林	42	5	9702	9	10
05	杨再碧	69	1	1960	4	5
06	邹永芬	44	5	4892	6	5
07	肖厚俊	32	3	10000	6	7
08	张中学	67	1	3238	8	10
09	肖厚国	39	5	2054	6	9
10	徐启华	78	2	1540	6	8
11	曾生权	66	5	14809	8	9
12	徐刚珍	46	4	4500	5	6
13	刘守珍	55	1	6000	7	5
14	李付翠	39	6	6325	6	5
15	谢泽衡	67	2	7290	6	8
16	易良琼	47	4	4840	6	8
17	谢贵春	50	5	3293	5	7

续表

编号	受访人姓名	受访人年龄（岁）	家庭常住人口（人）	2011 年家庭人均纯收入（元）	生活满意度	幸福感
18	李仲文	59	3	7403	10	8
19	徐家泉	74	6	2667	8	7
20	姜在平	46	3	4100	10	9
21	张学运	67	2	5868	9	9
22	唐明书	38	5	3304	6	6
23	谢富楷	66	2	3590	6	7
24	邹代怀	64	3	3333	8	6
25	陈子美	50	5	10000	8	8
26	罗乾会	58	2	4105	8	10
27	陈善明	79	4	10000	6	7
28	王传芬	60	4	3500	5	8
29	谭正友	39	4	2575	6	8
30	黄正容	49	5	20872	10	6
31	朱明成	55	4	7840	8	7
32	徐家云	58	2	11656	6	6
33	曾庆帮	39	5	6660	8	9
34	罗仁德	55	6	15917	8	8
35	严方远	66	6	3500	10	7
36	曾兴忠	70	3	11087	9	10
37	黄祖全	55	3	4067	4	6
38	坞运建	63	1	3060	8	5
39	邓丛碧	67	2	2710	6	4
40	黄祖明	45	3	10741	10	8
41	黄得军	35	6	17740	8	10
42	唐刚琼	62	2	2460	6	4

附 录 三

样本户收入来源（元）

户编号	全年总收入	家庭经营收入	第一产业收入	种植业收入	林业收入	畜牧业收入	第二产业收入	第三产业收入	工资性收入	转移性收入
01	104380	104000	104000	4000	0	100000	0	0	0	380
02	19990	1800	1800	1800	0	0	0	0	18000	190
03	15310	0	0	0	0	0	0	0	12000	3310
04	48510	45000	5000	5000	0	0	0	40000	1120	2390
05	1960	0	0	0	0	0	0	0	0	1960
06	24460	3200	3200	3200	0	0	0	0	20000	1260
07	30000	30000	0	0	0	0	0	30000	0	0
08	3238	1200	1200	1200	0	0	0	0	0	2038
09	10270	0	0	0	0	0	0	0	10000	270
10	3080	0	0	0	0	0	0	0	0	3080
11	74044	53000	2950	2950	0	0	50050	0	20000	1044
12	18000	0	0	0	0	0	0	0	18000	0
13	6000	0	0	0	0	0	0	0	0	6000
14	37950	1800	1800	1800	0	0	0	0	36000	150
15	14580	2500	2500	2500	0	0	0	0	0	12080
16	19360	0	0	0	0	0	0	0	19000	360
17	16466	0	0	0	0	0	0	0	16000	466
18	22208	2000	2000	2000	0	0	0	0	20000	208

续表

户编号	全年总收入	家庭经营收入	第一产业收入	种植业收入	林业收入	畜牧业收入	第二产业收入	第三产业收入	工资性收入	转移性收入
19	16000	0	0	0	0	0	0	0	16000	0
20	12300	0	0	0	0	0	0	0	0	12300
21	11737	0	0	0	0	0	0	0	0	11737
22	16520	0	0	0	0	0	0	0	15000	1520
23	7180	1300	1300	1300	0	0	0	0	0	5880
24	10000	0	0	0	0	0	0	0	0	10000
25	50000	50000	50000	50000	0	0	0	0	0	0
26	8210	0	0	0	0	0	0	0	7000	1210
27	40000	0	0	0	0	0	0	0	40000	0
28	14000	9000	9000	9000	0	0	0	0	5000	0
29	10300	10000	10000	10000	0	0	0	0	0	300
30	104360	4000	4000	0	0	0	0	0	100000	360
31	31360	5000	5000	5000	0	0	0	0	26000	360
32	23313	3000	3000	3000	0	0	0	0	20000	313
33	33300	3000	3000	3000	0	0	0	0	30000	300
34	95500	95000	5000	5000	0	0	30000	60000	0	500
35	21000	0	0	0	0	0	0	0	21000	0
36	33260	0	0	0	0	0	0	0	8000	25260
37	12200	0	0	0	0	0	0	0	12000	200
38	3060	1800	1800	1800	0	0	0	0	0	1260
39	5420	2700	2700	2700	0	0	0	0	0	2720
40	32222	2000	2000	2000	0	0	0	0	30000	222
41	106438	101390	1390	1390	0	0	0	100000	0	5048
42	10000	0	0	0	0	0	0	0	0	10000
43	5000	0	0	0	0	0	0	0	0	5000
44	4920	0	0	0	0	0	0	0	0	4920

附 录 四

样本户 2011 年家庭借贷情况

有效样本中，2011 年有 18 户家庭存在借贷。

01. 因扩大养殖规模，分三次向当地商业银行贷款，最高一次贷款 10 万元。2011 年年底已还清本息。借贷方式是资产抵押，年利息为 10%。另自己借给亲友 5 万元，2012 年时没有收回。

02. 向亲友借 3 万元用于老人看病。

03. 向亲友借 2 万元用于看病和子女上学。

04. 借 2 万元给亲友搞养殖业，商业银行存款有 1.5 万元。

06. 向亲友借 2 万元用于子女上大学。

07. 向亲友借 20 万元，用于买货车从事运输业。

08. 家人生病，向亲友借 4000 元。

09. 修房向亲友借 3 万元。

11. 信用社存款 3 万元。

12. 看病向亲友借 8000 元。

16. 子女上学向银行分 2 次申请助学贷款 11600 元。

21. 信用社存款 2000 元。

22. 村里统一安装天然气管道，向亲友借 7000 元。

26. 2011 年年末农村合作基金会存款 11000 元。

27. 儿子娶媳妇时向亲友借7000元。

32. 2011年因家人生病，向亲友借1.5万元。

37. 修房向亲友借3万元。

40. 修房向亲友借2万元。

后　记

　　2005 年 7 月到 2007 年 7 月，我举家迁到斯里兰卡的国际水资源管理研究所（International Water Management Institute）做博士后研究。其间在 2006 年 7 月利用探亲假的机会，一家三口从斯里兰卡首都科伦坡转机中国香港到重庆，继而转乘到梁平县县城的公交车去弟弟家看望母亲。那年重庆到梁平县的高速公路还没全线贯通，180 多公里的路程，用了近 6 个小时才在颠簸之中到达目的地。母亲那段时间身体欠佳，正在医院治病，因此大哥和侄子也从成都急急赶来，大家一起商议如何照顾好母亲。我在梁平县短暂停留几日后匆匆回到北京，很快就从北京乘机返回科伦坡。母亲膝前尽孝之事，自是心有余而力不足。行动不便的母亲，只能依靠大哥和弟弟两家轮流照顾。每每想起，倍感愧疚和不安。

　　2006 年第一次去梁平县的时候，除了看到正在快速发展的梁平县县城外，印象最深的一个地方是地处县城西南 10 公里外的佛教寺院双桂堂。据说双桂堂由明末清初一代禅宗大师破山海明创建，因寺内有两株桂花树而得名。整座寺庙坐东朝西，占地 120 亩。寺内殿堂林立，规模宏大，蔚为壮观。关圣殿、弥勒殿、大雄殿、文殊殿、破山塔、大悲殿、藏经楼，依地势由低到高，从前到后，平行排列在中轴线上，均衡而对称。天井海坝点缀其间，主次分明，虚实相生。一个宫殿式建筑群寺庙，气势恢宏，宛转幽深，引人入胜。来自清朝历代皇帝的大力支持，双桂堂在两百多年的历史中香火很旺，信徒众多。在民国时期，宏伟的规模、庄严的殿堂、丰富的藏经、独特的雕塑被列为蜀中寺院之首。双桂堂在梁平县人心中自有其特殊位置，游客到了此地，少不了要去参观游览一下。

7 月的梁平，正是炎炎烈日，在弟弟岳父莫老先生的陪同下，我们一家三口来到双桂堂。莫老先生是重庆忠县人，从部队转业后一直在梁平县工作。那时老人已退休，日常生活简单朴素，退休后最为主要的爱好就是拍拍照片，以此为自己的退休生活添加些幸福感。那日在双桂堂游览，在老人的一再劝说下，一家三口也在那里留下了合影，让不知上哪儿去了的时光留下一点痕迹。可惜那时我对佛学一无所知，自是六根不净，缺少诸多做人的大智慧，虽是来到佛教寺院，也是心不在焉地东瞧瞧、西看看，毫不上心。"心中有佛自成佛"的陈旧观念妨碍了对佛学的认知和理解，只是在心中默默地祈祷母亲早日康复，能够安享晚年。

那次之行，留下记忆的是双桂堂里的罗汉堂。罗汉堂里供奉着栩栩如生的 500 尊彩塑罗汉像。这些塑像被不知名的能工巧匠雕塑得姿态万千，个个通达圆润，似乎看透了尘世中的芸芸众生。500 罗汉的来历有诸多说法，有的说是指佛祖释迦去世后参加第一次经结集的五百比丘，以大迦叶和阿难为首。还有一种说法来自唐高僧玄奘的《大唐西域记》。传说摩揭陀国中有僧 1000 人，其中一半为凡夫，一半为罗汉。罗汉僧平时不露真相，国王阿育王也蒙在鼓里。凡夫僧中常有人传播违反教规的言论，影响到其他僧人对教规的遵守。阿育王一怒之下，欲将 1000 僧众淹死。消息传出后，500 罗汉僧各显其能，腾云驾雾四散而去，隐居在迦湿弥罗国的一个深山峡谷里。国王听说后，悔恨交加，虽曾亲自到罗汉僧隐居的地方赔礼道歉，但罗汉僧们就是不肯回去。无奈之下，国王下令在国都修建一座寺庙，照五百罗汉僧的模样塑了五百尊像。这些罗汉僧，之后演变成了那些断了贪欲之念、修得正果、不受生死轮回之苦僧人的象征。不仅如此，罗汉们常到人间传法，以普渡芸芸众生。

在双桂堂，游客数罗汉是一个有趣的习俗。人们以踏进庙堂的第一只脚（左脚或者右脚）确定数罗汉的方向，然后随机选定一尊罗汉为起点，依照自己的年龄顺序默数，一岁一尊，数到自己的岁数为止。最后根据数到的罗汉名来预测吉凶祸福，比如是长眉罗汉，则意味着长寿；如为伏虎罗汉，则表示身体健康……诸多趣事，不一而足。因心中牵挂母亲，虽惊叹于雕塑者鬼哭神工之笔，但对数罗汉这种趣事，精神头总如秋天的枯叶摇摇欲坠，在罗汉堂中蜻蜓点水一般一掠而过。快速看完形态各异的罗汉像正准备打道回府之际，出大堂口一位算命先生愣是拦住去路，非要抽签算卦。从小接受党的教育，早是一名彻底的唯物主义者，不信天、不信地，只信共产主义。在算命先生一再强求之下，只好勉为其难，算上一卦。算命先生所言，早已抛诸脑后，只求图他的吉言，保佑母亲健康平安。

然命运常如潜伏在生命轨迹上的操盘手，把许多看似不可能发生的小概率事件展现在活活的生命里，让人惊叹于人生的乖巧。2007 年 7 月博士后工作完成时，也曾有过移居欧美国家的念想，但终没成行。回国后，除了联系现在的工作单位中国社会科学院，也申请了国内其他一些大学和研究所的岗位，耗时半年多，最终留在了中国社会科学院农村发展研究所继续从事"三农"问题的研究工作。在国际水资源管理研究所时，自己主要的研究方向是灌溉水资源利用与粮食安全。加入中国社会科学院后，种种因素限制，原来的研究范围由专变宽（更可能是变泛变浅）。2011 年在完成自己老家四川省富顺县万年村的村庄调研报告后，2012 年 6 月中国社会科学院国情调研项目再次招标，抱着试一试的心理，加上那时正在参与中国社会科学院创新工程《中国农民福祉状况研究》项目，大量查阅了福利经济学和幸福经济学方面的文献，因此萌生了申请一个以自己弟弟家庭所在地重庆市梁平县的高峰村为村庄调研点，以农民生活现状、幸福感及影响因素分析为主题开展研究的想法。项目幸运地得到了批准，而此时，母亲的病情正日益加重，在 2012 年 7 月不幸去世。

母亲去世前的日子里，虽然病魔无情地折磨着她，但思维仍清晰如故。母亲卧病于床时，最大的希望和幸福就是自己的儿子们能多在她身边陪着说说话，聊聊天。记得 2012 年 5 月母亲病情严重，被送到成都市的一家医院治疗。我慌乱中从北京赶回成都去看望她老人家。在医院看到母亲时，她已在重病室里监护了好几天，脸色苍白，神志不清。按照老家四川省富顺县的传统习俗，老人临终时必须要回到她的出生地，这叫落叶归根。经大家商议，匆匆地将母亲接回老家，以备后事。因我们兄弟几个都在外地工作，无法长期在老家照顾她。无奈之下，又将病重的母亲送回成都大哥家，由大哥一家来照顾。借回老家的时机，我对万能村又进行了一些补充调查，最终定稿完成了《川村调查记——一个丘陵区村庄发展纪实》一书。在完成万能村的补充调查后，我取道成都回北京。就在回北京的前一天晚上借住大哥家里，以期能多陪一会儿母亲。

由于常年卧病于床，母亲去世前，褥疮极为严重，身体上好多地方的肌肉都腐烂了，经常疼得她不能正常睡眠。在夜深人静辗转失眠之际，母亲特别渴望有人能多陪她说说话。在第二天去机场前，我给她做了一次全身按摩——这也是一生中唯一的一次——多么想能再有机会呀！从母亲的脸部表情和眼神中，我感觉到了她心灵深处的满足。养儿防老，对于农民母亲来说，也许这一次按摩就让她一生的辛劳得到了回报。那时，母亲说话已含混不清，周围的人与她语言交流变得非常困难。我对母亲说："娘呀，您看我在北京工作，又不能到成都来照顾您，现在遇到了这样大的困难，您只有自己尽量克服。尤其是晚上的时候，不到万不得已，您最好不要大声喊大哥，因为他白天还要工作挣钱来养家糊口。如果晚上您不断地喊他来陪您，他睡不好觉，白天没法工作，也没有精力来照顾您。"听我这么一说，母亲用她那目光浑浊的眼睛看了看我，没有回话，只是沉沉地点了点头。

那是我们娘儿俩最后一次对话。

我离开成都回北京后，每次与大哥通电话，大哥除了谈起母亲的身体状况外，常给我说他感到非常奇怪。原来母亲每天晚上睡觉时都要喊他去陪或是说会儿话，可自我离开成都后，不知什么原因，母亲在晚上不再叫他去陪或是照顾她了。即使是在疼得常人难以忍受的时候，老人家也是一人默默地躺在床上，一言不发，静静地看着天花板。只有我知道，作为农民母亲的她，又在一个人承受生活的苦难。与十几岁就失去了父亲、靠吃野菜和树皮长大，而后又在极其艰难的岁月中把自己的孩子们一个个养大成人一样，为了孩子们的幸福，她总是坚守自己无声的诺言，直到死神的降临。

母亲离去的日子，正是 2012 年的 7 月 22 日。那天在北京出现了历史上罕见的大暴雨，洪灾夺走了许多无辜的生命。也许，是她的心灵牵挂远在北京的儿子，也许是她在提醒当权者，要时时刻刻将百姓的生命和幸福放在心上……

我不相信命运，可命运总是安排了这么多的巧合。项目申请之初选择的调研点是梁平县的高峰村。可当下中国的学者要进村入户做调查，如果没有地方相关部门的支持与配合，从资料的收集到人员的联络，是很难顺利开展的。后来根据梁平县县委毛大春同志的建议，将原来的调研点高峰村换成了本书的万年村，无意中将两个村庄——万能村和万年村联系在一起。这两份村庄调研报告，就成了自己名副其实的姊妹篇。

2012 年 10 月在万年村完成第一次进村入户调查正要离开梁平县的当口，弟弟的岳父莫先生坚持要带我和调研组的其他成员去参观一个地方。去之前，老人并没有告诉我们要去哪儿。到了目的地，才发现原来就是 6 年前第一次去梁平县看望母亲时参观过并算了一卦的双桂堂。只可惜，时过境迁，物是人非，大堂口的算卦者早已收摊，大多在艰难中度日的母亲已追随父亲驾鹤西去，在彼岸世界中去追求他们来生的幸福。想到世事无常，命运无在而无不在，第二次来到双桂堂，就多留了点心观察双桂堂的建筑。

进入大堂，先要穿过放生桥。放生桥位于关圣殿与弥勒殿之间的放生长池上，南北横跨寺院中轴，处于禅院东西中轴线较显赫的位置，为两座青砂岩材质的单孔镶面纵联式半圆形拱桥。据介绍，放生桥栏杆均为透瓶寻杖式，柱头约为柱身高的 40%，柱径约为柱身高的 2/11，属于仿清式石桥营造。两座石桥轮廓流畅舒展，雕饰多变。穿过放生桥，来到大雄宝殿。大雄宝殿为一座三层的斗拱式宫殿建筑，处于双桂堂的中心。初建于 1653 年，后几经修缮，才得以保留今天之面貌。大殿由 52 根完整的石柱支撑，每根长约 9 米，直径 0.7 米，八角形体，重 20 吨，从采石、搬运到竖立均为人工操作，被誉为"清代建筑瑰宝"。大雄宝殿供奉着佛祖释迦牟尼的金身像，左右是他的两弟子阿难和迦叶的金身立像，上悬"佛国西天"和"三界大师"匾额。大殿左右塑有十八罗汉和文殊菩萨、普贤菩萨像。相传 2000 多年前，喜马拉雅山脚下迦毗罗卫王国乔答摩·悉达多困惑于人世间无穷的灾难，在他 29 岁时，舍弃太子位，剃除须发披着袈裟出家修行。出家后的悉达多经过九九八十一难，最后来到菩提迦叶的一棵无忧树下，双腿结跏趺坐七天七夜后，心中顿然觉悟，成为佛祖，进入无贪、嗔、恨的极乐世界。

走到大殿前面宽阔的青石海坝上，10 月的梁平县，正值秋高气爽，堂内的烧香客比 6 年前第一次去时多了很多。这一次，我也破了个例，在左侧的香烛店内，买了两支 1 米多长的大红烛，点燃后放在大殿前约 2 米长的烧香台里，对着眼前红红的、溢出阵阵流香的大红烛，在大殿内高大的佛祖像前，双手合十，深深地鞠躬和

叩拜，为刚去天国的母亲祈祷。眼前仿佛出现了母亲在天国里慈祥
的笑容和充满爱意的脸庞：她还是一如既往地帮自己做好饭菜，收
拾好书包送我从小学一路走到了大学……母亲的任何痛都不是痛，
任何难都不算难，只要她自己的孩子能健康成长，能成家立业，能
学有所成，能在远处给她一个温馨的问候……完全机缘巧合的万能
村和万年村的调查，记录了母亲生命最后的岁月与我工作的一点点
交集。我看到，我在这佛教圣地双桂堂的祝愿，在摇曳的烛光中化
作了一只七彩斑斓的蝴蝶，将母亲引到了没有愁苦的世界里获得了
永生。

　　我知道，我不仅在祝福一生受苦受难的母亲，我也在祝福天下
所有的农民朋友。他们那容易满足、懂得感恩的高贵心灵，能与历
史上任何的圣贤相比。他们与天下所有人一样，天生就有获得快乐
和幸福的权利！他们不是落后的代表，他们才是历史的创造者！他
们值得人们尊重，配享一切幸福！

作者

2015 年 5 月 12 日